ECUPL 1952-2022

遗传资源流失防控法律对策研究

肇旭 著

法律出版社
LAW PRESS·CHINA
北京

图书在版编目(CIP)数据

遗传资源流失防控法律对策研究 / 肇旭著. -- 北京 : 法律出版社, 2022

(华东政法大学70周年校庆文丛)

ISBN 978 - 7 - 5197 - 7459 - 2

Ⅰ. ①遗… Ⅱ. ①肇… Ⅲ. ①种质资源-资源管理-立法-研究-中国 Ⅳ. ①D922.604

中国国家版本馆CIP数据核字(2023)第005640号

遗传资源流失防控法律对策研究
YICHUAN ZIYUAN LIUSHI FANGKONG FALÜ DUICE YANJIU

肇 旭 著

责任编辑 孙东育 曲 杰
装帧设计 汪奇峰

出版发行 法律出版社
编辑统筹 学术·对外出版分社
责任校对 裴 黎
责任印制 陶 松
经 销 新华书店

开本 A5
印张 10.375 字数 238千
版本 2022年12月第1版
印次 2022年12月第1次印刷
印刷 北京虎彩文化传播有限公司

地址:北京市丰台区莲花池西里7号(100073)
网址:www.lawpress.com.cn
投稿邮箱:info@lawpress.com.cn
举报盗版邮箱:jbwq@lawpress.com.cn

销售电话:010 - 83938349
客服电话:010 - 83938350
咨询电话:010 - 63939796

书号:ISBN 978 - 7 - 5197 - 7459 - 2 定价:59.00元

凡购买本社图书,如有印装错误,我社负责退换。电话:010 - 83938349

华东政法大学70周年校庆文丛
编 委 会

以心血和智慧服务法治中国建设

——华东政法大学70周年校庆文丛总序

华东政法大学成立70周年了！70年来，我国社会主义法治建设取得一系列伟大成就；华政70年，缘法而行、尚法而为，秉承着“笃行致知，明德崇法”的校训精神，与共和国法治同频共振、与改革开放辉煌同行，用心血和智慧服务共和国法治建设。

执政兴国，离不开法治支撑；社会发展，离不开法治护航。习近平总书记强调，没有正确的法治理论引领，就不可能有正确的法治实践。高校作为法治人才培养的第一阵地，要充分利用学科齐全、人才密集的优势，加强法治及其相关领域基础性问题的研究，对复杂现实进行深入分析、作出科学总结，提炼规律性认识，为完善中国特色社会主义法治体系、建设社会主义法治国家提供理论支撑。

厚积薄发七十载，华政坚定承担起培养法治人才、创新学术价值、服务经济社会发展的重要职责，为构建具有中国特色的法学学科体系、学术体系、话语体系，推进国家治理体系和治理能力现代化提供学理支撑、智力支持和人才保障。砥砺前行新时代，华政坚定扎根中国大地，发挥学科专业独特优势，向世界讲好“中国之治”背后的法治故事，推进中国特色法治文明与世界优秀法治文明成果交流互鉴。

“宛如初升的太阳，闪耀着绮丽的光芒”——1952年11月15日，华东政法学院成立之日，魏文伯院长深情赋诗，“在这美好的园地上，让我们做一个善良的园工，勤劳地耕作培养，用美满的收获来酬答人民的期望”。1956年6月，以“创造性地提出我们的政治和法律科学上的成就”为创刊词，第一本法学专业理论性刊物——《华东政法学报》创刊，并以独到的思想观点和理论功力，成为当时中国法学研究领域最重要的刊物之一。1957年2月，更名为《法学》，坚持“解放思想、不断进步”的治学宗旨，紧贴时代发展脉搏、跟踪社会发展前沿、及时回应热点难点问题，不断提升法学研究在我国政治体制改革中的贡献度，发表了一大批高水平的作品，对我国立法、执法和司法实践形成了重要理论支持，在学术界乃至全社会产生了巨大影响。

1978年12月，党的十一届三中全会确定了社会主义法制建设基本方针，法学教育、法学研究重新启航。1979年3月，华东政法学院复校。华政人勇立改革开放的潮头，积极投身到社会主义法制建设的伟大实践中。围绕“八二”宪法制定修订、土地出租问题等积极建言献策；为确立社会主义市场经济体制、加入世界贸易组织（WTO）等提供重要理论支撑；第一位走入中南海讲课的法学家，第一位WTO争端解决机构专家组中国成员，联合国预防犯罪和控制犯罪委员会委员等，都闪耀着华政人的身影。

进入新世纪，在老一辈华政学人奠定的深厚基础上，新一代华政人砥砺深耕，传承中华优秀传统法律文化，积极借鉴国外法治有益成果，为中国特色社会主义法治建设贡献智慧。16卷本《法律文明史》陆续问世，推动了中华优秀传统法律文化在新时代的创造性转化和创新性发展，在中国人民代表大会制度、互联网法治理论、社会治理法治化、自贸区法治建设，以及公共管理、新闻传播学等领域持续发力，华政的学术影响力、社会影响力持续提升。

党的十八大以来，学校坚持以习近平新时代中国特色社会主义思想为指导，全面贯彻党的教育方针，落实立德树人根本任务，推进习近平法治思想的学习研究宣传阐释，抓住上海市高水平地方高校建设契机，强化"法科一流、多科融合"办学格局，提升对国家和上海发展战略的服务能级和贡献水平。在理论法学和实践法学等方面形成了一批"立足中国经验，构建中国理论，形成中国学派"的原创性、引领性成果，为全面推进依法治国，建设社会主义法治国家贡献华政智慧。

建校70周年，是华政在"十四五"时期全面推进一流政法大学建设，对接国家重大战略，助力经济社会高质量发展的历史新起点。今年，学校将以"勇担时代使命、繁荣法治文化"为主题举办"学术校庆"系列活动，出版"校庆文丛"即是其重要组成部分。学校将携手商务印书馆、法律出版社、上海人民出版社、北京大学出版社等，出版70余部著作。这些著作包括法学、政治学、经济学、新闻学、管理学、文学等多学科的高质量科研成果，有的深入发掘中国传统法治文化、当代法学基础理论，有的创新开拓国家安全法学、人工智能法学、教育法治等前沿交叉领域，有的全面关注"人类命运共同体"，有的重点聚焦青少年、老年人、城市外来人口等特殊群体。

这些著作记录了几代华政人的心路历程，既是总结华政70年来的学术成就、展示华政“创新、务实、开放”的学术文化;也是激励更多后学以更高政治站位、更强政治自觉、更大实务作为,服务国家发展大局;更是展现华政这所大学应有的胸怀、气度、眼界和格局。我们串珠成链,把一颗颗学术成果,汇编成一部华政 70 年的学术鸿篇巨作,讲述华政自己的“一千零一夜学术故事”,更富特色地打造社会主义法治文化引领、传承、发展的思想智库、育人平台和传播高地,更高水准地持续服务国家治理体系和治理能力现代化进程,更加鲜明地展现一流政法大学在服务国际一流大都市发展、服务长三角一体化、服务法治中国建设过程中的新作为、新担当、新气象,向学校 70 年筚路蓝缕的风雨征程献礼,向所有关心支持华政发展的广大师生、校友和关心学校发展的社会贤达致敬!

七秩薪传,续谱新篇。70 年来,华政人矢志不渝地捍卫法治精神,无怨无悔地厚植家国情怀,在共和国法治历史长卷中留下了浓墨重彩。值此校庆之际,诚祝华政在建设一流政法大学的进程中,在建设法治中国、实现中华民族伟大复兴中国梦的征途中,乘风而上,再谱新章!

郭为禄　叶　青

2022 年 5 月 4 日

序　言

遗传资源是国家战略性资源，同时也是现代社会发展农业、生物及医药产业的基础，通过直接或间接的方式维系着地球上每一个生命的延续。遗传资源存在重大的科研价值和商业开发价值，因此成为世界各国商业公司及研究机构争取和掠夺的重要资源。近年来，与遗传资源相关的研究及对外交流在我国日趋活跃，成果丰硕。但同时，由于保护意识不强，更主要的是由于法律制度不健全，遗传资源流失问题突出，致使国家利益遭受严重损害。

针对以上问题，本书系统分析了遗传资源流失的概念、特征，我国遗传资源流失的法制因素，国际公约的立法空间，南非、印度、巴西的立法经验，进而提出了针对我国《生物遗传资源获取与惠益分享管理条例（草案）》（征求意见稿）（以下简称《征求意见稿》）的修订建议：

第 19 条【我国主体获取】修改为：我国单位和个人获取生物遗传资源，应事先征得生物遗传资源持有人同意,签订获取与惠益分享协议,报生物遗传资源所在地省级人民政府相关主管部门审批。

第30条【例外程序】增加1款:依照我国参加的国际条约,而无须履行本条例规定的登记和审批手续的。

遗传资源来源披露义务服务于遗传资源获取与利用的监控机制,遗传资源提供者通过这一监控机制获知遗传资源利用的去向,就可以主动与遗传资源利用者谈判,寻求惠益分享,这一义务也将ABS专门法与《专利法》连接起来。本书分别提出了《征求意见稿》与《专利法》中遗传资源来源披露义务的修订建议:

《征求意见稿》第29条【来源披露义务】修改为:获取并利用我国生物遗传资源完成的成果申请知识产权,申请人应当披露生物遗传资源的直接来源和原始来源,并出具生物遗传资源获取与惠益分享合法证明。不予披露的,应驳回知识产权申请;知识产权已授予的,提供遗传资源的单位或个人可以向国家知识产权主管部门请求裁决使用费,确定的使用费数额应当为合理使用费的3~5倍。

《专利法实施细则》第26条修改为:专利法所称遗传资源,是指取自人体、动物、植物或者微生物等含有遗传功能单位或衍生物并具有实际或者潜在价值的材料;专利法所称利用遗传资源完成的发明创造,是指利用了遗传资源的遗传功能或衍生物完成的发明创造。

《专利法》第26条第5款修改为:利用遗传资源完成的发明创造,申请人应当在专利申请文件中说明该遗传资源的直接来源和原始来源;获取并利用我国遗传资源完成的发明创造,申请人还应当出具遗传资源获取与惠益分享合法证明;申请人无法说明原始来源或出具遗传资源获取与惠益分享合法证明的,应当陈述理由。

《专利法》中增加条款:获取并利用我国遗传资源完成的发明创造,专利权人未在专利申请文件中说明或未如实说明该遗传资源的直接来源和原始来源,并出具遗传资源获取与惠益分享合法证明的,提供遗传资源的单位或个人可以向国务院专利行政部门请求裁决使用费,确定的使用费数额应当为合理使用费的 3 ~5 倍。

目　录

第一章　遗传资源流失问题概述

一、遗传资源相关概念

(一)遗传资源

遗传资源(Genetic Resources)不仅是技术概念,在本书的框架下,它首先是一个法律概念,要从《生物多样性公约》(Convention on Biological Diversity,CBD)谈起。①

"生物多样性"指所有来源的生物体,这些来源除包括陆地、海洋和其他生态系统及其所构成的生态综合体,还包括物种内部、物种之间和生态系统的多样性。生物多样性对进化和保持生物圈的生命维持系统极为重要。然而,人类活动已经并正在导致生物多样性持续减少。作为全球命运共同体的一员,各国均有责任保护其生物多样性及生物资源的可持续性利用。因此,为改

---

① Peter Johan Schei and Morten Walløe Tvedt, *Genetic Resources in the CBD, The Wording, the Past, the Present and the Future*, https://www.fni.no/getfile.php/131744/Filer/Publikasjoner/FNI-R0410.pdf.

善生物多样性严重减少的现状，各国均应该预测研究生物多样性减少原因，并促进国家及其他国际组织之间的交流合作。在此背景下，CBD 应运而生。①

在 CBD 之前，遗传资源并不是一个被广泛使用的法律概念。CBD 第 2 条将遗传资源定义为“具有实际或潜在价值的遗传材料”，并将遗传材料定义为“来自植物、动物、微生物或其他来源的任何含有遗传功能单位的材料”。其中，遗传功能是指生物体通过繁殖将性状或者特征代代相传的能力。遗传功能单位是指生物体的基因或者具有遗传功能的 DNA 或者 RNA 片段。② 因此，简言之，遗传资源是“具有实际或潜在价值的，来自植物、动物、微生物或其他来源的任何含有 DNA 或 RNA 的材料”。

在 CBD 对遗传资源的定义中，“价值”及“潜在”都应从广义的角度来理解。“实际或潜在”是与“无价值”对应的，实际价值是确定的价值，但也不能轻易否定“潜在”价值。例如，曾经长期被认为是无价值的垃圾 DNA（Junk-DNA），即不编码蛋白和 RNA 的 DNA 片段，现在研究发现，这些 DNA 并不是不发挥作用，相反发挥很重要的作用，如参与肽键的形成、氨基酸的转运、转录的调节、核仁小体的形成、染色质的沉默等。另外，价值不仅仅是指经济价值，还包括社会、文化、精神等非经济价值。例如，《关于获取遗传资源并公正和公平分享通过其利用所产生的惠益的波恩准则》

---

① 《生物多样性公约》是一项旨在保护地球生物多样性资源的国际性公约，于 1992 年 6 月 1 日由联合国环境规划署发起的政府间谈判委员会第七次会议在内罗毕通过，1992 年 6 月 5 日由签约国在巴西里约热内卢举行的联合国环境与发展大会上签署，1993 年 12 月 29 日正式生效。常设秘书处设在加拿大的蒙特利尔，目前成员 196 个。中国于 1992 年 6 月 11 日签署该公约，1992 年 11 月 7 日批准，1993 年 1 月 5 日交存加入书。

② 我国《专利审查指南》第二部分第一章第 3.2 节。

(Bonn Guidelines on Access and Benefit-Sharing as Related to Genetic Resources,以下简称《波恩准则》)就强调了非货币惠益(Non-monetary Benefits),包括研发结果的分享,科研项目、教育、培训等方面的交流与合作等。

遗传资源的定义并非一成不变。从横向来看,一些国家基于各自立场采取了与 CBD 不同的定义方法。例如,安第斯国家共同体在《遗传资源获取共同制度》(Common Regime on Access to Genetic Resources)的第 391 号决议中虽然同样使用了“遗传资源”一词,但对其定义是“所有包含具有价值或实际、潜在用途的遗传信息的生物材料”。“遗传信息”(Genetic Information)与 CBD 使用的限定词“遗传功能单位”不同,它是 DNA 或 RNA 序列信息,而不是 DNA 或 RNA 本身。包含遗传信息的生物材料可以是 DNA 或 RNA,也可以是蛋白质等生物材料。[①] 因此,安第斯国家共同体对“遗传资源”的定义范围广于 CBD。

从纵向来看,源自发展中国家和发达国家激烈的利益冲突与妥协导致了 2010 年《关于获取遗传资源和公平公正地分享其利用所产生之惠益的名古屋议定书》(The Nagoya Protocol on Access to Genetic Resources and the Fair and Equitable Sharing of Benefits Arising from their Utilization,以下简称《名古屋议定书》)对 CBD 中遗传资源定义范围的事实扩展。在发展中国家看来,遗传资源的价值并不局限于其包含的遗传信息,还包括同样有价值的基因

① 蛋白质是以氨基酸为基本单位构成的生物大分子,而氨基酸是按照 DNA 中的基因序列编码合成,通过分析蛋白质中的氨基酸序列可以反推出其对应的基因序列,因此不含有遗传功能单位的蛋白质也属于“包含遗传信息的生物材料”。

表达、新陈代谢所产生的衍生物。[①] 如果严格依据 CBD 的定义，这类衍生物显然无法被归类到遗传资源中，因为其不含有遗传功能单位，因而无法得到同等保护。相反，发达国家在国际谈判中一直强调遗传资源必须具备遗传功能。最终，《名古屋议定书》纳入了术语“衍生物”（Derivative），同时纳入了“利用遗传资源”（Utilization of Genetic Gesources）这一新术语，并将“衍生物”的定义规定在《名古屋议定书》第 2 条。因此，尽管《名古屋议定书》并未修订遗传资源的定义，但是“利用遗传资源”中包含对衍生物的利用，从而在事实层面对遗传资源的定义范围作出扩展。

需要指出的是，根据 CBD 在前文对遗传资源所下的定义，人也是广义上的动物，这是众所周知的事实，那么 CBD 是否将人类遗传资源也囊括其中呢？

1995 年，CBD 第二次缔约方大会Ⅱ/11 决定明确回答了这一问题：人类遗传资源未列入公约的框架之内。[②] 2002 年《波恩准则》再次重申“本准则应涵盖 CBD 所涉全部遗传资源以及相关的传统知识、创新和做法，并涵盖由于这些遗传资源的商业利用和其他利用而产生的惠益，唯人类遗传资源不在此列”。

将人类遗传资源排除在外并非否定人类遗传资源的重要性。每个人的人体细胞都有 30，000 个左右基因，它们组成人类基因组的主要内容，包含了人类不同于其他种系的表型和功能的所有信息。人类基因组计划的主要目标就是鉴定出这些基因和染色体的

① M. BUCK. C. Hanmilton, *The Nagoya Protocol on Access to Genetic Resources and the Fair and Equitable Sharing of Benefits Arising from Their Utilization to the Convention on Biological Diversity*, Review of European Community & International Environment Law, 2011(1): 20.

② Access to genetic resources, https://www.cbd.int/decision/cop/default.shtml?id=7084.

位置。然而,很多人类基因以不只是等位基因的方式存在,而且个体间基因的多态性也不一致。人与人之间的遗传差异反映了种族的进化,经过很多代以后,基因以发生缺失或产生新的形式存在。在世界范围内研究人群的这种多态性,会提供关于人类种族变化的大量信息。研究基因组多态性会给寻找致病因素提供信息。在不同人群间不同疾病发生的差异可能与饮食、气候、寄生虫、感染疾病或广义的污染等环境因素有关,遗传因素则是另一种与疾病的发生有关的主要因素。对于在不同人群中致病和抗病的遗传因素的鉴定将增加诊断、治疗和预防疾病的方法。①

例如,短指症是于 1903 年发现,符合孟德尔遗传学的遗传性疾病。2000 年,我国学者在中国贵州、湖南等偏远的山村地区发现了 A－1 型短指症的基因并把其定位于 2 号染色体长臂上的特定区域。随后我国学者和其研究团队合作发现了导致 BDA1 的突变原因并分析了 E95K 基因突变小鼠模型,团队发现 PTCH1 和拮抗剂 HIP1 相互作用的强弱影响着该蛋白传递的信号能力及范围,而这种影响与该蛋白在细胞外形成的浓度梯度有关。基因致病突变的发生使该浓度梯度及其相互作用发生紊乱,导致骨骼畸形,从而使得指节缩短甚至消失。A－1 型短指症的三大家族(人类遗传资源)是定位短指症基因,进而开发短指症治疗方法的关键。

鉴于人类遗传资源的重要性,尽管 CBD 将人类遗传资源排除在外,一些国家在本国落实 CBD 时仍将人类遗传资源囊括其中,或至少未明确排除在外。对于我国来说,2019 年 7 月 1 日,《人类遗传资源管理条例》施行,该条例规制了人类遗传资源的获取与惠

---

①　参见贺林:《解码生命:人类基因组计划和后基因组计划》,科学出版社 2000 年版,第 267 页。

益分享。2017 年 4 月,环境保护部发布的《生物遗传资源获取与惠益分享管理条例(草案)》(征求意见稿)第 2 条“适用范围”则明确排除了“人类遗传资源”。基于以上两点,本书将不涉及人类遗传资源的获取与惠益分享问题。

与遗传资源类似的一个概念是“生物资源”。CBD 第 2 条将生物资源(Biological Resources)定义为“是指对人类具有实际或潜在用途或价值的遗传资源、生物体或其部分、生物群体,或生态系统中任何其他生物组成部分”。显而易见,遗传资源是生物资源的一种类型。

(二)遗传资源来源国与提供国

CBD 将“遗传资源来源国”(Country of Origin of Genetic Resources)定义为是指拥有原地(In-situ)遗传资源的国家。其中,“原地条件”(In-situ Conditions)被定义为遗传资源生存于生态系统和自然生境之内的条件;对于驯化或培殖的物种而言,其环境是指它们在其中发展出其明显特性的环境。可以看出,遗传资源来源国强调的是“原地”,而非最初,即非原始来源。由于历史上遗传资源交流的频繁性,对于某特定遗传资源来说,来源国可能有多个。

CBD 将“遗传资源提供国”(Country Providing Genetic Resources)定义为提供遗传资源的国家,此遗传资源可能取自原地来源,包括野生物种和驯化物种的群体,或取自移地(Ex-situ)来源,无论是否原产于该国。遗传资源提供国可以不是来源国,对于经常在多个国家被保藏的移地资源来说,尤其如此。遗传资源提供国通常为 1 个,而非多个。

需要指出的是,CBD 的“公平合理分享因利用遗传资源而产生的惠益”这一目标只适用于遗传资源提供国,而不适用于来源国。CBD 第 15. 5 条要求“遗传资源的取得须经提供这种资源的缔约国事先知情同意……”同样,第 15. 7 条也规定了缔约国应当根据相关规定的机制,采取立法行政等措施促进公平分享通过资源获得的惠益。

（三）土著与当地社区

CBD 第 8(j)条规定了缔约国应尽力尊重并保护土著和地方社区的传统生活方式,促进生物多样性的保护和持续使用,保护相关的知识、创新等信息,并由该信息的拥有者参与相关活动,鼓励公平分享所获得的惠益等。这一词汇也被用于《名古屋议定书》。

CBD 用“土著和当地社区”(Indigenous and Local Communities)一词来承认与其传统依靠生存和利用的地域和水域关系久远的社区。[①] 当地社区可以定义为“生活在特殊生态区的人口,他们直接依靠其生物多样性和生态系统的商品和服务作为其全部或部分生计来源,并且由于这种依存关系,他们已发展或取得传统知识,包括农民、渔民、牧民、林区居民和其他人”。

联合国环境规划署(United Nations Environment Programme, UNEP)《缩略语和词汇表》提供了“土著人民”的以下定义:“没有普遍、标准的定义。通常认为包括文化社区及其后裔,他们与某地区或某地区的一部分有历史连续性或关联,目前居住或在后来的殖民化或吞并之前曾经居住在该地区,或在民族国家的形成过程中与其他文化社区一同居住,或完全或基本不受民族国家所声称管制的影响,并且还至少部分保持着其独特的语言、文化和社会/组织特征,同时在一定程度上与周围人口和民族国家的主流文化

---

① 当地社区的概念,土著问题常设论坛为数据分类专家讲习班编拟的背景文件(PFII/2004/WS. 1/3/Add. 1)。另参见 UNEP/CBD/WS-CB/LAC/1/INF/5。

保持区别。还包括自认为土著的人民和被其他群体认为是土著的人民。”①

二、遗传资源的利用方式

针对遗传资源的利用可以分为上游和下游两部分。上游包括原地遗传资源的收集、进口,移地状态对遗传资源的保藏(包括为此目的的鉴别和建档),以及将遗传资源交给下游利用者或其他移地收集者。植物园、物种采集者、种子银行以及其他公共或私人移地资源采集者是主要的遗传资源上游利用者。他们主要进行以公共利益为目的的生物勘探、遗传资源采集、鉴定及保存,也包括一些私人企业为支持自己的商业研究而进行的以上活动。总体上,上游领域主要从事非商业/非盈利活动,其主要资金来源是公共机构。

下游包括商业/非商业目的对遗传资源的研究(基础研究及应用研究)及开发,生物技术产业、医药产业、植物育种产业、园艺产业、生物防控产业、化妆品产业、食品与饮料产业是下游的主要利用者。与上游产业不同,遗传资源下游产业通常具有很大的商业规模。例如,2008 年全球食品与饮料市场规模为 5.7 万亿美元,2009 年全球医药市场规模为 8080 亿美元,2006 年全球化妆品市场规模为 1360 亿美元。②

《名古屋议定书》在“利用遗传资源”的定义中特别强调了生

---

① 知识产权与遗传资源、传统知识和传统文化表现形式重要词语汇编,WIPO/GRTKF/IC/29/inf/7。

② Institute for European Environmental Policy, Ecologic Institute, Germany GHK, United Kingdom, Study to analyse legal and economic aspects of implementing the Nagoya Protocol on ABS in the European Union, final report, 10 august, 2012, p. 173 – 187.

物技术。尽管相对于其他产业,如食品、饮料、医药、化妆品,生物技术产业的市场规模要小一些,但其被认为是21世纪最具发展潜力的产业。[①] 西方主要经济体的生物技术领域的风险投资额在近年来持续处于各类技术领域之首(见表1)。[②]

表1　生物技术R&D投入

国别	年份	生物技术R&D投入/百万美元	生物技术R&D投入占总R&D投入的比例/%
美国	2009	22,030.0	7.8
法国	2010	2777.4	9.1
日本	2010	1230.1	1.2
德国	2011	1221.5	2.1
韩国	2010	1082.7	2.7
加拿大	2007	944.5	7.2
瑞士	2008	922.3	12.6

---

① 2005年,由美国、加拿大、英国、欧盟、日本和韩国等30个国家组成的经济合作与发展组织(Organization for Economic Co-operation and Development,OECD)将生物技术定义为"将科学及技术应用于生命有机体,以及组成部分、产品和模型,以改变生命或非生命物质产生知识、产品和服务"。OECD也发展了列表式的定义,如下:DNA/RNA:基因组学、药物基因组学、基因探针、遗传工程、DNA/RNA测序/合成/扩增、基因表达谱、反义技术的应用。蛋白质与其他分子:测序/分析/蛋白质与肽工程(包括大分子激素)、大分子药物传送方法的改进、蛋白质组学、蛋白质分离与纯化、信号、细胞受体鉴定。细胞、组织培养与工程:细胞/组织培养、组织工程(包括组织支架与生物医学工程)、细胞融合、疫苗/免疫兴奋剂、胚胎操作。生物处理技术:使用生物反应器发酵、生物反应、生物浸出、生物制浆、生物漂白、生物脱硫、生物修复、生物过滤、植物修复。基因与RNA载体:基因治疗、病毒载体。生物信息学:基因组数据库构建、蛋白序列、复杂生物过程模型构建,包括系统生物学。纳米生物技术:将工具和方法应用于纳米/微加工,制备用于研究生物体系及应用于药物传送、诊断的设备。

② See OECD, *Biotechnology R&D intensity*, 2011 *or latest available year*, http://www.oecd.org/innovation/inno/ keybiotechnologyindicators.htm.

续表

国别	年份	生物技术 R&D 投入/百万美元	生物技术 R&D 投入占总 R&D 投入的比例/%
西班牙	2010	794.1	7.6
比利时	2006	574.0	12.6
瑞典	2011	534.7	6.2
意大利	2010	468.1	3.6
丹麦	2009	463.7	11.0
以色列	2010	430.8	5.6
荷兰	2010	420.2	6.9
爱尔兰	2011	380.5	17.9
奥地利	2010	203.4	3.2
挪威	2010	158.6	6.5
俄罗斯	2011	137.6	0.7
澳大利亚	2010	122.1	1.1
芬兰	2011	110.4	2.1
捷克共和国	2011	80.4	3.1
斯洛文尼亚	2011	71.1	9.0
波兰	2011	40.8	2.7
葡萄牙	2010	38.0	1.9
爱沙尼亚	2011	30.0	13.4
南非	2006	19.0	0.8
斯洛伐克共和国	2011	10.7	3.2

三、遗传资源流失与生物剽窃

本书讨论的遗传资源流失并非遗传资源的自然流失，而是生物剽窃引起的遗传资源流失。

(一)生物剽窃的概念

遗传资源巨大的经济价值引发了“生物剽窃”(Biopiracy)。1997年,印度学者Vandana Shiva出版了专著《生物剽窃——自然与知识的掠夺》(*Biopiracy, the Plunder of Nature and Knowledge*)。该著作从经济、政治、环境和法律等诸多角度对生物剽窃加以论述,也正式使这一概念为学者所接受并成为学术研究对象。

“生物剽窃”,也可称为“生物海盗”,通常被用来描述非法获取及利用生物资源或传统知识的行为,这种行为包含两个方面:(1)未获得提供国同意而获取和/或利用生物资源或相关传统知识。(2)未与提供国分享惠益或未公平分享惠益。

“生物剽窃”并不是被广为接受的法律术语,在遗传资源获取与惠益分享的国际讨论中,通常会用“盗用”(Misappropriation)这一委婉的说法指代生物剽窃。①

盗用在普通法体系中是不正当竞争法的一部分,指不当借用或欺骗性占用委托给某人看管但实际为他人所拥有的资金或财产。例如,2009年《斯里兰卡保护传统知识法律框架》草案的第3条将“盗用”定义为“(i)违反本法条款,获取、占用或使用传统知识;(ii)获取、占用或使用传统知识者明知或不可能不知或因疏忽而不知传统知识是借助不正当手段获取、占用或使用的,仍从获取、占用或使用传统知识中获取利益;(iii)任何违反诚实做法从传

① 在知识产权领域,《布莱克法律词典》将“盗用”定义为“普通法民事侵权行为,利用一个组织为获利收集和传播的非版权信息或思想,进行针对该组织的不公平竞争,或复制其创作者尚未要求或取得作品专有权的著作”。盗用的要素是:(1)原告必须为获取该信息投入了时间、金钱或努力;(2)被告必须未为获取该信息而作出同样投入;(3)原告需因为此类占有而遭受竞争损害。

统知识获取不公平或不公正利益的商业行为"。①

世界知识产权组织的知识产权、遗传资源、传统知识和民间文学艺术政府间委员会(Intergovernmental Committee on Intellectual Property and Genetic Resources, Traditional Knowledge and Folklore,IGC)提出了"盗用"一词的两种备选方案(方括号代表成员国的不同意见)②:

备选方案1:"盗用"是指[根据(原产国或提供国的)(国家立法)],在未得到[有权对此种(获取)(利用)给予(这种)同意者][主管机构]的[自由][事先知情]同意的条件下,[获取][利用]遗传资源[其衍生物]和/或[相关传统知识][遗传资源相关传统知识]。

备选方案2:"盗用"是指使用他人的遗传资源[及其衍生物]和/或[相关传统知识][遗传资源相关传统知识],而遗传资源或传统知识是用户通过不正当手段或破坏信用、违反提供国国内法从持有人处取得的。因遗传资源及相关知识的持有人未采取合理保护措施而通过阅读出版物、购买、独立发现、反向工程和无意披露等合法手段获得的遗传资源[其衍生物]和/或[相关传统知识][遗传资源相关传统知识],其使用不是盗用。

备选方案1将事先知情同意作为定义的根本要素,与生物剽窃更为相符。相比之下,方案2并非直接针对惠益分享,而且提出了过多的例外情形,因此方案1得到大多数发展中国家的拥护。

---

① 《斯里兰卡传统知识保护法律框架》,工作文件—第1版2009年1月。

② WIPO/GRTKF/IC/29/4,关于知识产权与遗传资源的合并文件第二次修订稿,http://www.wipo.int/meetings/en/doc_details.jsp?doc_id=324596。

（二）生物剽窃典型案例

1. 印度楝树案[①]

印度楝树（Neem Tree，或 Azadirachta Indica）案是生物剽窃典型案例。楝树原产于印度，现分布于印度、缅甸、孟加拉、斯里兰卡、马来西亚与巴基斯坦等 50 多个亚热带、热带气候地区。是一种喜高温、耐干旱的植物，即使在持续干旱半年以上的地区也能正常生长。

楝树特有的化学成分使其在许多领域有重要用途。2000 多年前的印度典籍记载了楝树的药物活性，其树皮、叶子、花、种子、果实可被用于治疗麻风病、糖尿病、溃疡、皮肤病、便秘等。楝树细枝被印度人用来制作消毒牙刷，油脂被用来制备牙膏和香皂，果肉被用来制造甲烷。楝树油被认为是一种潜在的杀精剂，也被禁欲者内服用来抑制性欲。由于质地坚硬、生长迅速，以及对白蚁的化学抗性使得楝树成为一种有用的建筑材料。Upavanavinod，一本古老的有关农林业的印度梵文论著提到楝树可用于处理土壤、治疗植物和家畜疾病。楝树种子炼油后所剩的渣子可以用来喂牲畜和家禽，叶子可用于提高土壤肥沃度。更为重要的是，楝树是一种有效的杀虫剂，可杀灭蝗虫、褐飞虱、线虫、蚊幼虫、科罗拉多甲虫、棉铃象虫等 200 多种害虫。几千年来，印度人熟知并充分利用着楝树的这些特性。

1971 年，美国木材进口商 Robert Larson 发现了印度楝树的价值，开始将楝树种子进口到威斯康星公司总部。接下来的 10 余年里，他研发了一种被命名为 MargosanO 的楝树杀虫提取物，获得了

---

① Vandana Shiva，"The Neem Tree-A Case History of Biopiracy"，Accessed November 11，2022，https://twn.my/title/pir-ch.htm.

专利权,并在 1985 年取得了美国环境保护署(US Environmental Protection Agency,EPA)的上市许可。3 年后,Robert Larson 将专利权转让给跨国化学公司 W R Grace and Co.。在获得专利权及上市许可的前提下,W R Grace and Co. 开始制造杀虫剂产品并投向市场,并在印度建立了一个基地。W R Grace and Co. 说服了一些印度公司不再生产产品,而是作为其原材料供应商。W R Grace and Co. 最终和 P J Margo Pvt. Ltd. 建立了合资公司,在印度设立了一个工厂,处理楝树种子出口到美国。它们还建立了楝树种子的供应网络,以保证以稳定的价格提供种子供应。同时,W R Grace and Co. 继续基于自己的研究在美国及其他国家提交专利申请,1985 年后获得了至少 4 项楝树相关专利。关于楝树的研究和专利申请随着 W R Grace and Co. 的成功迅速发展起来。楝树相关专利分布显示,与农作物保护相关的专利占据多数(63%),接下来是医学保健(13%)、工业(5%)、生殖保健(5%)、化妆品(6%)及其他(8%)。

W R Grace and Co. 对印度楝树的开发引起了印度科学家、农民以及政界人士的排斥,他们认为跨国公司无权窃取印度科学家多年的研究及印度人民的经验。W. R. Grace & Co. 持有的楝树相关专利权也遭受了印度方面的实际对抗。1995 年,欧洲专利局授予了美国农业部(US Department of Agriculture)及 W R Grace and Co. 一项利用印度及尼泊尔的楝树遗传材料获得的主张抗真菌产品的专利权,该专利权于 2005 年被印度以属于现有技术为由成功无效掉。

2. 其他案例

关于生物剽窃的案例还有很多。通过对第三世界网络、国际遗传资源保护行动联盟、科学与发展网络、2006 年美国埃德蒙研究所和非洲生物安全研究中心共同发表的《走出非洲：获取和分享利益的奥秘》（*Out of Africa: Mysteries of Access and Benefit-Sharing*）等相关国际机构和国际非政府组织关于生物剽窃的调查报告、新闻报道和评论等资料，一项研究汇编了化妆品、医药、农业、工商业等多个领域的108个生物剽窃案例。[①] 在这108个案例中，医药领域所占份额最高，达54%；农业及化妆品领域次之。绝大多数利用者来自发达国家，其中涉及美国的有64例。108个案例中，只查到6个案例包含惠益分享证据，其余案例都没有惠益分享协议、证据和相关资料或缺乏实质性内容。

108个案例中，12个案例发生在中国，其利用对象均为中国传统农作物和药用植物遗传资源，这些案例都没有惠益分享信息。

以上案例所体现的只是冰山一角。据统计，我国生物遗传资源的引进输出比约为1∶10。美国公布了从我国引进的生物遗传资源数量，截至2002年6月美国引进数量为932个，种植包含野生大豆在内的植物共20,140份。而中国官方数据显示其同意提供品种数量仅为2177份，野生大豆也未列入其目录。中央民族大学对中国的26种原产药用植物在国外的专利情况做出了相关调查，结果显示其中23种植物在国内以及国外17个国家申请的专利数量达到158个。这些国家包括美国、日本、韩国、瑞士、德国等，其中美国以73项专利权成为其中专利数量拥有最多的国家。[②]

---

① 参见王艳杰、武建勇、赵富伟、薛达元：《全球生物剽窃案例分析与中国应对措施》，载《生态与农村环境学报》2014年第2期。

② 王怀宇：《中国亟须建立遗传资源惠益共享制度》，载《中国经济时报》2015年12月18日。

四、遗传资源获取与惠益分享

遗传资源获取与惠益分享(Access and Benefit Sharing,ABS)剑指生物剽窃,是CBD首先提出的概念,其建立在遗传资源是国家主权的前提下。

遗传资源曾一度被认为是人类共同遗产。1983年,联合国粮食与农业组织(Food and Agriculture Organization of the United Nations,FAO)建立了植物遗传资源委员会。该委员会通过了《植物遗传资源国际承诺》(International Undertaking on Plant Genetic Resources),旨在"确保具有现实或潜在经济和/或社会意义的植物遗传资源,尤其是农作物,将被开发、保存、评估,并且用于植物育种及其他研究目的"。《植物遗传资源国际承诺》的基础假设就是"植物遗传资源是人类共同遗产,因此应被无限制地获取"。既然是共同遗产,自然不能被赋予财产权利,不能被个人或国家所有。在这种开放体系下,植物遗传资源少量样品。例如,种子的跨国获取通常是不受限制的,生物剽窃此时无从谈起。

然而,生物技术在20世纪80年代的迅速发展,使得遗传资源的经济价值凸显。由于对遗传资源的自然地理分配不均,利用能力不同,发展中国家与发达国家产生了严重的利益冲突,争议的本质是针对遗传资源的控制权。共同遗产理念下的遗传资源自由获取使得发展中国家作为提供遗传资源国难以从中获益,也使得发达国家对遗传资源及其利用成果主张知识产权保护显得不那么名正言顺。一番利益博弈后,这种冲突在20世纪90年代新建的"国家主权+知识产权"的权利秩序中被暂时消融。

1992 年,CBD 第 3 条[①]与第 15.1 条[②]确认了遗传资源国家主权原则。不仅 CBD,2001 年《粮食和农业植物遗传资源国际条约》(International Treaty on Plant Genetic Resources for Food and Agriculture,ITPGRFA)也提出了惠益分享的概念。ITPGRFA 的宗旨与 CBD 相一致,区别主要在于前者限定于粮食和农业植物遗传资源[③]。ITPGRFA 在成文法中对"农民权"在全世界范围进行了正式定义。FAO 将农民权定义为:农民(特别是生物多样性中心地、原产地的农民)基于他们过去、现在和将来在保存改良和提供植物遗传资源中所作贡献而产生的权利。ITPGRFA 要求各缔约方保护农民权[④],并规定在其国内法中。

1991 年,《国际植物新品种保护公约》(International Union for the Protection of New Varieties of Plants,UPOV)新文本加强了育种者权的保护,包括:(1)生产权扩展到不再区分是否以商业或播种等其他目的,未经权利人许可的生产均违法[⑤]。(2)保护客体范围扩展到未经品种权人繁殖材料的收获物以及最终产品(如果品种权人的利益未通过自己的繁殖销售以及授权他人使用获得利益,当不能适用权利用尽)。(3)保护品种范围,从禁止受保护品

---

① 《生物多样性公约》(1993 年)第 3 条规定:依照联合国宪章和国际法原则,各国具有按照其环境政策开发其资源的主权权利,同时亦负有责任,确保在它管辖或控制范围内的活动,不至于对其他国家的环境或国家管辖范围以外地区的环境造成损害。

② 《生物多样性公约》(1993 年)第 15.1 条规定:确认各国对其自然资源拥有的主权权利,因而可否取得遗传资源的决定权属于国家政府,并依照国家法律行使。

③ 《粮食和农业植物遗传资源国际条约》第 1 条规定:"为可持续农业和粮食安全而保存并可持续地利用粮食和农业植物遗传资源以及公平合理地分享利用这些资源而产生的利益。"

④ 包括:(1)保护与粮食和农业植物遗传资源相关的传统知识;(2)公平分享利用植物遗传资源所产生的惠益;(3)有权参加国家关于植物基因资源的保护和可持续利用方面的政策决策。

⑤ 生产权就是育种者排斥他人生产繁殖受保护品种的权利。

种的重复使用但育种者为培育新品种使用受保护品种可以得到豁免,扩展到还保护"依赖性派生品种"的重复使用。(4)权利内容,从生产、繁殖、销售权,扩展到生产或繁殖、销售、进出口,以及为其生产繁殖、销售、进出口的存储的权利。(5)保护最低期限,从一般品种的不少于15年增加到不少于20年;藤本植物保护期限从不少于18年增加到不少于25年。[①] (6)农民特权(Farmer's Privilege),从1972年、1978年文本中默认的强制性例外变更为非强制性例外。[②]

1994年,《与贸易有关的知识产权协议》(The Agreement on Trade-Related Aspects of Intellectual Property Rights,TRIPs协议)规定了专利应适用于所有技术领域的发明,只要求其满足新颖性、创造性和工业实用性条件。TRIPs协议第27.3(b)条对植物新品种的知识产权保护做出了特殊规定:"缔约方还可以排除下列各项的可专利性……(b)动物和植物,以及本质为生产植物和动物的方法(生物方法和微生物方法除外);但缔约方应以专利或其他有效方法及其结合保护植物新品种。"目前,缔约方贯彻"有效的特殊体系"的方式多是在UPOV框架下,对植物新品种的育种者提供育种者权保护。

需要强调的是,在TRIPs之前,一些发达国家已经开始利用专利制度保护遗传资源及其利用成果,其中以最开放的专利体系著

① 参见隋文香、李文伟、刘瑞涵:《〈国际植物新品种保护公约〉有关育种者权利保护规定的变化及对我国的启示》,载《科技与法律》2004年第1期。

② 农民特权是UPOV中特有的一项规定,是指农民在合法获得受法律保护的农作物种子(授权的植物新品种)进行种植后,在其收获的农作物中存留一定数量的种子,用于日后再行种植或与他人交换或销售,对此,植物品种权人既无权禁止,也无权要求农民支付费用;焦和平:《植物品种权扩张背景下"农民特权"的法律保护》,载《西北大学学报(哲学社会科学版)》2012年第4期。

称的美国首当其冲。1980年,美国 Diamond v. Chakrabarty 案中,最高法院裁定活体人造微生物具备可专利性,改变了生命体不被授予专利权的历史,之后一直不断扩张。1987年4月,美国专利商标局发布声明,宣布多细胞生物(包括动物)是可专利性主题,该政策使得美国成为世界上第一个允许对动物授予专利的国家。1988年4月12日,第一个动物专利授予了哈佛大学的"癌症鼠"。[①] 美国对生命体专利的扩张似乎仅仅止步于人类专利,推测因为宪法修正案第13条的奴隶条款的限制,人类在美国不具备可专利性,[②]这一原则也被用于驳回人兽嵌合体专利申请。[③]

总之,20世纪90年代末期,调控遗传资源的权利规则与之前已经大有不同。全人类共同遗产原则已经被遗传资源主权原则所替代。如今的"国家主权+知识产权"权利体系下,国家控制遗传资源的获取,私人公司则可以获得针对遗传资源利用成果的知识产权。

主权是国家独立自主地处理自己对内和对外事务的权力,是

---

① US Patent No. 4,736,866 (Issued April 12,1988).

② 美国宪法修正案第13条[1865年1月31日提出,1865年12月6日批准]:第1款规定,在合众国境内受合众国管辖的任何地方,奴隶制和强制劳役都不得存在,但作为对于依法判罪的人的犯罪的惩罚除外;第2款规定,国会有权以适当立法实施本条。

③ 1997年,Stuart Newman 和 Jeremy Rifkin 向 PTO 提交了一个极具煽动性的人兽契合体专利申请。该申请公开了人类成分最高可达50%的人——黑猩猩契合体及若干制造方法。他们并没有真正实施这些方法,该申请是完全理论上的。Newman 和 Rifkin 申请这个专利并不是想制造人——黑猩猩契合体或借此谋取经济利益,他们的目的在于激发人们对人兽契合体技术的关注及讨论,并在20年内阻止其他科学家制造人兽契合体,同时给政策制定者施加压力,促使其在专利生命体的问题上建立一系列规范。1999年,USPTO 拒绝了此申请,经过一轮上诉,最终在2005年被终审驳回。其驳回理由是:Newman 和 Rifkin 公开的技术在控制及调节人类细胞的比例上太过粗糙,因此可以很容易地制造出过于接近于人类的生物体,这将违背 USPTO 的"人类是不可被专利的客体"的原则。

最高权威。对于遗传资源提供国来说,国家主权意味着其具有自由开发和利用本国管辖权范围内遗传资源的权利,有权禁止损害国家利益的遗传资源获取行为,有权分享因遗传资源利用而产生的惠益。

CBD 第 15.5 条与第 15.7 条①规定了遗传资源获取与利用的"事先知情同意""共同商定条件""公平分享惠益"三大原则。

事先知情同意是指为了利用遗传资源而提前取得这种资源提供国的批准同意。世界自然保护联盟在《生物多样性公约指南》中对遗传资源获取与惠益分享中事先知情同意的关键要素进行了界定:(1)事先:遗传资源获取发生前;(2)知情:以遗传资源利用为基础,可以使遗传资源提供方了解其含义的真实信息;(3)同意:权利人、政府、利益相关者根据其国内法表示明确赞同。②

共同商定条件是指缔约双方在订立遗传资源开发合同时,共同商定资源获取和惠益分享的条件,例如,利用者对遗传资源的收集、研究和商用的方式等。该原则确保了遗传资源提供者在资源利用活动中的决策参与权,促进了提供者对于自身利益的保障。③

公平分享惠益原则要求所有利用遗传资源产生的惠益都应该

---

① 《生物多样性公约》(1993 年)第 15.5 条规定:"遗传资源的取得须经提供这种资源的缔约国事先知情同意……"第 15.7 条规定:"每一缔约国应……以期与提供遗传资源的缔约国公平分享研究和开发此种资源的成果以及商业和其他方面利用此种资源所获的利益。这种分享应按照共同商定的条件。"

② 参见秦天宝:《论遗传资源获取与惠益分享中的事先知情同意制度》,载《现代法学》2008 年第 3 期。

③ 《生物多样性公约》(1993 年)第 15 条第 4 款规定:取得经批准后,应按照共同商定的条件并遵照本条的规定进行。

公平地在遗传资源利用者和提供者之间进行分享。[①] 该原则可以看作遗传资源利用者因其利用对提供者进行的补偿(或者说是给予报酬),包括了货币和非货币惠益等各种分享形式。[②]

2002 年《波恩准则》列举了获取和惠益分享可能带来的以下惠益:

(1)货币惠益可能包括但不限于:每收集或以其他方式获得一件样本的费用;预付款;里程碑付款;特许使用费;商业化许可费;向信托基金支付特别费用以促进生物多样性的保存和可持续利用;研究所需基金;合资企业;共同拥有的相关知识产权利益;双方议定的工资和优惠待遇。

(2)非货币惠益可能包括但不限于:在科研开发项目中合作并作出贡献,尽可能在提供者所在国家进行;研究与开发成果共享;参与产品开发;在教育和培训中合作并作出贡献;进入易地遗传资源设施、访问数据库;特别是转让有关利用遗传资源的技术;加强向发展中国家或经济转型国当事方的技术转让,促进遗传资源来源国的技术发展。同时加强土著和地方社区保存与可持续利用基因资源的能力;机构的能力建设;用于加强遗传资源利用管理和执法能力的人力和物质资源;提供方全面参与和遗传资源相关的培训,培训尽可能在提供方那里举行;取得与保持生物多样性和可持续利用有关的科学信息;对地方经济的贡献;考虑提供国的遗传资源利用情况,优先进行其部分研究;获取与惠益分享协议及其

---

① 《生物多样性公约》(1993 年)第 16 条第 3 款规定:要求各缔约国采取立法、行政或政策性措施,以期与提供遗传资源的缔约国公平分享研究和开发此种资源的成果以及商业和其他方面利用此种资源所获的利益。这种分享应按照共同商定的条件和国内立法进行。

② UNEP/CBD/COP/6/DEC/Ⅵ/24.

后的合作活动相关机构与专业的联系;粮食和生计保障方面的惠益;社会认可;相关知识产权的共同所有权。

遗传资源获取与惠益分享对发展中国家意义深远。首先,发展中国家作为资源提供国时,该制度可以使其在遗传资源及传统知识的商业活动中公平地获取资金利益,促进能力建设。其次,惠益分享可以增加资源提供者有保护资源、保育土地、生物和海洋的动力和热情,使得生物多样性得以维持,生态系统更具弹性。最后,现代知识产权制度过度注重保护西方现代知识,该制度的建立执行可以创造一种互相尊重的、更加公平的国际秩序。

五、遗传资源的所有权

尽管 CBD 确立了遗传资源的国家主权原则,但是,原文的"their"并不是指财产权利,而是一种简短的方式指代特定国家管辖下的生物资源。① CBD 意义下的主权与所有权并不等同,只是意味着国家有权力决定所有权,并且具有控制权,包括决定在什么情况下可以获取遗传资源,以及与主权国家如何进行利益分享。

所有权系典型的物权,系对物为一般概括支配的权利,所有人对标的物得为占有、自由使用、收益、处分,并排除他人之干涉。②法律、制度、经济、文化差异导致了各国规定存在很大的不同。

---

① CBD 第 3 条规定:Nothing in this Protocol shall affect in any way the sovereignty of states over their territorial sea established in accordance with international law, and the sovereign rights and the jurisdiction which States have in their exclusive economic zones and their continental shelves in accordance with international law, and the exercise by ships and aircraft of all states of navigational rights and freedoms as provided for in international law and as reflected in relevant international instruments.

② 参见王泽鉴:《民法物权 1:通则 · 所有权》,中国政法大学出版社 2001 年版,第 149 页。

在普通法体系中，遗传资源所有权的判断依据通常基于其附着的土地。例如，澳大利亚法律体系是基于普通法传统，虽然没有明确的宪法或法律规定，可以认为在联邦、州政府或个人所有的土地上发现的遗传资源由联邦、州政府或个人所有。同样，继承了Anglo-Saxon 普通法传统的肯尼亚规定个人财产的所有权扩展到土地之上及之下，可推定遗传资源的所有权属于个人，因为遗传资源不可避免地附着于土地上。

有些国家明确规定了遗传资源的所有权。例如，埃塞俄比亚规定了国家及埃塞俄比亚人民对遗传资源的所有权，并且遗传资源包括衍生物。另外还特别强调了地方社区的权利，其不可剥夺的使用遗传资源及传统知识的权利，以及分享由于利用遗传资源及传统知识而产生的利益的权利。[①]

哥斯达黎加将"遗传资源"和"生物资源"区分开来。《生物多样性法》规定国家对生物多样性资源的遗传组分拥有完全的、排他的主权。并且进一步规定国家授权对遗传资源进行开发、探索和生物勘探。同时，该法案规定了土地所有权人对土地上之生物资源的所有权，承认其针对生物资源的独立权利。

更多的国家，如巴西、菲律宾、乌干达，未明确遗传资源的所有权归属，但是建立了 ABS 制度规制遗传资源的获取与利用，其共同特点是：国家成立专门机构审批并颁发遗传资源获取许可证，遗传资源实际占有者（无论其是否为所有者）的知情同意为取得许可证的前提。在巴西，遗传资源的获取须经当地土著、环境局或私人土地所有人的同意。根据巴西宪法，土著拥有独占性利用其传

---

① Ethiopian ABS law, Section5, "*A Proclamation to Provide for Access to Genetic Resources and Community Knowledge and Community Rights*".

统土地上自然资源及在法院捍卫其利益的权利。在菲律宾，任何以商业目的针对遗传资源的研究、收集和利用，都要事先获得许可。在乌干达，获取遗传资源必须首先经乌干达国家科学技术委员会（Uganda National Council for Science and Technology, UNCST）许可，步骤很复杂：首先，申请人向 UNCST 支付一定费用。其次，申请人需要和遗传资源所有者达成获取协议，并与负责管理所涉遗传资源的管理机构达成有期限的“材料移转协议，MTA”。最后，申请人向 UNCST 提交申请，该机构可以颁证，也可以拒绝申请。如果颁发了许可证，则需要支付 300,000 乌干达先令的许可费。

确立遗传资源所有权归属，明确知情同意、商定条件及利益分享的主体看起来似乎是建立 ABS 机制的前提。然而，国际立法经验显示，无论遗传资源所有权如何规定，在遗传资源国家主权这一根本原则下，国家或个人或集体（如土著、地方社区）对遗传资源的获取与利用程序殊途同归。即使在承认个人针对遗传资源所有权的国家，境外组织或个人意欲获取遗传资源，也需要采取该获取程序，这是国家防控遗传资源流失，获得利益分享，实现国家主权的必要程序。否则，将遗传资源和生物资源的法律地位进行区分，试图解决个人所有权与国家主权的矛盾，反而会产生负面效果。CBD 将遗传资源定义为生物资源的子集，是那些包含遗传功能单位的生物资源。即使将遗传资源扩展到衍生物，其仍然无法超出生物资源的范围。因此遗传资源属于国家所有，而生物资源属于个人所有，在逻辑上并不通顺。本书认为，这是国家对遗传资源的一种强调，强调遗传资源的重要性，同时避免与具有实体性的遗传资源传统所有权概念的冲突。例如，农民对自己种植的农作物（一种生物资源）享有所有权，可以自由地作为农作物买卖。然而，如果国外机构意欲利用农作物中的遗传组分(DNA 或 RNA)或衍生物(蛋白质、脂类等)进行商业开发,则必须首先获得农民的知情同意,然后取得国家或国家授权机构颁布的许可证。因此,避免立法上的困境,对遗传资源所有权缄默不失为一种明智的选择。

六、遗传信息的所有权

随着遗传学的发展,在很多情况下,遗传资源利用的实质是针对遗传信息的利用,与植物及动物遗传资源相比,人类遗传信息的利用具有特殊性及复杂性,因此本部分将针对人类遗传资源的所有权进行分析。

蕴藏于我们的细胞中,反映个体遗传本质的遗传信息是否归我们自己所有？答案似乎是肯定的。然而,遗传信息的巨大价值使其显而易见的个体所属性受到了巨大的挑战。2015 年,世界最大的族谱网站 Ancestry. com 进入健康领域,推出 Ancestry Health 网站。该网站将族谱信息和遗传信息结合起来,建立完备的家族健康史,成立之初即从不讳言欲将这些极具价值的家族遗传信息出售给医学研究者的意图。同样在 2015 年,直接向消费者提供遗传检测服务的 23andMe 公司宣布与医药和生物技术公司签订了价值数亿美元的患者数据库合同。这一举动并不出乎意料,早有评论认为 23andMe 的真实目的并非提供遗传检测服务,而是收集遗传信息。

如今,人们可以通过医疗活动,或者专项遗传检测服务获知与疾病、致病风险、亲子关系相关的遗传信息。遗传信息也经常被用于生物医学研究,以开发疾病的诊断与治疗方法。这些信息属于谁？你拥有自己的遗传信息吗(毕竟这来源你的身体)？生物技术公司或医疗、研究机构拥有你的遗传信息吗(是它们通过技术手段获取了遗传信息,并且予以保存)?你的家人拥有你的遗传信息吗(遗传规律使得你与家人不可避免地共享某些遗传信息)?或者,遗传信息属于全人类(这似乎更能促进全人类健康福祉)?

关于遗传信息所有权的争议在美国由来已久。目前看来争议并未得到解决,但无论如何,走在遗传学发展最前沿的美国淋漓尽致地展现了遗传信息的复杂性、遗传信息所有权牵扯的各方利益、联邦及各州的立法努力,这些使美国成为研究遗传信息所有权问题的最佳蓝本。

遗传信息并非人们通常所说的 DNA 或基因本身,而是解码 DNA 或基因所获得的,由 A(腺嘌呤)、T(胸腺嘧啶)、C(胞嘧啶)、G(鸟嘌呤)排列组合而成的序列信息。人类遗传信息具有以下几大特征:

人类遗传信息是最深层次的个人信息。遗传信息不仅可以揭示身高、外貌等显而易见的外在特征,也可以一览无余地揭示疾病、性取向等深藏的个人内在特征(当然,环境也可能干预基因的表达,从而造成外在表型与内在遗传信息的不对应或不完全对应)。

人类遗传信息具有稀缺性。尽管全人类共享 99.9% 的遗传信息,但剩下的 0.1% 造成了每个人的独一无二性。每一个人拥有且只能拥有一套遗传信息,这套遗传信息伴随着人们从出生到死亡。

人类遗传信息具有家族性。遗传信息通过父母生殖细胞的结合传递给下一代,绝大部分遗传信息都可以追根溯源到父母、祖父母、外祖父母甚至祖先。遗传性疾病,如多指(趾)、多发性结肠息肉、多囊肾、血友病等往往表现出明显的家族性倾向。

人类遗传信息是永久的数据信息。尽管发育的任何时期都可能存在基因突变,但相对于人类基因组的30亿个碱基对来说,随机、偶发的基因突变不足以改变遗传信息的永久性。另外,遗传信息本质上是数据信息,具有天生的流动性,遗传信息的数据交换可以是瞬时的、发散性的。

以上四大特征构成人类遗传资源的价值。在医疗活动中,遗传信息可用于检测疾病、预测疾病的发生及预后、靶向治疗疾病;在科学研究中,基于对多位个体遗传信息的统计分析,可以建立疾病和基因之间的关联,进而开发疾病诊断与治疗方法;在亲子鉴定中,遗传信息可以精确确定亲子关系;在犯罪调查中,通过对血液、精液、唾液、头发等遗传材料的信息解读,帮助警察锁定罪犯。

价值引发所有权争夺,关于人类遗传信息的所有权归属存在四种观点:归属于个人、归属于获取者、归属于家族、归属于全人类。

归属于个人最直接的理由就是:DNA是我的,源于DNA的遗传信息自然也是我的。个人完全可以通过限制他人对其细胞的获取,进而控制对遗传信息的获取。当然,实践中这种限制细胞获取的行为几乎是不可行的。几乎所有的人类细胞中都包含个人整套遗传信息,我们每天都不可避免地将细胞散落在环境中。利用生物技术,微量的唾液细胞或毛囊细胞就足以获取遗传信息。

自由、自主、自尊的伦理需求是遗传信息应归属于个人的另外一个重要理由。遗传信息是人的本质特征,几乎我们的一切表型,如肤色、身高、智力、种族、疾病等,都与遗传信息的表达与调控密不可分。“遗传信息=我”是人们的直觉性认知,与之类似的认知曾一度在反对基因专利中发挥重要作用。“专利基因=专利人类”,将人类予以专利谋求经济利益,是对人类自由、自主、自尊的剥夺。反对者曾以美国宪法修正案第13条的奴隶条款,即“在合众国境内受合众国管辖的任何地方,奴隶制和强制劳役都不得存在,但作为对于依法判罪的人的犯罪的惩罚除外”,反对基因专利。

必须指出,在对个人自由、自主、自尊的侵犯上,拥有个人遗传信息相较专利基因更进一步。工业实用性要求使得基因专利所主张的不可能是个人遗传信息,而是具有共性的群体遗传信息,影响范围取决于共享遗传信息的特定群体的大小,但这种影响不特定于某个具体的人,而侵犯个人遗传信息将直抵尊严。尽管尊严常被人们提及,但似乎并没有关于尊严的统一定义。事实上,从正面评价尊严具有极大困难性,人们往往会从反面提及尊严。例如,隐藏的疾病信息被他人知晓,隐藏的智力信息被他人知晓,隐藏的家族关系(如收养)被他人知晓,等等。在某些情况下,隐藏的遗传信息被利益相关人,如保险公司、雇主、竞争对手知晓,会导致除有失尊严以外的其他后果,如无法获得保险,被解雇,丧失竞争优势。退一步来说,即使通过技术手段隐藏或抹去遗传信息对应的个人身份信息,并且他人对遗传信息的利用完全不会影响我们的正常生活,但是反映个人本质的遗传信息对于他人来说却只是工具或者商品,人们仍然可能感觉到被冒犯。

遗传信息的获取者(如医药公司、生物技术公司、研究机构)同样具有主张遗传信息所有权的强烈诉求。遗传信息虽然天生存在于我们体内,但并不因其存在即产生价值。获取者首先需要从遗传材料中提取 DNA,然后设计引物、测序,获得遗传信息后,还需要对其予以解读,价值由此产生,这些显然需要物质、脑力及体力投入。另外,需要指出的是,个人遗传信息产生的价值极其有限,只有通过对大量个体遗传信息的统计分析,才能找出遗传信息与表型之间的关联性规律,据此开发疾病的诊断与治疗方法。简言之,遗传信息的获取者通过劳动呈现遗传信息的价值。

家族成员主张遗传信息所有权的合理性来自遗传信息在家族中的共享。遗传信息通过父母生殖细胞的结合传递给下一代，当遗传信息中携带致病信息，疾病也因此传递下去。例如，红绿色盲、血友病、白化病、哮喘、唇裂、精神分裂症、无脑儿、高血压、先天性心血管疾病、癫痫等均为遗传性疾病。当一人罹患遗传性疾病，往往意味着亲属患病风险的增加。

“遗传信息属于全人类”这一理念来自《世界人类基因组与人权宣言》第1条，“人类基因组是人类家庭所有成员根本统一的基础，也是承认他们生来具有的尊严与多样性的基础。象征地说，它是人类的遗产”。这种最广泛的遗传信息共享体系似乎能最大限度地促进遗传信息的利用和开发，进而提高全人类福祉，因此颇有一些拥趸。

目前，在美国几乎没有直接指向遗传信息的判例法。由于遗传材料的核心价值常常在于遗传信息，涉及遗传材料所有权的 Moore v. Regents of the University of California 案是学者在讨论人类遗传信息所有权时最常引用的案例。①

1976 年，John Moore 因患有淋巴细胞白血病接受加利福尼亚大学洛杉矶分校医学中心 David Golde 医生的诊治。在未告知 John Moore 的情况下，David Golde 利用 John Moore 的患病细胞建立了细胞系并商业化，获得了巨大的商业利益。John Moore 起诉加利福尼亚大学董事会，主张对细胞的所有权，认为被告对其细胞未经许可的使用构成非法占有。

加利福尼亚州高等法院未支持 John Moore 的主张，认为患者

---

① Moore v. Regents of the University of California[Z]. 793 P. 2d 479 (Cal. 1990).

遗弃的血液和组织样本不是个人财产,个人也不拥有分享商业利益的权利。在目前法律并不存在承认离体组织或其他身体样本财产权先例的情况下,对于应否扩展适用非法占有理论,法院认为有两点考量至关重要:一是保护患者自主做出医学决定的权利。这一权利建立在被广泛认可的诚信义务和知情同意原则的基础上。二是保护从事社会有益活动的善意方。例如,研究者没有理由认为使用细胞样本可能违背提供者的意愿。

对个人拥有遗传材料所有权持反对意见的上诉法院法官 George J 更直接地表达了功利主义立场,他将不同竞争利益放在财产利益的合理一边,认为如果承认个人对遗传材料的所有权,医疗和研究机构的利益都会受损。对于医生和研究者来说,从每一个样本提供者那里获得知情同意并且分享利益是管理上的噩梦。更重要的是,当患者认为自己的组织或血液样本具有潜在价值,会提供给出价更高的一方,研究机构之间的竞争由此发生,这些都将导致研究成本的大幅攀升及医疗服务质量的急剧下降。另外,这也将对公共利益造成不利影响,器官捐献将受到不合理的经济刺激,器官市场出现,无偿捐赠受到抑制,医学研究减少,疾病诊断治疗方法的开发受到影响。以典型的功利主义视角,George J 法官得出结论:赋予个人针对遗传材料的财产利益无助于实现公共利益及社会福利最大化。

法官 George J. 在 Moore 案中展示的功利主义权衡在直觉上具有吸引力,也貌似合理。事实上,大多数意见认为研究者之间自由、充分的人类细胞系交换会因为承认个人对遗传材料的财产利益而受到严重抑制,每一个交换者都可能面临诉讼,可能的诉讼风险将降低从事医学研究的经济刺激。Moore 案的决定被之后的判决一次次确认,法院不断地告诉我们,如果将遗传材料交给研究者

(无论是否取得知情同意),生物材料和由此获得的遗传信息属于研究者,更确切地说,属于雇用他们的研究机构。

必须指出,Moore 案一直存在巨大争议,法院遵循 Moore 案判决是在认识到"解决争议"比"以哪种方式解决争议"更为重要的前提下。美国技术评价办公室(Office of Technology Assessment)在针对 Moore 案提交的报告中就强调了遗传材料所有权不确定性对学术研究和襁褓中的生物技术产业可能产生的不良影响。报告指出,基于研究者之间经常分享样本的事实,遗传材料所有权的不确定性所影响的将不仅仅是样本的原始获取者,也会波及任何使用遗传材料或由此建立的细胞系的研究者,即使他们并不知晓细胞最初源于哪里,这种不确定性将极大程度上影响投资人、公司针对产品研发、生产和市场化的决定。

Moore 案争议的本质在于法官适用的功利主义理论的固有缺陷:竞争利益权重的分配具有主观性;利益竞争的后果基于假设。这使得针对同一问题的功利主义分析可能产生截然不同的结果。

针对 Moore 案,Broussard 和 Mosk 法官基于与多数派法官使用的几个相同因素,得出了不同的结论。他们认为,获得捐赠者的知情同意并非多数人描述得那么繁重。另外,相较于赋予个人对遗传材料的财产利益,细胞系等遗传材料可以被授予专利权,或采用商业秘密方式予以保护的事实对研究者自由、高效获取遗传材料的影响更大。Broussard 和 Mosk 法官也不认为医学研究的经济驱动力会被摧毁,医学或生物技术产品的价值主要来自研究者、生物技术公司等对遗传材料价值的"添加",即使侵犯患者遗传材料财产利益,其所需要承担的责任也是十分有限的。

最后,Broussard 和 Mosk 法官认为,患者利益应超越研究者、生物技术公司利益。他们还增加了两项患者利益:基于遗传材料的经济利益;与获取者对等谈判的利益。他们认为,如果遗传材料确实具有价值,那么相较于研究者、生物技术公司,作为提供者的患者自然拥有更强烈的经济利益主张,否则将构成对他人利益的商业剥削。承认患者的财产利益,也有助于避免不对等谈判地位而导致的不当得利。

功利主义评价如此见仁见智,同样的考量因素、截然不同的结论。然而,无论采取哪种观点,都必须兼顾竞争利益的平衡。作为主流观点的"赋予获取者针对遗传信息的所有权"并不意味着对个人利益置之不顾。考虑到滥用个人遗传信息可能对个人利益造成的侵害,2008 年美国《遗传信息反歧视法》禁止在健康保险和雇工领域使用遗传信息。该法案禁止仅仅根据遗传信息预测将来可能罹患的疾病而拒绝提供保险,或要求支付更高的保险费。该法案也禁止利用个人遗传信息做出雇佣或解雇、升职决定。

同样,反其道而行之,赋予个人对遗传信息所有权的阿拉斯加、佐治亚州、路易斯安那州、科罗拉多州、佛罗里达州也对个人权利范围进行了限制。这几个州具有相似的立法模式:(1)立法覆盖了有限的遗传信息,即仅来自遗传检测的遗传信息,而不是广泛的遗传信息,如家族史信息;(2)给予某些情况下获取遗传信息的豁免权。

在阿拉斯加,DNA 样本及分析结果是被分析人的排他性财产。收集、分析、保存或者披露信息必须获得知情同意。豁免情形是法律许可的生物银行、亲子鉴定、新生儿筛查、紧急状态下医疗处理。科罗拉多州规定遗传信息是个人"独一无二的财产",佐治亚州也使用了这一表述方式,但由于这一规定位于保险法中,并不适用于保险外的其他领域。路易斯安那州也是在保险法中规定"被保险者或应征者的遗传信息是被保险者及应征者的财产"。

根据该法案，除犯罪调查或亲子关系确定外，任何人都需要获得授权才能获知遗传信息。并且，在没有获得被保险人、应征者授权的情况下，任何人都不允许保留其遗产信息。

鉴于以上几个州立法基本仅适用于保险法，这与“法院承认获取者对遗传信息的所有权 +《遗传信息反歧视法》禁止在健康保险和雇工领域使用遗传信息”没有本质区别。

个人还是家族对遗传信息有更强的所有权主张，似乎是一个伪命题，因为遗传信息反映的是 100% 的个人，家族成员所能共享的遗传信息必然少于 100% 。然而，遗传信息与家族之间的密切关联性，却使得这个问题存在讨论的必要。

1995 年 Pate v. Threlkel 案中，Heidi Pate 罹患甲状腺髓样癌，起诉她母亲 Marianne New 的主治医生，认为：(1) 医生明知，或应知她母亲的疾病可能会遗传给她；(2) 医生应警告自己进行疾病检测；(3) 如果她的母亲在 3 年前确诊甲状腺髓样癌时就被警告其子女的患病风险，她就可以让子女进行疾病检测；(4) 如果 Heidi Pate 当时进行了疾病检测，就可以采取疾病预防措施，很可能被治愈。佛罗里达州高等法院首先考虑了 Marianne New 的主治医生是否有义务警告 Marianne New 其所患疾病的遗传倾向，并认为答案应当是肯定的。至于下一个问题，即医生是否还有义务警告 Marianne New 的子女或与之相关的其他人，法院的观点是：在告知患者其所患遗传性疾病对家族成员的意义时，医生的告知义务即满足。①

不久后的 Safer v. The Estate of Pack 案中，新泽西州高等法

---

① Pate v. Threlkel[Z]. 661 So. 2d 278(Fla. 1995).

院进一步发展了这一观点。[①] 原告 Donna Safer 的父亲罹患结肠癌，在其 10 岁时去世。被告，即 Donna Safer 父亲的主治医生 Pack，未警告 Donna Safer 其结肠癌患病风险。Donna Safer 在 36 岁时被确诊患有结肠癌，治疗中切除了大部分结肠和一个卵巢，据此以业务过失为由起诉 Pack 医生。地方法院认为，Pack 医生没有义务向 Donna Safer 披露其父亲的遗传信息，仅在两种情况下医生负有披露义务：存在医患关系；存在需要保护公共健康的情形。而在本案中，Donna Safer 不是 Pack 医生的患者，不存在医患关系。Donna Safer 父亲所患疾病也不具有传染性，不会造成公共健康危机，因此 Pack 医生不负有披露义务。Donna Safer 上诉，新泽西州高等法院认为，遗传性疾病与其他传染性疾病没有本质区别，医生负有警告患者家庭成员“可避免的”遗传疾病致病风险的职责。法院使用了“遗传家族”(genetic family)的概念，认为遗传信息不仅仅是个人医疗信息，也是家族信息，应将信息披露对象从患者本人扩展到患者直系亲属。

家族成员共享遗传信息以保障家族成员健康利益为目的。前述两案均涉及癌症这一恶性疾病，在被告知患病风险的前提下，早诊断、早治疗，的确可以大大增加治愈可能。对于当前医疗条件下几无治愈可能，但患病风险极高的恶性疾病，如亨廷顿舞蹈症，共享遗传信息则有助于家族成员进行生育选择。然而，在某些情况下，遗传信息共享却并不利于这一目的的实现。例如，对于某些缺乏有效治疗手段的晚发性疾病，如阿尔茨海默综合征，提前被告知产生的恐惧和无力感可能会在情绪上摧毁一个人。对于孩子来

---

① Safee v. The Estate of Pack[Z]. 677 A. 2d 1188, 1189 - 1190(N. J. Super. Ct. App. Div. 1996).

说，这种摧毁作用尤为严重。同时，也需要指出的是，“共享”必然与“隐私”相对立，“家族成员共享遗传信息”应以平衡“保护患者隐私”这一考量为前提。《美国医学会医学伦理规范》（*Code of Medical Ethics of the American Medical Association*）即指出，应承认和尊重医生对于患者医疗信息，尤其是高度敏感的遗传信息的保密义务，只有当第三方利益足够大，以至于超越医生保密义务，医生才能平衡利益，告知第三方。

对此，美国人类遗传学协会（American Society of Human Genetics，ASHG）建议，当满足以下四个条件，医生应告知患者家族成员其遗传疾病致病风险：（1）鼓励患者自己向家族成员披露遗传信息的尝试失败了；（2）家族成员的致病风险高，致病后果严重、可预期；（3）可以确定存在致病分享的家族成员；（4）遗传疾病可预防、可治疗或者早期检测可以降低致病风险。

美国蓝本告诉我们，利益平衡是解决人类遗传信息所有权争议的最重要考量因素。人类遗传信息所有权问题涉及的各方利益主要包括个人利益、获取者利益、家族利益及公共利益。美国的做法是：赋予获取者对人类遗传信息的所有权，个人利益通过遗传资源获取必须经知情同意，并且立法禁止遗传信息被用于保险及雇工领域予以平衡。家族利益的实现方式是规定医生负有将患者遗传信息告知相关家族成员的义务。公共利益是“最大幸福”，以提高疾病诊断、治疗水平的方式得以实现。这一做法是否平衡了各方利益？结论得出为时尚早，但争议真实存在。Ancestry Health 网站和 23andMe 公司收集个人遗传信息并出售的行为，尽管取得知情同意，但仍遭受广泛批评。如一位批评家所言“我会以为我捐献的基因组信息只是用于研究，而不是出售”。也有人指出，如果你付钱请 23andMe 测序你的 DNA，你也就成了 23andMe 的产品。

美国判例法建立的医生对患者家族成员的告知义务,以及美国人类遗传学协会所建议的告知义务四个前提条件可以恰当地平衡个人与家族成员的利益。对于最主要的矛盾,即获取者与个人之间的利益冲突,尽管存在争议,但前述法官 George J. 的功利主义分析更具合理性。当与生俱来的遗传信息成为个人财产,潘多拉魔盒很可能由此开启。

然而,需要指出的是,美国现行法律对个人利益保护不足。保障个人“自由、自主、自尊”的伦理需求应成为“剥夺”个人对遗传信息所有权的对价。具体包括:(1)禁止基因歧视;(2)禁止未经个人允许的遗传检测,如从日常生活中难以避免遗落的头发、唾液样本等获取遗传信息,用于攻击竞争对手等;(3)禁止遗传信息的非自愿披露,不仅为了避免基因歧视,也基于其他不希望信息被披露的理由;(4)禁止遗传信息被用于违背个人意愿的用途,如某些类型的研究。

知情同意、信息保护是实现对价的关键。获取前的专业伦理评估,知情同意详尽、可变更、可撤回并贯穿遗传资源获取与利用的整个过程,防止遗传信息以不正当目的使用(无论是美国法规制的保险、雇工领域,还是其未涉及的入学等领域),这些将有助于解决诸如 Ancestry Health 网站和 23andMe 公司的争议,消除个人捐献遗传信息的顾虑,最终实现“最大幸福”。

与人类遗传信息相比,植物与动物遗传信息的所有权因不涉及隐私权、家族成员利益等,争议较小。实践中,通常遗传信息获取者(遗传资源利用者)与遗传资源提供者之间会通过协议约定遗传信息的归属及利用。

第二章　我国遗传资源流失的法制因素

一、我国遗传资源相关法律法规

我国与遗传资源保护相关的法律、法规众多,部分如表 2 所示:

表 2　我国遗传资源保护法律框架

法律效力层级	立法层次	相关法律、法规、规章
1	宪法	《宪法》
2	全国人大及其常委会制定的法律	《刑法》《环境保护法》《海洋环境保护法》《野生动物保护法》《森林法》《草原法》《农业法》《渔业法》《畜牧法》《种子法》《水土保持法》《水污染防治法》《固体废物污染环境防治法》《环境影响评价法》《动物防疫法》《进出境动物检疫法》等。

续表

法律效力层级	立法层次	相关法律、法规、规章
3	国务院制定的法规以及国务院各部门颁布的规章	《人类遗传资源管理暂行办法》《自然保护区管理条例》《风景名胜区条例》《野生药材资源保护条例》《种畜禽管理条例》《野生植物保护条例》《植物新品种保护条例》《濒危野生动植物进出口管理条例》《病原微生物实验室生物安全管理条例》《防治海洋工程建设项目污染损害海洋环境管理条例》《进出口农作物种子(苗)管理暂行办法》《植物新品种保护条例实施细则》《进境植物繁殖材料检疫管理办法》《中药品种保护条例》《自然保护区条例》《农业转基因生物安全管理条例》《畜禽遗传资源进出境和对外合作研究利用审批办法》《陆生野生动物保护实施条例》《水生野生动物保护实施条例》《水产种苗管理办法》《农业野生植物保护办法》《渔业捕捞许可管理规定》《进境水生动物检检验疫管理办法》《农作物遗传资源管理办法》等。

以上法律、法规仅有一小部分包含遗传资源获取与惠益分享条款(见表3),且为原则性规定。

表3　遗传资源获取与惠益分享条款

法律法规	相关条文
《人类遗传资源管理暂行办法》	第12条　办理涉及我国人类遗传资源的国际合作项目的报批手续,须填写申请书,并附以下材料: (一)人类遗传资源材料提供者及其亲属的知情同意证明材料; (二)合同文本草案; (三)审批机关要求的其他材料。 第13条　依本办法第12条提出的申请,有下列情况之一的,不予批准: …… (四)知识产权归属和分享的安排不合理、不明确; (六)无人类遗传资源提供者及其亲属的知情同意证明材料;

续表

法律法规	相关条文
《畜牧法》	第16条　向境外输出或者在境内与境外机构、个人合作研究利用列入保护名录的畜禽遗传资源的，应当向省级人民政府畜牧兽医行政主管部门提出申请，同时提出国家共享惠益的方案；受理申请的畜牧兽医行政主管部门经审核，报国务院畜牧兽医行政主管部门批准。
《畜禽遗传资源进出境和对外合作研究利用审批办法》	第6条　向境外输出列入畜禽遗传资源保护名录的畜禽遗传资源，应当具备下列条件： …… （四）国家共享惠益方案合理。 第7条　拟向境外输出列入畜禽遗传资源保护名录的畜禽遗传资源的单位，应当向其所在地的省、自治区、直辖市人民政府畜牧兽医行政主管部门提出申请，并提交下列资料： （一）畜禽遗传资源买卖合同或者赠与协议； （二）与境外进口方签订的国家共享惠益方案。 第8条　在境内与境外机构、个人合作研究利用列入畜禽遗传资源保护名录的畜禽遗传资源，应当具备下列条件： （一）研究目的、范围和合作期限明确； （二）符合畜禽遗传资源保护和利用规划； （三）知识产权归属明确、研究成果共享方案合理； （四）不对境内畜禽遗传资源和生态环境安全构成威胁； （五）国家共享惠益方案合理。 第9条　拟在境内与境外机构、个人合作研究利用列入畜禽遗传资源保护名录的畜禽遗传资源的单位，应当向其所在地的省、自治区、直辖市人民政府畜牧兽医行政主管部门提出申请，并提交下列资料： （一）项目可行性研究报告； （二）合作研究合同； （三）与境外合作者签订的国家共享惠益方案。 第16条　在对外合作研究利用过程中需要更改研究目的和范围、合作期限、知识产权归属、研究成果共享方案或者国家共享惠益方案的，在境内与境外机构、个人合作研究利用列入畜禽遗传资源保护名录的畜禽遗传资源的单位，应当按照原申请程序重新办理审批手续。

一些法律法规未涉及惠益分享,但是规定遗传资源的获取、利用必须经主管部门同意。例如,关于林木遗传资源获取的相关规定(见表4)。

表4 林木遗传资源获取与利用条款

法律文件	遗传资源	主管部门	获取程序
《森林法》第38条	珍贵树木及其制品、衍生物	国务院林业主管部门	需审核、批准
《种子法》第8条、第10条	种质资源	国务院林业主管部门	需批准
《野生植物保护条例》第16~18条、第20~21条	野生植物	国务院林业主管部门	需审核、批准
《自然保护区条例》第28条	标本采集	自然保护区管理机构	采集标本事前批准

资料来源:韦贵红:《遗传资源专利保护机制探析——兼评〈名古屋议定书〉的履行》,载《法律适用》2015年第2期。

另外,《专利法》第5条第2款对违反法律、行政法规获取或利用遗传资源,并依赖其完成的发明创造不授予专利权这一规则,将获取或者利用遗传资源的法律法规与《专利法》连接在一起。

我国遗传资源保护的立法现状可总结如下:(1)遗传资源保护相关的法律、法规分散,遗传资源ABS专门法缺位;(2)涉及ABS的条款多为原则性规定,未对遗传资源的获取与惠益分享问题进行具体规定。

然而,需要指出的是,我国高度重视遗传资源流失防控。2010年,国务院批准发布《中国生物多样性保护战略与行动计划(2011~2030年)》(以下简称《战略与行动计划》),在中期战略目标中指出,要基本建成生物多样性监测、评估与预警体系、生物物种资源出入境管理制度以及生物遗传资源获取与惠益共享制度得到完善。《战略与行动计划》的战略任务中明确:(1)完善生物多样性保护与可持续利用的政策和法律体系。研究促进自然保护区周边社区环境友好产业发展政策,探索促进生物资源保护与可持续利用的激励政策。(2)促进生物遗传资源及相关传统知识惠益共享。借鉴国际先进经验,完善传统知识保护制度,探索建立生物遗传资源及传统知识获取与惠益共享制度,协调生物遗传资源及相关传统知识保护、开发和利用的利益关系,确保各方利益。《战略与行动计划》优先行动的第 21 项为:建立生物遗传资源及相关传统知识保护、获取和惠益共享的制度和机制,包括:(1)制定有关生物遗传资源及相关传统知识获取与惠益共享的政策和制度。(2)完善专利申请中生物遗传资源来源披露制度,建立“共同商定条件”和“事先知情同意”程序。(3)建立生物遗传资源获取与惠益共享的管理机制、管理机构及技术支撑体系,建立相关的信息交换机制。

2014 年,《生物遗传资源获取和惠益分享管理条例》列入国务院立法工作计划。2017 年 3 月 23 日,生态环境部发布了《生物遗传资源获取与惠益分享管理条例(草案)》(征求意见稿)。该征求意见稿共四十八条,以“加强生物遗传资源获取和惠益分享管理,保护和持续利用生物多样性,履行《名古屋议定书》”为立法目的,对生物遗传资源及相关知识的获取和惠益分享进行了范围较为全面的规制。

二、《生物遗传资源获取与惠益分享管理条例(草案)》(征求意见稿)

本书基于《生物遗传资源获取与惠益分享管理条例(草案)》

(征求意见稿),在比较研究的基础上,提出遗传资源获取与惠益分享相关条款的修订建议。为便于后面的分析,对该征求意见稿相关规定汇总如下:

(一)适用范围

我国领域和管辖的其他海域内生物遗传资源及相关传统知识的获取和惠益分享活动。"生物遗传资源",是指具有实际或潜在价值的,来自动植物和微生物等的任何含有生物遗传功能单位的材料、衍生物及其产生的信息资料(不包括人类遗传资源)。"衍生物"是指由生物遗传资源的遗传表达或新陈代谢产生的生物化学物质,以及直接以天然产物进行结构改造的类似物或利用生物遗传资源及其信息的人工合成物。

(二)主管机构

国务院环境保护主管部门为生物遗传资源的统一监督管理机构。同时其下的各个部门分别在其职责范围内对遗传资源进行管理监督。这些部门包括农业、林业、卫生计生、中医药等。其中,国务院工商主管部门负责遗传资源市场管理,国务院教育部门等负责资源科研和开发,知识产权部门负责管理相关资源知识产权,国家进出关境监督管理机关和检验检疫部门负责相关资源出境管理等。

县级以上人民政府环境保护主管部门对本行政区生物遗传资源实施统一监督管理。县级以上人民政府相关主管部门在各自职责范围内对生物遗传资源实施监督管理。

(三)关于获取

1. 本国主体

我国主体为研究目的获取遗传资源,应向相关资源所在地县级人民政府相关主管部门登记。县级人民政府相关主管部门应将相关资料定期报送上级主管部门。

我国主体为商业目的获取遗传资源，应征得相关资源持有人同意，并签订获取与惠益分享协议，报省级政府相关主管部门审批，该部门应将相关资料抄送同级环境保护主管部门。

2. 外国主体

外方主体应与我国单位对遗传资源进行合作，并由我国人员参与实质性研究开发。获取和利用我国遗传资源应在我国境内进行。

外方主体获取我国生物遗传资源，应事先征得持有人同意并签订获取与惠益分享协议，报国务院相关部门审批。相关部门应在作出审批决定后10日内将相关资料抄送国务院环境保护部门备案。

3. 申请材料

获取与惠益分享协议；生物遗传资源持有人合法持有生物遗传资源的情况证明；转让或获取目的转变时还需提交原始获取与惠益分享协议；中外合作情况证明（如涉及）；其他必要材料。

生物遗传资源获取人应当提交真实、完整的书面材料。获取人提交材料不真实、不完整的，受理申请的主管部门可以要求获取人在十日内修改或补充材料，重新提交申请。该期限届满后申请材料未修改或补充完整的，视为撤销申请。

4. 程序

获取人提交真实、完整书面申请材料的，相关部门应受理登记，并在收到申请材料起5个工作日内，公布申请书摘要，供公众查阅。摘要应当包括获取与惠益分享协议的当事人及其主要权利和义务、合同期限等内容，依法应予保密的数据和信息除外。

任何单位和个人可以向相关主管部门申请查阅申请书摘要，并可以在申请书摘要公布之日起15日内向相关主管部门提出异议。

受理获取申请的主管部门应当自受理之日起的20个工作日内作出是否予以批准的决定。公告期不计入上述工作日。

5. 禁止获取

对涉及下列情形之一的,受理申请的主管部门不予批准:申请人未征得持有人的事先知情同意并签订获取与惠益分享协议的;对生物遗传资源所在地区的生物多样性或者社会经济文化可能产生负面影响的;损害人类健康、生态安全或国家利益的;获取与惠益分享协议显失公平的;违反我国相关法律或我国批准和加入的相关国际条约的;主管部门有其他合理理由的。

受理申请的主管部门不予批准的,应当书面说明理由。

6. 国际证书

国务院环境保护主管部门根据当事人的申请,依据相关主管部门获取登记和审批的备案信息,出具生物遗传资源国际证书,并通过信息交换机制发布。

国际证书的内容应包括:颁发证书的主管部门及颁发时间;证书涉及的主题事项;获取与惠益分享协议的审批部门及批准时间;生物遗传资源的直接来源或原产地;生物遗传资源提供人详细信息;生物遗传资源获取人详细信息;获取与惠益分享协议摘要;获批准的用途;向第三方转让的条件;转让、出境情况;其他相关事项。

7. 获取目的转变

获取生物遗传资源后,由学术目的转变为商业目的的,应当依照相关规定重新办理审批手续。

8. 已获资源的转让

转让条例生效前已获取生物遗传资源的,受让方应当依照相关规定办理登记或审批手续。转让条例生效之后获取的生物遗传资源的,受让方应当依照相关规定办理变更手续。

9. 来源披露义务

依赖我国生物遗传资源完成的成果申请知识产权,申请人应当出具生物遗传资源获取与惠益分享合法证明。不予披露的,相关主管部门应不授予知识产权。

10. 例外情形

暴发大规模流行性病疫等紧急或突发事件,相关单位需要迅速获取生物遗传资源用于疫苗、药品研发等应急处置的,可以向省级相关主管部门登记。该单位应当在登记之日起三个月内依照第19条或第20条的规定补办审批手续。

农民、牧民、渔民等依照传统方式在日常生活中获取和利用生物遗传资源的,在不对生物多样性造成损害的前提下,无须履行本条例规定的登记和审批手续。

(四)关于惠益分享

1. 获取与惠益分享协议

获取与惠益分享协议应当明确约定生物遗传资源的用途、惠益的形式、比例、分配方式、获取目的转变后的惠益安排等。

国务院环境保护主管部门会同国务院相关主管部门制定获取与惠益分享协议模板。

2. 惠益形式

惠益应包括货币惠益和非货币惠益。

货币惠益可以采用以下形式:调查采集费;为生物遗传资源原始提供地区提供奖学金、助学金或财政援助;使用费;商业许可费;科研资助费;商业利润;联合投资;其他货币惠益。

非货币惠益可以采用以下形式:参与科研或产品研发;以成本价提供相关产品或服务;共享研究成果的知识产权;提供专业人员

培训；为生物遗传资源原始提供地区提供就业岗位，以及其他能够推动当地经济发展的方式；以优惠条件转让技术；项目合作；其他非货币惠益。

生物遗传资源持有人和所有权人或原始提供人等不一致的，获取与惠益分享协议应当充分考虑生物遗传资源所有权人和原始提供人等的利益，明确生物遗传资源所有权人和原始提供人分享惠益的方式、形式和比例等。

3. 生物遗传资源保护和惠益分享基金

国家设立生物遗传资源保护和惠益分享基金。该基金用于生物遗传资源的保护和可持续利用活动，并优先用于提供国的基础社会经济事业。获取人应将获取利益按一定百分比按年度缴存至生物遗传资源保护和惠益分享基金。基金具体管理办法由国务院环境保护部门、财政部门会同国务院相关主管部门制定。

第三章　国际公约提供的立法空间

与遗传资源获取与惠益分享相关的国际公约主要有《生物多样性公约》《粮食和农业植物遗传资源国际条约》《与贸易有关的知识产权协定》,以及世界知识产权组织管理的条约。

一、《生物多样性公约》

(一)《生物多样性公约》相关规定

《生物多样性公约》将遗传资源获取与惠益分享作为三大目标之一,其第 1 条“目标”即规定:本公约的目标是按照本公约有关条款从事保护生物多样性、可持续利用其组成部分,以及公正公平地分享利用遗传资源而产生的惠益,包括通过适当获取遗传资源和适当转让相关技术,同时顾及对于这些资源和技术的所有权利,以及通过适当提供资金。

《生物多样性公约》第 15 ~ 20 条规定了缔约

国的遗传资源获取与惠益分享义务。第 15 条"遗传资源的取得"是核心条款。该条款规定:(1)确认各国对其自然资源拥有的主权权利,因而可否取得遗传资源的决定权属于国家政府,并依照国家法律行使。(2)每一缔约国应致力创造条件,便利其他缔约国取得遗传资源用于无害环境的用途,不对这种取得施加违背本公约目标的限制。(3)为本公约的目的,本条以及第 16 条和第 19 条所指缔约国提供的遗传资源仅限于这种资源原产国的缔约国或按照本公约取得该资源的缔约国所提供的遗传资源。(4)取得经批准后,应按照共同商定的条件并遵照本条的规定进行。(5)遗传资源的取得须经提供这种资源的缔约国事先知情同意,除非该缔约国另有决定。(6)每一缔约国使用其他缔约国提供的遗传资源从事开发和进行科学研究时,应力求这些缔约国充分参与,并于可能时在这些缔约国境内进行。(7)每一缔约国应按照第 16 条和第 19 条,并于必要时利用第 20 条和第 21 条设立的财务机制,酌情采取立法、行政或政策性措施,以期与提供遗传资源的缔约国公平分享研究和开发此种资源的成果以及商业和其他方面利用此种资源所获的利益。这种分享应按照共同商定的条件。

第 16 条规定了技术的取得和转让。具体规定包括:缔约国应当承诺相关技术或遗传资源的利用不会对环境产生影响;向发展中国家转让时按公平有利条件提供便利,相关技术涉及的知识产权应得到充分有效保护;缔约国应采取立法、行政或政策措施向资源提供国,尤其是发展中国家,提供和转让相关技术;缔约国应采取立法、行政或政策措施,向发展中国家的政府机构和私营部门为技术的取得、开发和转让提供便利;如果相关知识产权可能影响到公约的实施,缔约国应根据国家立法和国际法合作确保权利不违反公约目标。此外,第 17 条和第 18 条分别规定了信息交流及技术和科学合作。第 19 条规定了生物技术的处理及其惠益的分配。

第 8(j)条也是关于惠益分享的重要条款,其规定每一缔约国应尽可能并酌情:……(j)依照国家立法,尊重、保存和维持土著和地方社区体现传统生活方式而与生物多样性的保护和持久使用相关的知识、创新和做法并促进其广泛应用,由此等知识、创新和做法的拥有者认可和参与其事并鼓励公平地分享因利用此等知识、创新和做法而获得的惠益。

CBD 谈判过程中,如何对待知识产权一直是各方争议的焦点问题之一。发展中国家认为,现有的知识产权制度阻碍了技术向发展中国家的转让,无视世世代代农民对植物遗传资源所做出的贡献,而这种贡献是世界粮食安全的基础,因此反对把知识产权保护扩展到植物新品种及基于遗传资源开发的其他产品,建议 CBD 做出限制知识产权获得的条款。发达国家则认为,知识产权保护将促进技术转让,促进对遗传资源利用方面的投资,鼓励生物多样性保护。最终的 CBD 文本只有第 16 条“技术的获取与转移”直接与知识产权相关,尽管标题是关于技术的获取和转移,第 16 条的规定似乎适用更广泛,其意味着知识产权的产生并非来自 CBD 本身,该规定强调了知识产权和 CBD 目标之间的联系。另外,CBD 第 1 条中的“所有权利”可被理解为包含知识产权。另外,技术转让是实现 CBD 目标的手段之一,知识产权则是技术转让的一个重要方面。其他的相关规定包括第 8(j)条、第 22(1)条、第 15 条、第 19(2)条,这些规定中有关遗传资源利用方面的技术研究、开发、转让,均可能涉及知识产权的获得与运用。由于知识产权对遗传资源利用产生的影响,可以认为知识产权还与第 10 条有关,该条文规定了缔约国应采取使用生物资源的措施,以促进生物资源的保护和持久使用,减少不利影响。第 14(b)条请缔约国应尽可能并酌情“采取适当安排,以确保其可能对生物多样性产生严重不利影响的方案和政策的环境后果得到适当考虑”。要执行这项规定就很可能需要对知识产权政策进行审查以确定其是否可能产生严重不利影响,如果结果是肯定的,则可能需要进行进一步评估。

CBD 缔约方大会将知识产权问题逐步聚焦为遗传资源来源披露义务。第二次缔约方大会Ⅱ/12 决定是一个动员性质的决定。[①] 该决定请执行秘书:(a)与世界贸易组织秘书处联络,向它通报 CBD 的各项目标和现行工作情况,并请世界贸易组织秘书处协助为缔约国会议编制旨在查明 CBD 与 TRIPs 协议之间的相互配合和相互关系的文件。缔约国第三次会议将在此文件的基础上审议如何为正在世界贸易组织的贸易与环境问题委员会内进行的谈判提供可能的投入。(b)与所有利益相关者特别是私营部门及土著和地方社区进行协商,以便了解这些团体的各种需要和关注;只有在这些团体参与的情况下,所做出的合作性安排才能在努力实现 CBD 各项目标的过程中具有切实的意义并取得实际的效果。(c)着手初步研究和分析知识产权体系对生物多样性的保护和持久使用以及以公正的方式分享从其利用中获得的各种惠益所产生的影响,以便更好地了解第 16(5)条所涉及的各种问题。此种研究应着重于下列各项内容:探索知识产权与保全和保存土著和地方社区的传统知识和习惯做法之间的关系;知识产权在鼓励以公正的方式分享由利用这些知识和做法产生的惠益方面可能发挥的作用;请各国政府和其他利益相关者涉及知识产权在技术转让过程特别是在生物技术转让过程中的作用的案例研究。

---

① WIPO-IGC COP 2 Decision Ⅱ/12, “Intellectual property rights”, Accessed November 11, 2022, https://www.cbd.int/decision/cop/default.shtml?id=7085.

第六次缔约方大会Ⅵ/24决定聚焦于通过遗传资源来源披露义务,建立知识产权与ABS之间的联系。[①] 该决定鼓励各缔约方在其知识产权申请中披露来源国,以便监测事先知情同意等条件的遵守程度;还请各缔约方和各国政府在一项申请涉及或于开发阶段利用了土著社区和地方社区与保护和可持续利用生物多样性有关传统知识、创新和做法的时候,鼓励在为该发明提出的知识产权申请中披露这些传统知识、创新和做法的来源。

第七次缔约方会议Ⅶ/19决定请世界知识产权组织审查申请知识产权时遗传资源的获取与披露的相互关系的有关措施,确认生物多样性公约在国际生物多样性问题,特别是国际原产地/出产地/法律上的来源地证书相关知识产权问题上的主导作用,作为政府间遗传资源、传统知识和民间传说知识产权委员会的任务期限延长后加快工作的一部分,其中包括:拟议的披露规定示范条款、专利申请中关于披露规定的启动机制和对申请人的奖励措施的备选方案以及相关条约披露规定运作情况。[②]

第八次缔约方大会Ⅷ/4决定提出了一项立法建议(方括号代表成员国的不同意见):知识产权申请的客体如果[涉及或使用了][是直接以]遗传资源[和/或其衍生物和产品]以及/或相关传统知识[为基础],应在申请中披露此种遗传资源[和/或其衍生物]以及/或相关传统知识的原产地国家或来源国,并提供证据证明,已根据资源提供国的本国法律执行了关于事先知情同意和惠

---

① WIPO-IGC COP 6 Decision Ⅵ/24, "Access and Benefit-Sharing as Related to Genetic Resources", Accessed November 11, 2022, https://www.cbd.int/decision/cop/?id=7198.

② WIPO-IGC COP 7 Decision Ⅶ/29, "Transfer of Technology and Technology Cooperation (Articles 16 to 19)", Accessed November 11, 2022, https://www.cbd.int/decision/cop/defaultshtml?id=7766.

益分享的规定。①

(二)《波恩准则》

CBD与遗传资源获取与惠益分享有关的规定笼统。因此,在以后的缔约方大会上,获取与惠益分享问题经常成为讨论的焦点之一。1998年召开的CBD第四次缔约方大会通过了有关ABS问题的第8号决定,要求建立一个政府指定的专家组,考虑地区平衡并探讨与获取与惠益分享相关的途径以及惠益分享的行为法则。

1990年10月,专家组第一次会议达成以下共识:获取资源须得到提供方"事先知情同意";双方之间"共同商定条件";尽可能满足提供方的"资料需求与能力建设"。②

CBD第五次缔约方大会于2000年5月召开,在V/26决定中,提出重新召集ABS专家组会议对第一次会议总结的特别问题进行探讨。第五次缔约方大会成立不限名额的特设工作组,为第六次缔约方大会就ABS议题编制指南和探讨其他途径③。2001年10月22~26日在德国波恩召开会议并达成《波恩准则》。

《波恩准则》以提供缔约方及利益相关方透明框架、促进获取遗传资源和公平分享惠益为目标。突出地向发展中国家和最不发达的国家提供能力建设,确保获取与惠益分享的实施;帮助各缔约国加强保护土著区知识,完善相关制度以及创新实践机制。《波恩准则》确认了事先知情同意和共同商定条件所需的要素以及资源利用者和提供者的权利义务,规定了获取和惠益分享的实施步骤。

---

① WIPO-IGC COP 8 Decision Ⅷ/4, "Access and Benefit-sharing", Accessed November 11, 2022, https://www.cbd.int/decision/cop/defaultshtml?id=11016.

② 薛达元:《遗传资源获取与惠益分享:背景、进展与挑战》,载《生物多样性》2007年第5期。

③ WIPO-IGC COP 5 Decision V/26, "Access to Genetic Resources", Accessed November 11, 2022, https://www.cbd.int/decision/cop/defaultshtml?id=7168.

《波恩准则》强调了遗产资源利用者向提供者征求事先知情同意的必要性,规定了事先知情同意制度的原则:(1)法律上清晰确定。(2)以最低成本获取资源。(3)对资源获取限制设置透明度,有法可依,保护生物多样性不得与CBD目标相违背。(4)得到提供国的相关部门以及利益相关者同意。[①]《波恩准则》还列出了事先知情同意制度的基本要素,[②]并更进一步提出了获取事先知情同意要求的清单:(1)申请者和/或收集者所属法律实体以及当申请者为机构时提供联络人。(2)获取的遗传资源的类型和数量。(3)资源采集的地理区域。(4)活动开始日和持续时长。(5)获取行为对保护利用生物多样性影响的评估,用以确定相关费用和惠益。(6)关于拟议用途的详细说明。(7)说明进行研制活动的地点。(8)说明如何进行研制。(9)指明研制中拟合作的当地机构。(10)可能参与的第三方。(11)采集、研究目的以及预测的结果。(12)获取可能产生的惠益的类型,包括通过资源商业使用和其他使用而产生的产品和衍生物的惠益。(13)说明惠益分享计划。(14)预算。(15)对机密资料的处理方法。

《波恩准则》还强调了遗传资源利用者与提供者共同商定条件的必要性。[③] 列出了共同商定条件的原则:(1)法律上清晰确定。(2)尽量减少交易成本,例如:制定框架协定,以便以快速方式重复获取遗传资源;制定标准化材料转让协定以及相同资源用途的惠益分享安排;等等。(3)规定使用者和提供者义务。(4)针对不同的资源和用途制定不同的合同以及示范协定。(5)除其他外,不同的用途可包括:生物分类、收藏、科研和商业化。(6)在合

---

① 《波恩准则》第26条。

② 《波恩准则》第27条。

③ 《波恩准则》第41条。

理时间内以高效率方式谈判达成共同商定条件。(7)应在书面协定中阐明共同商定条件。[①]

此外,《波恩准则》进一步列出了事先知情同意制度的基本组成,以及更进一步地规定了获取遗传资源应提供的清单。

《波恩准则》中还有涉及知识产权的条款,第16(d)条规定:在其管辖下拥有遗传资源利用者的缔约方应酌情采取法律、行政或政策措施,遵守获得提供此种资源的缔约方的知情同意,并遵守共同商定的相关条件。第43条规定"可以把下列组成部分作为和谈式协定中的指导性参数,还可以把这些基本组成部分作为关于共同商定条件的基本规定……(c)对知识产权的使用做出的规定,包括规定:进行联合研究、有义务实施对所获得的发明享有的任何权利、或提供共同同意的使用许可。(d)根据贡献的程度共同拥有知识产权的可能性"。

另外,《波恩准则》在谈到关于获取和惠益分享的共同商定条件时,这样表述知识产权在遗传资源的获取和惠益分享合同安排中的作用:合同性协议可规定知识产权的使用的相关内容,包括开展合作研究、发明取得的权利的义务的实施、通过共同商议提供许可证的义务,以及根据贡献程度共同拥有知识产权的可能性。材料转让协议中应当考虑是否可以申请知识产权;如可以,条件是什么,产权(包括知识产权)是否可以转让或转移。

(三)《名古屋议定书》

2010年10月18日至29日举行的CBD第十次缔约方大会专门成立了"非正式磋商组",就ABS中未解决的问题进行最后磋商。最终,在主席国日本推动下,各方最终达成一项"平衡"案文。

---

① 《波恩准则》第42条。

会议通过了具有里程碑意义的《名古屋议定书》。[①]

《名古屋议定书》旨在"为公正和公平地分享利用遗传资源，包括通过适当获取遗传资源和适当转让相关的技术，所产生的惠益，同时亦顾及对于这些资源和技术的所有权利，并提供适当的资金，从而对保护生物多样性和可持续地利用其组成部分作出贡献"。

《名古屋议定书》谈判中的一个极具争议性的问题是：缔约方根据第 15 条负担的采取措施的一般义务是否应当被遗传资源利用者或有关利用遗传资源的具体义务所补充。[②] 在发展中国家看来，遗传资源的交易和利用情况需要受到遗传资源利用活动所在的国家有关部门的监测和检查，否则利用者没有足够的动力遵守遗传资源提供国所规定的 ABS 义务。而且，利用者需要提供一个涵盖具体遗传资源的国际公认的遵守证明书（Internationally recognized certificate of compliancte）。发展中国家强烈建议强制性地建立事先确定的"检查点"（Checkpoints），如专利局。发达国家强烈反对建立检查点、确立有法律约束力的披露义务以及提供国际公认的遵守证明书等建议。发达国家认为，这些建议不具有伸缩性、成本昂贵、无法奏效，而且会在专利制度中增加新的不确定性并引发抑制创新活动的危险。冲突妥协的结果是检查点和国际公认的遵守证明书两个概念出现在第 17 条中，但未提及具体要求。[③]

---

① 参见徐靖、李俊生、薛达元、银森录：《〈遗传资源获取与惠益分享的名古屋议定书〉核心内容解读及其生效预测》，载《植物遗传资源学报》2012 年第 5 期。

② 《名古屋议定书》第 15 条。

③ 参见张小勇：《遗传资源国际法问题研究》，知识产权出版社 2017 年版，第 134 ~ 135页。

《名古屋议定书》第17条规定了“监测遗传资源的利用”：

1. 各缔约方应酌情采取措施，[①]监测遗传资源的利用情况并提高遗传资源利用的透明度。

2. 依照第6条第3款第(e)项的规定颁发并提供给获取和惠益分享信息交换所的许可证或其他文件应成为国际公认的证书。

3. 国际公认的遵守证书应可资证明，遗传资源是按照事先知情同意获得并订立了共同商定条件，以符合提供事先知情同意的缔约方的国内立法或监管要求。

4. 国际公认的遵守证书，在不涉密时，至少应包括的信息。[②]

该条款中，“应”的使用表示对缔约方采取措施以支持遵约有强制性要求。虽然义务是明确的，但是限定词“酌情”添加了一些不确定性。在第17条第1款的起首，这个限定词在决定措施的性质时可以为各缔约方引入某种程度的标准尺度。

另外，如之前所述的，《名古屋议定书》中纳入了“衍生物”这

---

① 该措施包括《名古屋议定书》第17条规定的：(a)指定以下一个或多个检查点：(i)指定的检查点将酌情收集或接收关于事先知情同意、遗传资源的来源、共同商定条件的订立和(或)酌情关于遗传资源的利用情况信息；(ii)各缔约方应酌情根据某一指定检查点的具体特点，要求遗传资源的使用者在指定的检查点提供上款所述信息。各缔约方应采取适当、有效和适度的措施处理不履约情事；(iii)此种信息，包括来自国际公认的遵守证书——如果有的情况下，应在不妨碍保护机密信息的情况下，提供给有关的国家部门、给予事先知情同意的缔约方以及酌情提供给获取和惠益分享信息交换所；(iv)检查点必须有效，并应具有与实施本条a款相关的职能。检查点应与遗传资源的利用或与信息的收集有关，特别是在研究、开发、创新、商业化前或商业化的任何价款的相关信息。(b)鼓励遗传资源的使用者和提供者在共同商定条件中列入有关条款，以分享执行这些条件的信息，包括通过报告的规定。(c)鼓励利用成本效益高的交流工具和系统。

② 《名古屋议定书》第17条规定：……4. 国际公认的遵守证书，在不涉密时，至少应包括以下信息：(a)颁发证书当局；(b)颁发日期；(c)提供者；(d)证书的独特标识；(e)被授予事先知情同意的人或实体；(f)证书涵盖的主题或遗传资源；(g)证实已订立共同商定条件；(h)证实已获得事先知情同意；(i)商业和/或非商业用途。

一术语。“利用遗传资源”包含对衍生物的利用,从而在事实上扩展了遗传资源的定义范围。这也是名古屋议定书的重要内容之一。

二、《粮食和农业植物遗传资源国际条约》

植物遗传资源是现代农业的基础,在很大程度上有赖于植物产量的持续提高。所有区域和国家都在某种程度上依赖来自其他区域或国家的粮农植物资源,也就是说,在粮农植物资源方面,国家是相互依赖的。因此,对其他区域的大范围的植物遗传资源的持续获取不仅对作物的改良和现代农业必不可少,对实现食物安全也是必要的。

《粮食和农业植物遗传资源国际条约》(International Treaty on Plant Genetic Resources for Food and Agriculture,ITPGRFA)的附件中所列作物被纳入获取与惠益分享多边体系,该列表根据粮食安全和相互依赖因素而制定。所列作物所提供的能量食物供应达到了全世界的80%。[①] ITPGRFA 确定了64种最重要粮食安全和饲料作物(包括在该条约附件Ⅰ内)的获取和惠益分享多边制度。国际农业研究磋商小组各研究中心和其他机构所持有的移地收藏的粮食和农业遗传资源,均依类似的条款和条件进行规范和交流。ITPGRFA 的获取和惠益分享机制未涉及的遗传资源包括很多粮食和农业作物和所有的观赏作物。因此,合法获取这些资源以及 ITPGRFA 范围之外使用的附件Ⅰ作物,例如,用作药物,归 CBD 管辖,并在《名古屋议定书》生效后归其管辖。这包括农业部门使

---

① G. Moore and W. Tymowski, Explanatory Guide to the International Treaty on Plant Genetic Resources for Food and Agriculture, Gland and Cambridge, 2005, p. 5.

用的动物、无脊椎动物和微生物遗传资源。附件Ⅰ列出的所有粮食和农业植物遗传资源并非自动被纳入多边机制,只有那些已经由缔约方管理和控制,并已处于公有领域的粮食和农业植物遗传资源才会自动被纳入这个多边系统。

ITPGRFA 缔约方事实上同意获取一种特别的粮食和农业植物遗传资源无须要求缔约方在每一项交易中签发事先知情许可或双边协商共同商定条件。从法律的角度,可以说事先知情同意通过 ITPGRFA 的第 11 条已经授予,共同商定条件已经事先协商并得到缔约方的一致同意把共同商定条款纳入材料转让协议中,获取者为了从多边系统中获得遗传资源必须同意材料转让协议的条款。

ITPGRFA 是《名古屋议定书》第 4.4 条所指的专门性国际文书,优先于《名古屋议定书》的获取与惠益分享条款。[①] 并且,ITPGRFA 附件涵盖的植物遗传资源可能会扩大,符合《名古屋议定书》第 4.3 条所指的相关国际组织下开展的有益和相关的现行工作或做法。[②]

需要指出的是,我国目前并未加入 ITPGRFA。

三、《与贸易有关的知识产权协议》

《与贸易有关的知识产权协议》是关贸总协定乌拉圭回合中

---

① 《名古屋议定书》第 4.4 条规定:议定书是为执行《公约》的关于获取和惠益分享条款的文书。在获取和惠益分享专门性的国际文书适用,且其符合并且不违背《公约》和本议定书的目标时,就该专门性文书所涵盖的具体遗传资源以及为该专门性文书的目的而言,本议定书不适用于该专门性文书的缔约方。

② 《名古屋议定书》第 4.3 条规定:本议定书应以同其他与本议定书相关的国际文书相互支持的方式予以执行。应适当注意在这些国际文书和相关国际组织下开展的有益和相关的现行工作或做法,但条件是这些工作和做法支持并且不违背《公约》和本议定书的目标。

达成的有关知识产权保护的重要协议之一，于1994年4月15日签署并于1995年1月1日起生效，由世界贸易组织管理。TRIPs协议是至今国际上与知识产权相关的国际公约和条约中，内容最详细、参加方最多、保护水平最高的一项国际协定之一。TRIPs协议设立了知识产权保护的最低要求。①

TRIPs协议第8(2)条规定了应采取适当措施，防止知识产权所有者滥用知识产权以及对贸易进行不合理限制，防止对国家间技术转让产生不利影响。

TRIPs协议第27.3(b)条规定“除微生物之外的植物和动物，以及本质上为生产植物或动物的除非生物学和微生物学方法之外的生物学方法。然而，缔约方应以专利方式或者一种有效的特殊体系或者两者的结合对植物新品种给予保护。应在世界贸易组织协定生效4年之后对本子款的规定进行审查”。

TRIPs协议第71条“审查和修正”一节规定了理事会应在过渡期期满后或期满之日2年后，以及根据其他新情况对TRIPs协议的履行情况进行审查。

CBD成员中的大多数也是TRIPs协议成员，这为寻求CBD和TRIPs协议的相互支持和避免冲突提供了强大动力。TRIPs协议一直在探讨知识产权与生物多样性之间的复杂关系。然而，尽管第27.3(b)条、第71.1条预留了可能的立法空间，并没有使得问题简单化。以美国为代表的发达国家坚持认为讨论知识产权与生物多样性保护关系问题的平台不应该是世界贸易组织，而是世

---

① 《与贸易有关的知识产权协议》第7条规定：知识产权的保护和实施应当对促进技术革新以及技术转让和传播作出贡献，对技术知识的生产者和使用者的共同利益作出贡献，并应当以一种有助于社会和经济福利以及有助于权利与义务平衡的方式进行。

界知识产权组织。一些发展中国家则认为，鉴于 TRIPs 协议的强制性，世界贸易组织是讨论这一问题更为合适的平台。

发展中国家的诉求非常具体，就是在专利申请中设置遗传资源及传统知识来源，以及事先知情同意和惠益分享证据的披露义务。2011 年 4 月 19 日，世界贸易组织公布了《加强 TRIPs 协议和 CBD 相互支持的决议草案》(Draft Decision to Enhance Mutual Supportiveness between the TRIPs Agreement and the Convention on Biological Diversity)。该草案由中国、巴西、哥伦比亚、厄瓜多尔、印度尼西亚、秘鲁、泰国、非加太集团(ACP Group)、非洲国家集团(African Group)共同提出。

《加强 TRIPs 协议和 CBD 相互支持的决议草案》指出：谨记 TRIPs 协议、CBD、《名古屋议定书》的原则、目标和定义；重申国家拥有其生物资源的国家主权；强调 TRIPs 协议和 CBD 应互相支持，而不是背道而驰；①公平和平等地分享因利用遗传资源而产生的利益是 CBD 的三大核心目标之一；强调确保遗传资源和/或相关传统知识的利用必须遵循提供遗传资源和/或相关传统知识的成员中与获取与惠益分享相关的立法的需要，即遵守 CBD 从此资源的来源方或成员获取了遗传资源；注意到《名古屋议定书》第 17 条规定成员国应酌情采取措施监控并加强遗传资源利用的透明度，包括酌情指定有效的检查点以收集或接收在任何阶段的研究、开发、创新、商业化前、商业化中有关遗传资源利用的信息；注意到 TRIPs 理事会在总干事的主持下就将知识产权申请保护的发明所利用的遗传资源和/或相关传统知识的强制性来源披

---

① CBD 第 16.5 条和《名古屋议定书》第 4 条规定了“与国际条约和文件的关系”。

露要求引入 TRIPs 协议进行了广泛的讨论；承认 TRIPs 协议第 29 条的公开要求在缺少遗传资源和/或相关传统知识的公开时是不完整的；承认建立此类专利申请的强制性披露义务有助于防止遗传资源的被窃取，以及加强遗传资源和/或相关传统知识利用的透明度。

《加强 TRIPs 协议和 CBD 相互支持的决议草案》提出在 TRIPs 协议中增加第 29bis 条“遗传资源和/或相关传统知识的来源披露”：

1. 为在本协议与生物多样性公约之间建立共同支持，成员应考虑到本协议、生物多样性公约、关于获取遗传资源和公平公正地分享其利用所产生之惠益的名古屋议定书的目标、定义和原则，尤其是其有关获取的知情同意，以及公平、平等分享惠益的规定。

2. 如果专利申请的客体涉及遗传资源和/或相关传统知识的利用，成员应要求申请人公开：①遗传资源提供国，即遗传资源的来源国或依照 CBD 获得遗传资源和/或相关传统知识的国家；②在遗传资源和/或相关传统知识提供国中的来源。成员还应要求申请人提供国际遵约证书（IRCC）复印件。如果 IRCC 在提供国不适用，申请人应提供遵守遗传资源和/或相关传统知识提供国法律要求的事先知情同意及公平分享惠益的相关信息，即遗传资源来源国或依照 CBD 获得遗传资源和/或相关传统知识的国家。

3. 成员应在专利申请公开或授权（以先到者为准）时同时公布根据本条第 2 款披露的消息。

4. 成员应实施合适、有效、适当的措施以便对不遵守本条第 2 款规定的义务采取有效行动。不遵守本条第 2 款规定的披露义务，专利申请不应继续。

5. 如果在专利授权后发现申请人未披露本条第 2 款规定的消

息,或者提交虚假及欺骗性信息,或者有证据显示对遗传资源和/或传统知识的利用违反遗传资源和/或相关传统知识提供国,即遗传资源来源国或依照 CBD 获得遗传资源和/或相关传统知识的国家的法律,成员应予以处罚,可以包括行政处罚、刑事处罚、罚金,以及充分的损害赔偿。成员可以针对违反本条第 2 款规定的义务采取其他措施与处罚,包括无效。

四、世界知识产权组织

世界知识产权组织的知识产权、遗传资源、传统知识和民间文学艺术政府间委员会(IGC)是讨论知识产权与遗传资源联系的主要平台。IGC 成立于 2000 年,背景是遗传资源及相关传统知识商业价值的逐步凸显,遗传资源相关知识产权迅速扩张,遗传资源及相关传统知识传统富集的国家意识到国内 ABS 立法未受到尊重,其遗传资源和传统知识被某些知识产权申请人滥用。IGC 的目标是议定一部或多部国际法律文书,以确保遗传资源、遗传资源相关传统知识及传统文化表现形式(TCE)得到有效保护。

IGC 是一个开放、活跃的论坛,截至 2017 年 6 月,IGC 共召开了 34 次大会。减少专利错误授予、增加知识产权系统的透明度及增强世界知识产权组织所管理的条约与其他国际法律文书的相互支持、相互补充是讨论的焦点。

针对第一个焦点,即减少专利错误授权,世界知识产权组织建议建立一键式数据库检索系统,可以帮助审查员更有效率地进行涉及遗传资源和遗传资源相关传统知识的现有技术检索或参考资料,同时防止第三方不当查询其内容。所建议系统中的可检索数据库由每个参与的世界知识产权组织成员掌握和维护。数据库由一个世界知识产权组织门户网站和成员的数据库组成,这些数据库与门户网站建立连接。每个参与的世界知识产权组织成员将在其认为必要时对其领土内遗传资源和遗传资源相关非秘密传统知识的信息进行汇总，并把这些信息存储于一个或多个数据库中（可以改造现有数据库，也可以新建数据库）。

把开发数据库的责任留给每个成员，可以让每个成员充分考虑各种敏感问题，如习惯法、确定有关利害关系方和它们提供信息的意愿与条件以及在声称对共同遗传资源享有权利的多个利害关系方之间进行协调等。在开发国家数据库时，成员在将传统知识和来自部落领地的遗传资源放入数据库之前，应当与领土内的土著利益有关方协商。关于数据库的格式，应由世界知识产权组织开发一种向数据库中登录数据的基本格式，但要考虑现有技术或参考资料可允许的格式（如书面/口头形式）可能依各国的专利法律和实践不同而不同。例如，数据库中的条目应包括遗传资源的名称和简述，以及用于标识该遗传资源的代码。对于图书或期刊等出版物中提到的遗传资源，出版物的著录数据也应当收入数据库。政府间委员会的未来工作可以包括为数据库中的信息开发一种统一、可互操作的格式。每个参与的成员应当在数据库中提供简单的文本检索功能。对于不能开发这种检索程序的国家，可以向其提供技术援助。例如，可以由世界知识产权组织提供共用检索程序形式的技术援助。

世界知识产权组织门户网站将配备两项基本功能：（1）一项让审查员能够直接访问参与的成员数据库的功能；（2）一项让审查员能够从被访问数据库中检索数据的功能。审查员只需访问世界知识产权组织门户网站，输入检索公式，即可立即获得从所有参与的成员数据库中取得的检索结果。这种检索结果可被用作专利申请的现有技术或参考资料，让审查员能够更轻松地判断一项专利申请的客体是否缺乏新颖性。审查员在驳回一项待审申请时只需指向数据库中的必要信息,因此信息泄露的危险极小。

针对第二个焦点,即增加知识产权系统的透明度,遗传资源披露义务是解决这一问题的建议之一。目前 IGC 讨论遗传资源问题形成的最新草案文本主要是其在 2016 年第二十九次会议上汇总的《关于知识产权与遗传资源的合并文件第二次修订稿》(Consolidated Document Relating to Intellectual Property and Genetic Resources Rev. 2)(方括号反映了成员国的不同意见)①:

[第 1 条]

文书的客体

1.1[本国际法律文书应/应当适用于任何(源自)(利用)(直接基于)遗传资源(其衍生物)和(相关传统知识)(遗传资源相关传统知识)的(知识产权)(专利)权或(申请)(提出权利要求的发明)。][本文书适用于遗传资源、(其衍生物)和(相关传统知识)(遗传资源相关传统知识)。]

[第 2 条]

文书的范围

2.1[本文书提供措施(支持)通过(知识产权)(专利)制度,防止遗传资源(其衍生物)和(相关传统知识)(遗传资源相关传统知识)被盗用。](包括)[防止不是由专利申请人或专利权人发明的或者与遗传资源、(其衍生物)和(相关传统知识)(遗传资源相关传统知识)相比没有创造性的遗传资源(其衍生物)和(相关传统知识)(遗传资源相关传统知识)获得专利。]

---

① WIPO/GRTKF/IC/29/4, "Consolidated Document Relating to Intellectual Property and Genetic Resources", Accessed November 11, 2022, https://www.wipo.int/meetings/en/doc_details.jsp?doc_id=324596.

［第3条］

公开要求

3.1(知识产权)(专利)申请的(客体)(提出权利要求的发明)(包括利用)(直接基于)(有意识地源自)遗传资源(其衍生物)和/或(相关传统知识)(遗传资源相关传统知识)的，各方应/应当要求申请人：

(a)公开(原产国和)(不明的)遗传资源(其衍生物)和/或(相关传统知识)(遗传资源相关传统知识)的来源。

(b)｛酌情按(知识产权)(专利)局的国内法要求，提供与遵守ABS要求，包括PIC，［尤其是土著(人民)和当地社区的PIC］有关的相关信息。｝

(c)来源和/或原产国不明的，有关声明。

3.2公开要求不［应/应当］对［知识产权］［专利］局规定核实公开内容的义务。［但要求(知识产权)(专利)局对(知识产权)(专利)申请人提供有效指导，说明怎样符合公开要求，并为申请人提供机会，以从(知识产权)(专利)局取得已符合公开要求的肯定性决定。］

3.3收到声明的［专利］［知识产权］局应/应当实行一种简单的通知程序。［将CBD/ITPGRFA的信息交换所机制等确定为中心机构，(知识产权)(专利)局应/应当向其发送可用信息即可。］

3.4［各方应/应当在公布时使被公开的信息可为公众所用。］

3.5［自然界中存在的或从其中分离出的遗传资源(及其衍生物)不应/应当被视为(发明)(知识产权)，因此不得向其授予(知识产权)(专利)权利。］

［第4条］

例外与限制

4.1与遗传资源(其衍生物)和(相关传统知识)(遗传资源相

关传统知识)有关的(知识产权)(专利)公开要求不应/应当适用于下列内容:

(a)[所有(人类遗传资源)(取自人的遗传资源)(包括人类病原体)];

(b)[衍生物];

(c)[商品];

(d)[公有领域的传统知识];

(e)[位于国家管辖范围(和经济区)以外的遗传资源];以及

(f)[在(《生物多样性公约》生效)之前(1993 年 12 月 29 日之前)(取得)(获取)的所有遗传资源。]

4.2[成员不应/应当将本文书中的公开要求施加于本文书生效前提交的(知识产权)(专利)申请(但早于本文书已有国内法的除外)。]

[第 5 条]

与(PCT)和(PLT)的关系

5.1 应/应当对[PCT]和[PLT]进行修正,[增加][促使[PCT]和[PLT]的缔约各方在其国家立法中规定]一项遗传资源[其衍生物]和[相关传统知识][遗传资源相关传统知识]原产地和来源的强制公开要求。修正还应/应当要求确认事先知情同意、根据与原产国共同商定的条件进行惠益分享的证据。

[第 6 条]

制裁与补救办法

6.1 每个[缔约方][国家]应/应当实行适当、有效和适度的法律与行政措施,处理不遵守第 3 条第 1 款的情况[其中包括争议解决机制]。在符合国内立法的前提下,制裁与补救办法[应/应当][可以][除其他外包括]是:

授权前。

(i)在符合公开要求前,防止进一步处理[知识产权][专利]申请。

(ii)[知识产权][专利]局[根据国内法]认为申请被撤回。

(iii)防止或拒绝授予[知识产权][专利]。

授权后。

(i)就未能公开公布司法判决。

(ii)(就损害赔偿处以罚金或是桑补偿,包括支付版税。)

(iii)根据案情,依照国内法,可以考虑其他措施(包括撤销)。

6.2[未能履行公开要求的,(在没有欺诈的情况下,)不应影响已授予的(知识产权)(专利权)的有效性或可执行性。]

从文本中遍布的方括号可以看出,成员之间意见分歧严重,几乎所有的内容都未能达成共识。成员的分歧主要集中在以下几个方面:(1)披露义务仅在专利制度中设置,还是应扩展到其他知识产权制度?(2)披露义务的启动要件是源自、利用,还是直接基于遗传资源?是源自、利用、直接基于遗传资源,还是应包括衍生物、相关传统知识、遗传资源相关传统知识?(3)仅要求公开遗传资源来源,还是需要再公开遵守提供国 ABS 要求的其他信息,如事先知情同意和惠益分享证据?(4)对人类遗传资源的利用是否触发披露义务?(5)违反披露义务的后果是专利申请被驳回、损害赔偿,还是应再影响已授权专利权/知识产权的有效性等?

事实上,不仅如此,成员之间连最基本的政策目标也未达成共识。美国坚持认为披露义务应是防止利用了遗传资源或相关传统知识,但不具有新颖性或创造性的发明被错误授予专利权,确保专利局掌握适当可用信息,不赞成将透明度作为一项目标。巴西认为政策目标应为提高知识产权制度的透明度,确保其与保护遗传资源的其他国际公约互补,以及避免错误授予专利。印度则强调防止盗用遗传资源。在政策目标仍未达成共识的前提下,可以想见,谈判必将艰苦卓绝、旷日持久。

通过以上分析可以看出,尽管国际公约对遗传资源获取与惠益分享问题进行了充分的讨论,但是因遗传资源利用国与提供国之间显然的立场冲突,除《名古屋议定书》取得的有限进展外,国际公约推进缓慢。然而,反对 ABS 的发达国家也未能从公约中找到可以明确反对的法律依据,这暗示了成员广阔的国内立法空间。

第四章　遗传资源流失防控法律对策比较研究

《生物多样性公约》，尤其是《名古屋议定书》推动了遗传资源获取与惠益分享制度在各国的建立。截至2018年2月22日，75个国家已采取立法、行政或政策措施以推动获取与惠益分享的实施；170个国家指定了ABS国家协调中心；65个国家建立了一个或多个ABS主管部门；30个国家指定了至少一个检查点。[①] 其中，南非、巴西、印度的ABS制度建立较早，对我国立法具有较大参考意义。因此，参照我国《生物遗传资源获取与惠益分享管理条例(草案)》(征求意见稿)的框架，以下汇总并分析南非、巴西、印度三国的ABS相关法律法规。

---

① Executive Secretary, CBD, Information provided by parties to the Nogoya Protocol on the national implementation of Article 8 (b) and other relevant provisions of the Protocol, 5 June 2018.

一、南非

(一)法律法规

1998 年《国家环境管理法》(National Environmental Management Act,1998 年第 107 号法案)确定了南非环境立法的基本原则。

2004 年《国家环境管理:生物多样性法》(National Enviromental Management: Biodiversity Act,2004 年第 10 号法案)设定了南非贯彻《生物多样性公约》的框架,即在《国家环境管理法》的框架内为南非生物多样性的管理和保护提供服务;保护需国家保护的物种和生态系统;可持续利用土著生物资源;公平分享因涉及土著生物资源的生物勘探而产生的惠益;南非国家生物多样性研究所的建立和职能;以及与之相关的事项。

(二)适用范围

《国家环境管理:生物多样性法》适用于南非共和国,包括《海域法》(1994 年第 15 号法令)所述的领海、专属经济区和大陆架,以及《爱德华王子群岛法》(1948 年第 43 号法令)所述的爱德华王子群岛的生物多样性活动。"生物多样性"指来自任何来源的生物体之间的差异,包括陆地,海洋和其他水生生物生态系统及其所属的生态复合体,还包括物种内、物种间和生态系统内的多样性。"生物资源"指动物、植物或其他生物,其衍生物或遗传物质。

(三)主管机构

国家环境事务部(Department of Environmental Affairs,DEA)管理国家环境事务,是有权国家机关。生物勘探许可证(Bioprospecting permit)、出口与生物勘探综合许可证(Integrated export and bioprospecting permi)的发证机关是水资源和环境事务

部长。以研究,而非生物勘探为目的的生物资源许可证,发证机关是各省级执行委员会成员。

（四）关于获取

1. 本国主体

南非单位和个人获取生物资源或传统知识,需要生物资源或传统知识拥有者的事前知情同意。

南非单位和个人以非商业目的获取生物资源或传统知识不需要生物勘探许可,但可能需要相关省级机关发放的采集许可或研究许可。

2. 外国主体

外方单位和个人获取生物资源或传统知识,需要生物资源或传统知识拥有者的事前知情同意。

外方单位和个人以非商业目的获取生物资源或传统知识需要出口许可证(Export permit)。

外方单位和个人以商业目的获取遗传资源,需要部长签发的出口与生物勘探综合许可证。但依南非法案,许可只能颁发给:(1)依据南非法律注册的法人;(2)属于南非公民或永久居民的自然人;(3)未依据南非法律注册的法人,或非南非公民也非南非永久居民的自然人,但该法人或外国公民与上述法人或自然人共同申请。所以,外方单位和个人可与南非的个人或机构联合申请出口与生物勘探综合许可证。

3. 申请材料

获取事前知情同意的申请人,需提供以下材料:能说明"确定利益相关方时采取了哪些步骤"的材料;物质转让协议和惠益分享协议;共同商定条款,共同商定条款经双方协商并规定于物质转让协议和惠益分享协议中。获取其他类许可,需提供以下材料:签发机关拟定的表格;提出申请前,签发机关可要求申请人提供任何额外的资料;审议申请之前,申请人必须应发证机关的要求,披露有关拟议的生物勘探以及与该申请合理且相关的,用于生物勘探的土著生物资源的所有信息。

4. 程序

获取事前知情同意的申请由水资源和环境事务部长批准。发出许可证前,签发机关可以书面要求申请人自费向其提供所规定的独立风险评估或专家证据。

不同情形下取得事前知情同意的时间可能会有所不同。一般情况下,签发许可证的平均时限为四个月,由有权国家机关作出最终决定。

5. 禁止获取

部长可借宪报,禁止进行可能对所列濒危物种或受保护物种的生存产生负面影响的获取活动。部长可借宪报,发布涉及外来物种样本的受限活动中不予签发许可的外来物种的名单。如果部长有理由相信,根据 1997 年《转基因生物法》申请的许可证将转基因生物释放到环境中可能会对任何土著生物或环境构成威胁,则不得根据该法案颁发此类许可。除非根据《环境管理法》第 5 章进行环境评估,该种释放是该章所包含的一项列明的活动。未对生物多样性的风险和潜在影响进行评估,不可签发包含外来物种样本的受限活动的许可,以及包含入侵物种样本的受限活动的许可。

6. 来源披露义务

2005 年,《专利修正法案》(The Patents Amendment Act No. 20 of 2005)对 1978 年《南非专利法》(South African Patents Act No. 57 of 1978)进行了以下修正:

在第2条插入遗传资源的定义,遗传资源是指(1)本土遗传材料;(2)任何本土物种的遗传潜力或特征。人类遗传资源没有被明确提及,即没有明确排除。

在第30条插入:(3A)提出包含完整说明书的专利申请的申请人必须在申请被接受之前,以规定方式向注册机构提交陈述说明主张保护的发明是否基于或源于本土生物资源、遗传资源或传统知识或用途;(3B)注册机构应要求申请人以规定方式提供其使用本土生物资源、遗传资源或传统知识或用途的权利或授权的证明,如果申请人提交声明承认主张保护的发明基于或源于本土生物资源、遗传资源或传统知识或用途。

替换第61(1)(g)条:(g)就专利申请或根据第30(3A)条提交的声明包含基础性的虚假陈述或申述,并且在陈述或申述做出时,显然知道或应当知道其是虚假的。

《实施细则》修改如下:

在第22(1)条中插入(eA):

22(1)专利申请应在表格P1上提出,并附有以下文件:

(a)~(e)……

(eA)在P.26表格上提出第30(3A)条要求的声明,如果专利申请包含完整的说明书。

插入新的第33A条:

(1)P.26表格应在包含完整说明书的专利申请提交后的六个月内提出,或在注册机构根据要求允许的时间内提出。

(2)如果P.26表格包含请求保护的发明是基于或源于本土生物资源、遗传资源或传统知识或用途的声明,申请人应在申请被接受之前向注册机构提供以下一项或多项内容证明其有权或已获得授权利用本土生物资源、遗传资源或传统知识或用途:

(a)根据2004年《国家环境管理:生物多样性法》第7章颁发的许可证副本;

(b)在适用的情况下,根据2004年《国家环境管理:生物多样性法》第82(2)(a)条或第82(3)(a)条的规定获得事先知情同意的证据;

(c)在适用的情况下,2004年《国家环境管理:生物多样性法》第82(2)(b)(i)条所设想的材料转让协议的证明;

(d)在适用的情况下,2004年《国家环境管理:生物多样性法》第82(2)(b)(ii)条或第82(3)(b)条所设想的利益分享协议的证明;

(e)在适用的情况下,请求保护的发明的共有权证明;

(f)注册机关认可的任何其他证明。

根据《1978年专利法》,第61(1)(g)条构成任何人申请撤销专利权的理由。P.26表格是注册机关接受专利申请的要求,因此违反披露义务将影响申请被接受并授予专利权。

7. 例外情形

《粮食与农业植物遗传资源国际条约》附件1中列出的作物目前被排除在获取与惠益分享条款之外。

(五)关于惠益分享

1. 获取与惠益分享协议

获取与惠益分享协议必须采用规定格式,各方主体应在生物勘探过程中定期审查协议。协议需明确各方主体以及生物勘探相关生物资源的种类、获取生物资源的地区、拟获取的生物资源的数量、资源用途等内容。协议需说明为进行该生物勘探而利用或开发生物资源的方式和程度,以及利害相关者分享该生物勘探可能产生的任何利益的方式和程度。遵守其他可能规定的事项。

制定惠益分享协议或对该协议的任何修订必须提交部长批准，未经部长批准不能生效。

2. 惠益形式

惠益形式包括货币惠益和非货币惠益两类，这些惠益分为短期、中期和长期。

生物勘探信托基金会负责管理货币惠益，若惠益分享协议未规定付款期限，则由基金会按年从使用者收入的款项中支付给受益人（资源提供者或当地社区）；非金钱利益可以有多种形式，环境事务部可以通过监督使用者对协议的遵守情况来支持受益人。

资源提供者可选择多种利益类型，这取决于利益相关方是否提供了获取生物资源的途径，或利益相关方是否是当地社区。

3. 生物遗传资源保护和惠益分享基金

国家设立生物勘探信托基金，该基金包含惠益分享协议和资源转让协议产生的所有款项，以及应向利益相关者支付的所有款项或是利益相关者基于利益的所得。

支付给生物勘测信托基金的所有款项均为《公共财政管理法》第13（1）款（f）项（ii）所指的信托资金。总干事必须以规定的方式管理该基金，且根据《公共财政管理法》对基金下的资金负责。

（六）实施效果

截至2014年4月，环境事务部共收到77份生物勘探商业化阶段的许可申请。在批准的17个生物勘探许可证中，涉及本国主体16个，外国主体1个。按行业划分：生物贸易行业9个；制药行业2个；化妆品行业1个；营养品行业1个；农业（除草剂）和制药行业1个；驱虫剂行业1个；化妆品和生物贸易行业1个；制药和生物贸易行业1个。许可证授予及实际获得惠益范例如下：

HGH制药公司：出口与生物勘探综合许可证，用于植物提取物研究与商业化。受益人是南非国家圣公会(San)、Paulshoek 和 Nourivier(Nama)社区。金钱利益:HGH 制药公司每年向南非圣公会支付其净收益的 5%,作为年度特许权使用费;前 3 年仅需就其每年超过 500 万兰特的净收益部分支付特许权使用费;San 收到的特许权使用费的 50% 将支付给 Paulshoek 和 Nourivier 社区;对于 San 标识的专用,HGH 公司每年还需支付其销售净收益的 1%。非金钱利益:提高项目内研究人员的专业知识;在产品上标注 San 标识,以承认 San 社区的贡献;创造了工作机会。

科学和工业研究委员会(CSIR):生物勘探许可证,用于栽培 Lippia javanica,以及商业化生产驱蚊蜡烛用油的蒸馏和提取。受益人是全国传统医师委员会。金钱利益:通过许可证获取的全部收入的 8%,分期付款;技术转让。非金钱利益:雇佣 Giyani 社区人员在工厂内从事种植、收获、蒸馏油和制造驱蚊蜡烛工作。①

二、印度

(一)法律法规

2002 年《生物多样性法》(Biological Diversity Act,BDA)及 2004 年《生物多样性条例》(Biological Diversity Rules,BDRs)是印度规制遗传资源获取与惠益分享的主要法律法规。涉及生物多样性的其他法律法规包括:1897 年《渔业法》;1914 年《破坏性昆虫和害虫法》;1927 年《印第安人森林法》;1937 年《农业生产(分级和营销)法》;1942 年《印度咖啡法》;1947 年《进出口(管制)法》;

---

① The Government of South Africa, "The ABS Capacity Development Initiative", *National Study on ABS Implementation in South Africa*, April 2014.

1947 年《橡胶(生产和销售)法》;1953 年《茶法》;1957 年《采矿与矿产开发(管理)法》;1960 年《防止虐待动物法》;1962 年《海关法》;1986 年《香料委员会法》;1966 年《种子法》;1970 年《专利法》;1972 年《野生动物(保护)法》;1972 年《海产品出口发展管理局法》;1974 年《水(预防和控制污染)法》;1975 年《烟草委员会法》;1976 年《领海水、大陆架、专属经济区和其他海洋区域法》;1977 年《水污染(预防和控制污染)塞斯法案》;1980 年《印度海洋区(外国船只管制和捕捞)法》;1980 年《森林(保护)法》;1981 年《空气(预防和控制污染)法》;1985 年《农产品和加工食品出口发展管理局法》;1986 年《环境(保护)法》;1987 年《国家乳业发展委员会法》;1989 年《制造/使用/进口/出口和储存危险微生物/基因工程生物或细胞的规则》;1992 年《对外贸易(发展和管理)法》;2001 年《植物新品种保护和农民权利法》;2003 年《植物检疫(进口到印度的管制)法》;2006 年《食品安全和标准法》;2006 年《预定部落和其他传统森林居民(承认森林权利)法》;2010 年《国家绿色法庭法》。

(二)适用范围

《生物多样性法》及《生物多样性条例》适用于印度全境,旨在保护生物多样性及其各部分的可持续利用,公平合理地分享因利用生物资源和相关知识产生的惠益。“生物资源”指对人类具有实际或潜在用途或价值的动植物、微生物或其一部分、遗传材料和副产品(不包括增值产品),但不包括人类遗传材料。

(三)主管机构

印度建立了三级主管机构模式:国家生物多样性总局(National Biodiversity Authority, NBA)、邦生物多样性委员会(State Biodiversity Board, SBB)和生物多样性管理委员会

(Biodiversity Management Committee,BMC),它们分别是国家、邦和地方一级实施《生物多样性法》和《生物多样性条例》的机构。NBA 可行使以下相关职权:就有关生物多样性保护、可持续利用其组成部分以及公正合理地分享和利用生物资源及相关知识所产生惠益的任何事项向中央政府提出建议;协调 SBB 的活动以及向其提供技术援助和指导;收集、汇编和出版以及通过媒体组织与保护生物多样性、可持续利用其组成部分以及公平合理地分享所得惠益项目;计划和组织培训从事或可能从事保护生物多样性和可持续利用其组成部分的项目的人员;采取措施,通过生物多样性登记和电子数据库建立生物资源和相关传统知识的数据库和信息档案系统,以确保有效管理及促进可持续利用;给予 SBB 和 BMC 书面形式的指导;向中央政府报告总局运作情况和条例执行情况;就惠益分享或生物资源特许费提出建议、修改意见,并收取费用;为特定目的向 SBB 和 BMC 提供援助和捐赠;采取必要措施,包括任命法律专家以反对在印度以外的任何国家就非法从印度获得的生物资源和相关知识授予知识产权。SBB 的主要职能:根据中央政府签发的准则,就保护生物多样性、可持续利用其组成部分以及公平分享由利用生物资源而产生的惠益向邦政府提出建议;通过批准印度公民商业利用或生物勘察和生物利用任何生物资源或批准其他请求,来进行管理;履行其他必要的,或邦政府规定的其他职能。BMC 的主要职能:与当地人协商编制生物多样性登记册,该登记册应包含当地生物资源的可利用性和相关知识,以及与之相关的医学用途或任何其他用途或任何其他传统知识的综合信息;就 NBA 或 SBB 提交的,申请批准的事项提供咨询意见,以掌握当地赤脚医生和利用生物资源的实践者的信息;生物多样性登记册应由 BMC 维护和运转,BMC 应保存一份登记册,以提供有关获取生物资源和传统知识、所收取费用以及所产生惠益及其分享方式的详细信息。截至 2013 年 10 月，印度在 28 个邦建立了 SBB，并在地方一级建立了 32,221 个 BMC，但各邦 BMC 的数量存在显著不均衡，例如，中央邦 23,743 个，卡纳塔克邦 4374 个，喀拉拉邦 1043 个。①

（四）关于获取

1. 本国主体

印度公民或在印度注册登记的法人以研究目的获取印度境内的生物资源，无须事先告知 SBB。

印度公民或在印度注册登记的法人以商业目的获取印度境内的生物资源，需要事前告知 SBB。

2. 外国主体

非印度公民、非印度原住民、未在印度登记注册的法人或者有非印度者入股或参与管理的法人获取印度国内的任何生物资源或与之相关的知识，无论出于研究目的还是商业目的，都需要获得 NBA 的许可。

3. 申请材料

申请获取生物资源以进行研究或商业使用，应按照表Ⅰ提出申请，并缴纳费用。

申请将从印度获得的与生物资源有关的研究成果转让给外国公民、公司和非印度原住民，应按照表Ⅱ提出申请，并缴纳费用。

依据从印度获得的生物资源和知识进行的研究来申请任何知识产权，应按照表Ⅲ提出申请，并缴纳费用。

---

① The Government of Brazil, "The ABS Capacity Development Initiative", *National Study on ABS Implementation in Brazil*, April 2014.

将已获取的生物资源或相关知识转让给其他个人或组织，应按照表Ⅳ提出申请，并缴纳费用。

4. 程序

按照表Ⅰ、表Ⅱ、表Ⅲ、表Ⅳ规定的形式提交申请，并缴纳费用后，NBA 可以进行质询，并在必要时与为此目的而设立的专家委员会协商后，作出批准决定。批准决定应向公众公告。若未给申请人听证机会，不得作出拒绝申请的决定。

针对表Ⅰ申请，应在收到申请之日起 6 个月内作出决定。针对表Ⅱ、表Ⅲ、表Ⅳ申请，应在收到申请之日起 3 个月内作出决定。

5. 禁止获取

NBA 如果认为必要并适当，应根据下列理由采取步骤限制或禁止遗传资源的获取：申请获取的是濒危物种或特有和稀有物种；获取活动很可能会对当地居民造成负面影响；获取活动可能造成难以控制和消除的环境损害；获取活动可能导致遗传退化或扰乱生态系统功能；资源获取的用途违反国家利益或印度加入的其他国际条约。

6. 已获资源的转让

《生物多样性法》规定了科研成果和已获取遗传资源或相关知识的转让。转让科研成果，应按照表Ⅱ提出申请，缴纳五千卢比的费用。转让已获取遗传资源或相关知识，应按照表Ⅳ提出申请，缴纳 1 万卢比的费用。相关程序如上文所述。

7. 来源披露义务

印度《专利法》（经 2005 年专利法修正案修正）第 10.4（ii）条规定：如果申请人在说明书中提及的生物材料不能以满足条款（a）和（b）的方式予以描述，并且如果此类材料不能被公众获得，申请应根据布达佩斯条约向国际存管机构寄存材料以完善，并履行下列要求,即(D)如果在发明中使用,公开说明书中生物材料的来源和地理来源。①

《专利法》第 25 条规定了“对专利的异议”:

(1)如果专利申请已经公开但尚未授予专利权,任何人可以基于以下理由以书面形式向主管机关提出对专利权授权的异议:(j)完整的说明书未公开或错误记载发明使用的生物材料的来源或地理来源;(2)专利授权后,在专利授权公开之日起一年内的任何时间,任何利害关系人可以基于以下理由,以规定方式向主管部门发出异议通知,即(j)完整的说明书未公开或错误记载发明使用的生物材料的来源或地理来源。

《专利法》第 64 条规定了“撤销专利”:

根据本法的规定,无论在本法生效之前或之后授予,一项专利可以经任何利害关系人请求或中央政府的请求,基于以下理由,由复审委员会或由高等法院在专利侵权诉讼中提起的反诉而撤销,即(p)完整的说明书未公开或错误记载来源。

另外,根据《生物多样性法》,依赖于在印度获得的生物资源的任何研究或信息未能在申请之前获得 NBA 的事先同意时,任何人都不能申请知识产权。在专利申请由相关专利机构受理之后和授权之前,可以获得 NBA 的许可;申请人应按照表Ⅲ提出申请,NBA 在收到申请之日起的 90 天内作出决定。违反《生物多样性法》的惩罚包括罚款及刑罚。

《专利法》及《生物多样性法》并未要求专利申请中披露事先知情同意和惠益分享。然而,根据《生物多样性法》,任何人在申

---

① 印度《专利法》第 10.4(a)条和第 10.4(b)条规定:完整的说明书应包括:(a)完全或部分描述发明,其操作方式、用途及实施方法;(b)公开申请人已知并且有权主张专利保护的发明的最佳实施方法。

请专利或其他形式知识产权之前应获得 NBA 的许可，而事先知情同意及惠益分享安排是获得 NBA 许可的前提。

8. 例外情形

《生物多样性法》规定了特定主体未经 NBA 批准不得进行与生物多样性有关的活动，或转让研究结果，但以下为例外情况：机构（包括政府资助的印度机构）之间以及其他国家的类似机构之间转让或交流生物资源或相关信息的合作研究项目；根据在《生物多样性法》生效之前签订的协定所进行的合作研究项目中，与《生物多样性法》的规定不同或不符合第 3 款 a 项规定的部分无效。

《生物多样性法》规定了任何印度公民或在印度登记的法人、协会或组织在事先向邦生物多样性管理局申请之前，不得为商业利用或生物勘察和生物利用目的而获取任何生物资源，但该规定不适用于该区域内的当地人和社区，包括生物多样性的培育者和从事土著医学实践的医师。

《生物多样性法》也不适用于特定生物资源，包括通常作为商品交易的生物资源。

（五）关于惠益分享

1. 获取与惠益分享协议

《生物多样性法》规定，为确保公平分享惠益：NBA 应通过在《政府公告》上发布通告的方式制定惠益分享方案；惠益分享方案应在个案基础上确定，即惠益分享是根据具体情况确定的；批准获取生物资源及相关知识以及转让研究成果、批准申请知识产权及向第三方转让所获得的生物资源和相关知识时，NBA 可以施加相关条款和条件以公平分享获取所产生的惠益；获取批准申请者应与 NBA 在与当地机构和惠益主张者协商后共同约定惠益的数额，可以根据获取的确定参数、利用范围、可持续性、影响和预期成果水平等因素来决定；NBA 应根据每项个案的具体情况来确定短期、中期和长期惠益的时间范围；NBA 应要求惠益能确保生物多样性的保护和可持续利用；当从特定个人、个人团体或组织获得生物资源或知识时，NBA 应采取措施确保约定数额通过该地区行政组织直接支付给他们；如果此类个人、团体或组织无法确认，货币惠益应交存在国家生物多样性基金；所确定惠益中的 5% 应留给 NBA 或管理局，支付行政和服务费用；NBA 应监督惠益按照规定方式流动。

2. 惠益形式

惠益形式包括货币惠益和非货币惠益。非货币惠益可以采用下列形式：合资企业；技术转让；产品开发；提高教育与意识的活动；机构能力建设；风险资本基金；其他非货币惠益。

3. 生物遗传资源保护和惠益分享基金

国家生物多样性基金应由主席或 NBA 在此方面授权的官员进行管理。

国家生物多样性基金应有两个独立账户，其中一个接收中央政府的拨款，另一个接收总局收到的费用、许可费、特许权使用费和其他收费。

国家生物多样性基金的资金来源：根据《生物多样性法》第 26 条向 NBA 缴纳的任何捐赠和贷款；NBA 根据《生物多样性法》收取的各种费用和特许权使用费；中央政府确定的、NBA 通过其他来源收取的所有费用。

国家生物多样性基金用于：向惠益主张者支付惠益；保护和发展生物资源以及开发与生物资源或相关知识有关的区域；与相关地方机构协商后，用于相关区域的社会经济发展。

(六)实施情况

《生物多样性法》于2003年颁布,但生物资源及相关传统知识的ABS制度直到2004年7月NBA全面运作后才得以实施。① 截至2018年8月29日,NBA收到了符合条件的申请共计2419项,②具体见表5:

表5　NBA收到的申请数目(2003~2018年)

单位:项

年度	申请类别				
	表Ⅰ	表Ⅱ	表Ⅲ	表Ⅳ	总计
2003~2004	1	0	0	0	1
2004~2005	3	1	1	3	8
2005~2006	7	3	0	3	13
2006~2007	14	1	94	3	112
2007~2008	22	1	174	10	207
2008~2009	15	7	58	2	82
2009~2010	22	11	97	11	141
2010~2011	13	8	15	12	48
2011~2012	10	0	35	15	60
2012~2013	25	0	63	11	99
2013~2014	21	4	62	6	93
2014~2015	32	4	74	2	112
2015~2016	66	4	148	3	221
2016~2017	62	6	367	0	435
2017~2018	86	1	383	0	470

① Bhutani S., and K. Kohli, "Ten Years of the Biological Diversity Act", *Economic and Political Weekly* 47,39(2012):e295-8.

② 王国萍、傅玮琳、杨兴媛、成功:《印度生物资源及相关传统知识获取与惠益分享制度的程序分析》,载《中央民族大学学报(自然科学版)》2018年第4期。

续表

年度	申请类别				
	表Ⅰ	表Ⅱ	表Ⅲ	表Ⅳ	总计
2018～2019	37	2	277	0	316
合计	436	53	1848	82	2419

其中,NBA 批准的申请数见表 6:

表 6　NBA 批准的申请数(2006～2018 年)

单位:项

年度	申请类别			
	表Ⅰ	表Ⅱ	表Ⅲ	表Ⅳ
2006～2007	4	1	0	2
2007～2008	5	3	12	6
2008～2009	4	4	21	6
2009～2010	2	1	9	1
2010～2011	3	1	4	1
2011～2012	1	2	6	0
2012～2013	1	0	8	7
2013～2014	1	0	14	2
2014～2015	19	0	22	1
2015～2016	31	1	51	2
2016～2017	36	4	127	0
2017～2018	36	2	248	1
2018～2019	19	1	41	1
合计	162	20	563	30

印度从 ABS 制度中所获取的惠益十分有限,近乎 90% 的货币惠益都来自百事公司的海藻出口所涉惠益。在该案例中,百事公司向马来西亚、菲律宾和印度尼西亚出口了 2000 吨海藻。这些海

藻由拉玛纳塔普拉姆、图蒂科林、普杜科特泰和坦约尔等地区的渔民群体种植，需要收集、清洁、打包并出口。妇女自助小组接受了公司的培训，负责收集、清洁和打包。出口商向 NBA 支付了 5% 的 FoB 特许权使用费，总计 390 万卢比。

三、巴西

（一）法律法规

巴西于 1994 年加入《生物多样性公约》，并随之启动 ABS 立法。2000 年 6 月，《临时法案》（Provisional Act）（第 2186－16 号）颁布。2015 年 5 月 20 日，巴西颁布第 13，123 号法案，同时撤销《临时法案》。

其他与 ABS 相关的法律法规，包括：2001 年 9 月 28 日颁布的“关于 CGEN 组成和运作”的第 3. 945 号决定；2005 年 6 月 7 日颁布的“关于违反 ABS 规则的处罚”的第 5. 459 号决定；2009 年 7 月 29 日颁布的“关于联盟是 ABS 合同的当事方时的惠益分配和特许权使用费”的第 6. 915 号决定等。

（二）适用范围

巴西国家领土、大陆架、领海或专属经济区内的原地条件下发现的遗传资源的获取和惠益分享活动；与遗传资源相关的涉及保护生物多样性，国家遗传资源及其组成部分的完整性的传统知识的利用；相关技术的转让以及对获取遗传资源或相关传统知识所产生的成品（finished product）或繁殖材料进行经济开发。

“遗传资源”指来自植物，动物和微生物或任何其他物种的遗传信息，包括源自这些生物体代谢的物质；从国家领土，国家水域，专属经济区或大陆架基质中分离出的微生物被认为是国家领土内存在的遗传资源的一部分；不适用于人类遗传资源。

（三）主管机构

巴西设立了遗传资源管理委员会（Genetic Heritage Management Council，Conselho de Gestão do Patrimônio Genético，CGEN）作为遗传资源获取与惠益分享国家主管机构。CGEN 由环境部管理，另有 18 个联邦机构是投票成员。土著和传统社区代表组织、非政府组织、州级环境机构、科学团体、联邦检察长办公室和商业联合会是常驻观察员。

CGEN 有责任建立相关的技术规则，制定和遵守惠益分享协议的准则和标准，建立数据库以存储遗传资源和相关传统知识信息的标准。此外，与联邦机构合作或通过与其他机构的协议监督获取和运输含有遗传资源的样本和相关的传统知识的获取等。

自 2003 年以来，CGEN 授权巴西环境与可再生资源研究所（Brazilian Institute of Environment and Renewable Resources，IBAMA）颁发以科学研究为目的且不涉及传统知识的遗传资源的获取。

自 2009 年以来，CGEN 授权国家科学技术发展委员会（National Council for Scientific and Technological Development，CNPQ）颁发以科学研究为目的且不涉及传统知识的遗传资源的获取。

自 2011 年以来，CGEN 授权国家历史与艺术遗产研究所（Institute for National Historical and Artistic Heritage，IPHAN）颁发以科学研究为目的且不涉及获取遗传资源的相关传统知识的获取许可。

CGEN 则授予以上不涉及的其他类型许可。

（四）关于获取

1. 本国主体

本国法人、自然人、科学和技术研究机构在国内以及国外进行的遗传资源或相关传统知识的获取必须进行登记。

2. 外国主体

外国法人获取遗传资源或相关传统知识的活动必须进行登记;不允许外国自然人获取遗传资源或相关传统知识。

3. 申请材料

申请人应向 CGEN 或其他授权机构提交如下材料:

(1)申请人的主体资格文件。

(2)申请人的相关证明:根据巴西法律合法建立;生物领域研究和开发经验;开展计划活动的技术专长;处理遗传资源的充足基础设施。

(3)确定一个经认可的受托机构,该机构将永久收集所涉遗传资源样本。

(4)一份具有法律约束力的声明,即若仅以科学研究目的获取遗传资源,则所有活动都将限于此目的。

(5)说明了遗传资源或传统知识用途的研究项目,具体包括:理由、目标、方法和预期结果;地理位置和时间范围,并在获取传统知识时,识别所涉土著或当地社区;确定要获取的材料或信息的类型以及要收集的样品的近似量化;资金来源,各自的贡献以及各方的责任和权利的细节;在国家学术研究人员数据库中识别团队成员和尚未公开的任何简历的副本;合同、合作协议、谅解备忘录等相关法律文件的副本;事先知情同意证明。

4. 程序

获取本土遗传资源或相关传统知识以进行研究或技术开发,或对因获取而产生的成品或繁殖材料的经济利用必须通过登记、授权或通知,并根据 ABS 法相关条款进行监督、限制和惠益分享。

巴西开发了一套审批程序——生物多样性授权和信息系统

(SISBio),由 Chico Mendes 生物多样性保护研究所(ICMBio)管理。

CGEN 的决策时间在很大程度上取决于申请人。决策快的前提是申请人能够在一开始就依据法律和正确的格式提交所有文件。在这种情况下,CGEN 秘书处可能会在两个月内将其列入每月 CGEN 会议的议程。如果在该会议上获得批准,且无须提供进一步信息,则授权决定可能会在两个月内作出。因此,最理想的状况下,授权期限是 4 ~ 6 个月。实践中大多数情况下需要更长时间。

5. 禁止获取

禁止对环境、文化传承和人类健康有害,以及与生化武器的开发实践相关的遗传资源和相关传统知识的获取。获取遗传资源或相关传统知识时不得侵害与该获取活动及其获取地相关的物质或非物质财产权利。不允许外国自然人获取遗传资源或相关传统知识。

6. 来源披露义务

2006 年 11 月 10 日巴西环境部颁布的第 23 号决议(Resolution 23),以及巴西专利商标局(Brazilian Patent and Trademark Office,BPTO)颁布的第 207/09、208/09、209/09 号决议规定了涉及来自巴西的遗传资源及相关传统知识的专利申请程序。原则上,专利申请人必须在提交专利申请时向 BPTO 申报遗传资源材料样本的相应授权编号和日期。如果不能在申请时提交,申请人可以在技术审查结束前补交材料,或者按照 BPTO 的要求补交。

根据 BPTO 的第 207/09 号决议,如果专利申请未能提供遗传材料或相关传统知识的来源信息及 CGEN 授权详细信息(编号和日期)，则 BPTO 可以搁置该申请。

7. 例外情形

土著人民、传统社区和传统农民为了自己的利益而使用，或在其习俗和传统的基础上交换和传播遗传资源和相关传统知识。

从无法辨认的原产地获取相关传统知识不需要事先知情同意。

获取当地传统品种或地方品种的遗传资源、获取用于农业活动的当地适应品种或混合品种，包括获取源自无法辨认的原产地的品种的相关传统知识，不需要创造、开发、持有或保存品种的土著人民、传统社区或农民的事先同意。

（五）关于惠益分享

1. 获取与惠益分享协议

因获取遗传资源或相关传统知识而对成品或繁殖材料进行商业开发时，要求提交惠益分享协议，但法律规定的除外［第 13,123 号法案第 17 条第(5)款和第 25 条第(4)款］。

自收到成品或繁殖材料通知之日起 365 天内应提交惠益分享协议。

惠益分享协议要求明确具体说明的内容为：

I——对通过来源不明的遗传资源或相关传统知识获得的成品或繁殖材料进行商业开发时，需要说明：a)由环境部代表的联邦政府；和 b)商业开发源自来源不明的遗传资源或相关传统知识的成品或繁殖材料的人；和

Ⅱ——对因获取相关的可识别来源传统知识而产生的成品或繁殖材料进行商业开发的情况：a)相关传统知识的提供者；和 b)对通过获取相关传统知识获得的成品或繁殖材料进行商业开发的人。

在与将来可能规定的条款不冲突的前提下,在惠益分享协议中强制执行以下条款:I——不得商业开发的产品;Ⅱ——时间范围;Ⅲ——惠益分享的方式;Ⅳ——每部分的权利和义务;V——知识产权相关内容;Ⅵ——条款的终止;Ⅶ——处罚措施;和Ⅷ——巴西的管辖权。

2. 惠益形式

因获取遗传资源或相关传统知识而对成品或繁殖材料进行经济开发所产生的惠益分享可以通过货币或非货币形式进行。

货币惠益分享应占从获取遗传资源产生的成品或繁殖材料经济开发中获得年净收入的1%,通过第13,123号法案第21条定义的部门协议可以减少最多0.1%。为了提高受益部门的竞争力,联邦政府可应有关方面的要求并根据规定制定部门协议减少利益分享额,即减少对于来源不明的遗传资源或相关传统知识所产生的成品或繁殖材料进行经济开发所获得的年度净收入的0.1%。

非货币形式主要包括:开展保护生物多样性或促进其可持续利用的项目以及保护土著人民、传统社区和传统农民的知识创新的项目;技术转让;提供公共领域产品,使其不受知识产权限制;免费许可产品;与遗传资源或相关传统知识的保护及可持续利用有关主题的人力资源建设;并在社会公共项目中免费分发产品。

其中,与技术转让有关的非货币惠益还可以通过以下方式分享:参与研究和技术开发;信息交流;国家科技研究机构、私人或公共机构以及国外研究机构之间的人力资源共享以及材料或技术交流;用于研发的基础设施;建立以技术为基础的合资企业;在获取遗传资源的情况下,相关者可以自行选择符合规定的惠益分享方式。

3. 生物遗传资源保护和惠益分享基金

环境部设立了国家惠益分享基金(National Fund for Benefit

Sharing,Fundo Nacional para Repartição de Benefício,FNRB),目的是加强遗传资源和相关传统知识保护,促进其可持续利用。行政部门应根据相关规定界定国家惠益分享基金管理委员会的组织和运作。

货币资源存放在国家惠益分享基金中,土著、当地社区和农民可以监管的形式参与管理。

国家惠益分享基金资源由以下各项组成:年度预算法中规定的拨款及其额外信贷;捐款;作为行政罚款而收取的资金;特别为基金设计的合同产生的外部财政资源;遗传资源使用者或相关传统知识对国家惠益分享计划的贡献;惠益分享产生的资金;其他。

(六)实施效果

根据 CGEN 秘书处发布的报告,2002 ~ 2013 年,CGEN、IBAMA、CNPQ、IPHAN 共颁发了 1314 项有关遗传资源或相关传统知识的获取许可,其中:CGEN,257 项;IBAM,806 项;CNPQ,224 项;IPHAN,27 项。IBAMA,CNPQ 和 IPHAN 授权的是以科学研究为目的的获取,CGEN 授权的是以商业为目的的获取,可以看出,以科学研究为目的的许可数量远大于以商业为目的的许可,而前者是不需要惠益分享协议的。①

针对 103 份惠益分享协议的分析显示:

(1)遗传资源地理分布细分:亚马逊流域 40 份,大西洋森林 38 份,萨凡纳斯 5 份,半干旱地区(卡廷加)4 份,海洋和沿海 2 份,海洋 1 份,潘塔纳尔湿地 2 份,萨凡纳/大西洋森林 5 份,萨凡纳/半干旱地区 1 份,半干旱/大西洋森林 1 份,其他 4 份。

---

① The Government of Brazil, "The ABS Capacity Development Initiative", *National Study on ABS Implementation in Brazil*, April 2014.

(2)使用者身份细分:化妆品行业79份,药物研究(公共)行业10份,药品(私营)行业4份,联合化妆品和药品行业3份,其他行业6份,使用者身份不明合同1份。

(3)惠益安排细分:货币和非货币混合利益72份;货币利益15份;潜在的货币利益12份;潜在的货币和非货币混合收益3份;未指定1份。

四、对我国的启示

南非、印度和巴西的ABS制度已实施多年,其经验可对我国立法提供重要参考。

南非ABS报告罗列了目前ABS制度实施存在的问题,包括:法律规定不够具体、明确;申请人提交的申请文件质量不高;一些惠益分享协议谈判没有在平等的基础上进行;人力资源不足;许可证审批处理时间过长等。

报告也提出了一些建议,包括:任何人都必须获得相关机构颁发的许可证或许可才能进行遗传资源的获取与利用;明确惠益分享协议中适格的利益相关方;建立监督机制,以监督协议的遵守情况;建立生物勘探信托基金会,所有来自惠益分享和利益相关方的款项都必须存入该基金会;必须确保向利益相关方披露所有相关材料,包括有关预期用途、最终结果和采集方法的信息;遗传资源提供者应向使用者提供填写申请表所需的相关信息;惠益分享协议应有审查期;明确规定何种行为构成对协议的违反;明确规定违反协议将受到何种处罚等。

印度ABS报告强调了土著和当地社区建立ABS意识的重要性,认为在缺乏足够意识的情况下,事先知情同意及获取和惠益分享制度并未给当地人民带来理想的利益。ABS意识到建立计划应覆盖全国范围的当地社区、公众、相关部门、民间社会组织、行业和学术机构等。NBA 已经开发了培训模块以推动 ABS 意识建立。

报告认为印度三级管理体系，即 NBA、SBB、BMC 中，本应发挥关键作用的 BMC 是薄弱环节。当地社区对 BMC 并不看重，这可能也解释为什么大多数邦尚未建立足够数量的 BMC。报告建议应赋予 SBB 更多的自治权，决策应从地方流向国家，而非相反。另外，应建立 ABS 数据库。SBB 可以考虑任命高级培训师或技术支持小组来培训 BMC 和当地民众。NBA 应发布有关确定惠益分享金额的具体准则，从而使惠益分享问题更加明确。

报告指出，从获取遗传资源的商业实体中获得惠益是最艰巨的问题之一。只有少数 ABS 协议实际获得了惠益。意图获取遗产资源的申请人必须向 NBA 提供有关遗传资源的数量、时间和确切地理位置的信息，从目前申请情况来看，很多申请人似乎不是直接从当地社区获取，而是通过各种中介。由于遗传资源在地理分布上的广泛性，对于 NBA 来说，确定潜在的受益者存在巨大挑战，从而导致审批 ABS 申请时不必要的延迟。

NBA 收到的几乎所有申请都涉及植物和微生物。考虑到印度动物种类的丰富性，人们对未经 NBA 批准就获取这些资源表示担忧，实践中也确实存在动物 DNA 样本转移的案例。例如，国家乳业发展委员会将水牛和牛的 DNA 样品寄给了美国密苏里大学；国家化学实验室将两种印度绵羊品种的 DNA 寄给了位于澳大利亚堪培拉的联邦科学与工业研究组织（CSIRO），这两个案例都没有关于惠益分享的证据。

《生物多样性法》第 40 条将正常交易的商品排除在适用范围之外，且已经收到了包括 190 种此类商品的清单。但就该法而言，关于什么构成"商品"尚无共识,因此利益相关者团体对该术语的解释各不相同。该法将合作研究,包括印度和外国机构之间的合作研究排除在适用范围之外,旨在促进此类研究。然而,缺乏用于确定何为合作研究项目的明确指南。

遗传资源获取与利用的监控也是重大挑战。监控点的设立以及监控人员数量是关键。印度报告也提到了 ABS 利益相关者,尤其是当地社区的 ABS 意识亟须提高的问题。NBA、SBB、BMC 之间的沟通与协调不充分也阻碍了《生物多样性法》的实施,有必要在三者之间建立正式的磋商机制。

印度 ABS 实施还提示了知识产权作为 ABS 监控点的重要性。在截至 2018 年 8 月 29 日 NBA 收到的 2419 份申请中,有 1848 份申请基于表Ⅲ,即依据从印度获得的生物资源和知识进行的研究来申请任何知识产权。

巴西 ABS 报告强调了过度的官僚主义不利于学术界和工业界的技术开发;ABS 程序模糊、烦琐、缓慢,导致获取成本高昂;ABS 能力建设及意识需要提高等。

还有一些批评建议,例如,许可证获取时间过长,可长达 1.5 年,官僚主义阻碍了合法 ABS 的顺利进行,有些获取者采取了非法替代手段。① 受益人确定困难、ABS 谈判合法性、协议保密性等导致了 ABS 的不确定性,进而阻碍了生物多样性的可持续商业利用。②

---

① Lima, A. B., M. Candidate, and UO Brasília, "Innovation for Whom? The 2030 Agenda and the Brazilian System on Access and Benefit-sharing of Genetic Heritage (ABS)".

② Velez, E., "Brazil's Practical Experience with Access and Benefit Sharing and the Protection of Traditional Knowledge", 2010.

以上经验启示了 ABS 制度顺利及有效实施应具备的基本要素：

一是明确的法律规定。法律确定性才能带来利益相关者对利益或风险的稳定预期，否则不会有太高的热情投资生物勘探活动，导致获取减少及最终惠益的减少。法律不确定也会使遗传者利用者难以与提供者的 ABS 要求达成一致，从而产生争议。

二是有效的管理框架。各级机构职责明晰、沟通顺畅是 ABS 顺利运转的基础。另外，获取与惠益分享实施涉及各方面的专业知识，包括 ABS 协议谈判、知识产权、生物多样性保护、商业、商务、经济学、生物技术、国内法、国际法、社会文化问题等，相关人员具备这种跨学科的专业知识技能是有效实施获取与惠益分享的重要保障。

三是有效的监控机制。没有监控机制，会导致非法 ABS 活动的出现及增加。知识产权在监控机制中可以发挥重要作用。

四是明晰的申请文件与便捷的申请平台。申请文件清楚、明晰，不容易产生歧义，会大大提高申请文件质量。便捷的申请平台，例如，采用网上平台，不仅便于申请人提交申请，管理机构审批申请，也将减少相关程序，如沟通、公告、送达等耗费的时间。

五是 ABS 意识的提高。ABS 所涉各方能够充分认识 ABS 的重要性，并且能够充分了解 ABS 的程序、要求、限制等，对于推动 ABS 的顺利实施至关重要。

第五章　《遗传资源管理条例（建议稿）》的立法方案

一、我国遗传资源流失防控的基本立场

在遗传资源来源流失防控的立场上，遗传资源利用国与提供国截然不同。遗传资源利用国希望更为容易地获取遗传资源。遗传资源提供国希望控制利用国对遗传资源的获取，进而在遗传资源利用中获得利益。

确立我国的立场，首先应明确我国是遗传资源提供国还是利用国。我国是遗传资源丰富的发展中国家，这是遗传资源提供国的主要特征。

我国是世界上生物多样性最丰富的12个国家之一，也是北半球生物多样性最丰富的国家。我国地域辽阔，地形复杂，气候多样，形成了丰富多样的森林、湿地和荒漠生态系统类型。这些生态系统孕育了丰富的动物、植物、微生物资源，蕴

藏了 60% 以上的陆地生物资源。[①]

我国有高等植物 3 万余种，居世界第三位，仅次于巴西和哥伦比亚；目前我国已知的高等植物有 432 科 3921 属 34,377 种，其中被子植物 241 科 3143 属 29,348 种，裸子植物 12 科 42 属 244 种。目前有记录的鸟类种类有 1400 余种，兽类 450 余种，爬行类 300 余种，两栖类 270 余种，鱼类 2500 余种，昆虫约 15 万种以上。我国微生物资源极为丰富，目前仅真菌已报道近 2 万种。

我国特有物种丰富，独特的生物地理区系拥有众多特有物种乃至特有科属。木本植物有银杏科、马尾树科、大血藤科、伯乐树科等 7 个特有科。动物有大熊猫、金丝猴、白唇鹿、朱鹮、扬子鳄等具有代表性的特有种。

我国种内多样性丰富。例如，杉木有灰杉、红心杉，毛白杨有箭杆毛白杨、易县毛白杨等多种类型；全世界虎的 8 个亚种有 5 个曾见于我国；环颈雉是典型的以森林为栖息环境的鸟类物种，其在世界范围内约有 30 个亚种的分化，不同亚种间雄性个体体羽颜色分化较为明显，是该物种基因多样性的重要体现之一。

我国是全世界动物种类最丰富的国家之一，尤其是家养动物数量达到了 576 个。[②] 据我国农业部 2004 年至 2008 年畜禽遗传资源调查，全国范围内畜禽品种、配套系有 901 个，其中地方品种也高达 554 个。除数量庞大外，这些地方品种同样质量优良。它们往往具有肉质鲜美、繁殖能力强、适应性强等优秀性质，甚至部分品种还存在竞技价值以及可以用作药材等特殊功能。这些品种是培育新品种的不二之选，是发展我国畜牧业的重要资源，同时也

---

① 国家林业局《中国林业遗传资源保护与可持续利用行动计划（2015 ~ 2025 年）》。

② 中国履行生物多样性公约第五次国家报告。

是不可或缺的基础材料。[①]

中国在国际上一直以提供国立场发声。例如,在 IGC 第二十六次缔约方大会上,我国代表团表示一直支持 IGC 的工作,并呼吁所有各方展现政治意愿和灵活性,以促进尽早缔结国际文书,增强对遗传资源、传统知识和传统文化表现形式的保护。[②]

综上,我国应采取遗传资源提供国立场。但是,还需要指出的是,我国近些年在某些领域,如工业生物技术领域的基础研究、应用研究、技术转化与产业发展方面都取得了很大的进展和成就。2012 年至 2014 年,世界各地研究机构及相关学者在工业生物技术领域发表了专业期刊 19,797 篇。其中,中国以 5114 篇发文量居于世界首位。同年,世界统计公开了工业生物技术发明专利共 28,154 件,其中半数(14,862 件)在中国进行保护。权属于中国的生物技术发明专利数量以较快的方式不断增长,年均增长率约为 12.5%,发明专利公开和授权数量分别为 12,269 件和 6968 件,分别占国家知识产权局公开的工业生物技术发明专利公开总量和授权总量的 80.3% 和 80.0%。[③] 因此,我国采取提供国立场的同时,也应尽量减少获取与惠益分享制度对创新可能造成的不利影响。

二、《生物遗传资源获取与惠益分享管理条例(草案)》(征求意见稿)的修订建议

2016 年 6 月 8 日,我国正式加入《名古屋议定书》。《生物遗传资源获取与惠益分享管理条例(草案)》(征求意见稿)(以下简称《征求意见稿》)建立了我国 ABS 立法的框架,涵盖了遗传资源

① 农业部《全国畜禽遗传资源保护和利用“十二五”规划》。

② WIPO/GRTKF/IC/26/8.

③ 中国科学院《中国工业生物技术白皮书 2015》。

获取与惠益分享的条件、程序、出境、管理、监督、法律责任等方方面面，一些条款落实了《名古屋议定书》的相关规定。

IGC 的谈判过程中，安第斯国家共同体代表团认为仅仅保护遗传资源，却不保护它们的衍生物，类似于关上房子的正门，却让后门和所有的窗户都开着。作为提供国，应尽可能采取宽泛的定义。《名古屋议定书》取得的一个重要进展就在于，通过定义衍生物，并将“利用遗传资源”扩展到包括利用衍生物，而在实际上扩展了遗传资源的定义范围。《名古屋议定书》的定义方式曲折蜿蜒，《征求意见稿》直接将“生物遗传资源”定义为具有实际或潜在价值的来自植物、动物、微生物或其他来源的任何含有生物遗传功能单位的材料、衍生物及其产生的信息资料（不包括人类遗传资源），不仅符合我国利益，更具合理性。《征求意见稿》还落实了《名古屋议定书》规定的信息交换中心、监控机制、国际证书等内容。

以下仅对本书认为的《征求意见稿》中关于遗传资源（不包括传统知识）获取与惠益分享条款的值得商榷之处提出修订建议。

（一）关于学术研究目的与商业目的的区分

明确的法律规定是遗传资源获取与惠益分享制度能够切实有效的最重要因素。

《征求意见稿》第 19 条规定：我国单位和个人为学术研究目的获取生物遗传资源，应当向生物遗传资源所在地县级人民政府相关主管部门登记。县级人民政府相关主管部门应将相关资料定期报送上级主管部门。我国主体为商业目的获取遗传资源应事先征得持有人同意，并签订获取与惠益分享协议，报省级人民政府相关部门审批。省级人民政府相关主管部门应将相关资料抄送同级环境保护主管部门。

该条款区分了“学术研究目的”和“商业目的”的生物遗传资源获取条件。然而,实践中这两者并无清晰界限,区分存在较大难度。重要原因是,无论是“学术研究目的”,还是“商业目的”,所需获取的遗传资源类型没有实质差异,采取的研究方式也很相似。更为重要的是,无论是私人机构和研究机构(如科研院所)都可能同时进行学术研究目的和商业目的技术开发。

为厘清以上问题,一些非商业化研究机构,包括博物馆、基金会、植物园、草药园、大学、基因库和保护组织,于 2008 年在波恩召开“非商业化研究的获取与惠益分享”会议。参会者提出了区分商业化和非商业化研究的指标:

商业化研究:研究目的为至少产生一定的成果,具有现实或潜在商业价值;相关利益所有者为私人主体而非公有,且受到形式的限制。

非商业化研究:一般没有以上所述特征;大多会将成果为公有领域做贡献;一般会得到公共财政资金资助;部分对商业化研究的限制与其无关,但会对非其研究增加不必要的时间等成本。

可见,两者最主要的区别是:是否“具有实在或潜在的商业价值”,以及是否“愿意把成果贡献给公有领域”。

2015 年 10 月 1 日,我国《促进科技成果转化法》开始实施,该法以“促进科技成果转化为现实生产力,规范科技成果转化活动,加速科学技术进步,推动经济建设和社会发展”为立法目的。根据该法第 9 条,国家设立的研究开发机构、高等院校所取得的职务科技成果,完成人和参加人在不变更职务科技成果权属的前提下,可以根据与本单位的协议进行该项科技成果的转化,并享有协议规定的权益。根据第 45 条,科技成果完成单位未规定,也未与科技人员约定奖励和报酬的方式和数额的,按照一定标准对完成、转化职务科技成果做出重要贡献的人员给予奖励和报酬。

以上规定有效促进了通常仅进行学术研究目的，而非商业目的技术开发的主体，即高校、科研院所的科研人员的研发积极性，使其可获得高比例的成果转化收入。以上研究虽然通常获得公共或财政资金资助，但是成果不再，或不再主要贡献给公有领域。

《名古屋议定书》第8(a)条规定，在制定及执行取得和利益分享立法或管制要求时，缔约方应创造条件以促进和鼓励有助于生物多样性保护及可持续利用之研究，特别是在发展中国家，包括采用非商业性研究目的之获取简化措施，同时考虑有必要处理研究目的转变之问题。

《征求意见稿》采取了简化学术研究目的获取程序，同时规定学术研究目的转变的立法模式。第19条规定了我国单位和个人为学术研究目的获取生物遗传资源的简化程序，即采取登记制，而非商业目的获取所采取的审批制。第26条规定了获取生物遗传资源后，由学术目的转变为商业目的的，应当依照相关规定重新办理审批手续。

如前所述，《促进科技成果转化法》，以及一系列其他法律法规，如正在修订中的《专利法》将促进科技成果转化作为主要修订方向之一，可以预见更多来自高校、科研院所的研究将具有商业目的，或至少具有潜在的商业目的。《征求意见稿》中有限的简化，并伴随获取目的转变的再一次申请，不仅不能解决程序简化问题，而且带来了学术研究目的和商业目的区分的困难。

对此问题，巴西做出了回应。2001年《暂行条例》区分了为科学研究、技术开发或者生物勘探目的的遗传资源获取。2014年

ABS 国家报告中则提到,为科学研究、技术开发或者生物勘探目的的遗传资源获取之间的区分将不再适用。2015 年颁布的第 13,123 号法案中删除了这种区分,对所有申请都采取审批制,并开发了 SISBio 在线系统以简化审批程序。

对“学术研究目的”与“商业目的”一视同仁,不予区分,有利于降低法律不明确性。但与此同时,需要确定采取登记制,还是审批制。登记制可减轻审批负累,但会产生无法对遗传资源获取及惠益分享进行事前规制的问题。审批制则会增加负累,但利于事前规制。另外,《征求意见稿》规定我国单位和个人的为科学研究目的获取,登记部门是生物遗传资源所在地县级人民政府相关主管部门,针对商业目的获取的审批部门是省级人民政府相关主管部门。确定登记制/审批制后,还需确定登记/审批部门是县级,还是省级人民政府相关主管部门。

关于这一问题,巴西的经验与数字可提供参考。2002 ~ 2013 年,巴西共颁发了 1314 项有关遗传资源或相关传统知识的获取许可,每年平均 100 多项,这一数据涵盖了学术研究目的及商业目的的获取许可,申请数量虽大于授权数量,但相差应不会太大。另外,巴西 ABS 主管机构 CGEN 通过授权 IBAM、CNPQ、IPHAN 进行审批,减轻了负累,也加快了速度。主管部门相关人员具备 ABS 协议谈判、知识产权、生物多样性保护、商业、商务、经济学、生物技术、国内法、国际法、社会文化问题等相关跨学科的专业技能是有效促进获取与惠益分享制度实施的重要保障,而人力资源建设需要比较长的时间,将省级政府相关主管部门作为审批机关,有利于汇集具备专业技能的人才。印度经验也提示了地方级管理机构 BMC 发挥作用有限,决策应从地方流向国家,而非相反。综上,建议针对我国单位和个人获取遗传资源采取审批制,省级人民政府相关主管部门作为审批机关,如必要时,可以通过指定具有审批能力的其他机构的方式加快审批。

还需要考虑的一个问题是,惠益分享协议是否应作为登记要件。《征求意见稿》的相关规定存在模糊之处,第 19 条规定了针对我国单位和个人的学术研究目的获取,未提及惠益分享协议;第 21 条"申请材料"则规定获取人应当向相关主管部门提交获取与惠益分享协议。对此,本书认为,针对商业目的的获取应提供惠益分享协议是各国立法都会采取的形式,既然不区分科学研究目的和商业目的获取,则应统一将惠益分享协议作为登记要件,针对学术研究目的的获取可能无惠益的情况,惠益分享协议可约定产生利益后的惠益安排。

综上,建议《征求意见稿》第 19 条【我国主体获取】修改为:我国单位和个人获取生物遗传资源,应事先征得生物遗传资源持有人同意,签订获取与惠益分享协议,报生物遗传资源所在地省级人民政府相关主管部门审批。

同时,保留针对外国单位和个人的规定,即《征求意见稿》第 20 条【外方单位获取】规定:外方单位和个人获取和利用我国生物遗传资源,应当与我国单位进行合作,在我国境内进行,由我国人员参与实质性研究开发利用活动。外方单位和个人获取我国生物遗传资源,应当事先征得生物遗传资源持有人的同意,签订获取与惠益分享协议,报国务院相关主管部门审批。

(二)关于事先知情同意与惠益分享的例外情形

遗传资源获取应基于事先知情同意并分享惠益,这是 ABS 立法的核心原则。CBD 第 15.5 条规定"遗传资源的取得须经提供这种资源的缔约国事先知情同意……"第 15.7 条规定"每一缔约国应……以期与提供遗传资源的缔约国公平分享研究和开发此种资源的成果以及商业和其他方面利用此种资源所获的利益,这种分享应按照共同商定的条件”。①

包括南非、印度和巴西在内的很多国家都贯彻了这一原则。南非规定,无论是南非主体,还是外国主体,获取生物资源或传统知识,需要生物资源或传统知识拥有者的事前知情同意,这则要求提供惠益分享协议。印度针对遗传资源获取的表Ⅰ要求申请人提供获取目的、风险和获益、惠益分享相关信息,表Ⅲ、表Ⅳ也包含惠益分享相关信息。巴西规定获取遗传资源必须进行登记,提供的信息包含事先知情同意证明,成品制造商或生殖材料生产者有惠益分享的义务。

《征求意见稿》第19条和第20条也规定了我国单位和个人为商业目的的获取,以及外方单位和个人的获取应事先征得生物遗传资源持有人同意,并签订获取与惠益分享协议。且根据第24条“获取的禁止性条款”,申请人未征得持有人的事先知情同意并签订获取与惠益分享协议的,受理申请的主管部门不予批准。

至于事先知情同意和惠益分享的具体内容,自从《生物多样性公约》1992年缔结以来,经过近30年的讨论,无论是公约层面,还是各国立法实践涉及的内容已很多,这里不再进一步讨论。

当然,并非所有的遗传资源获取行为都需要事先知情同意。例如,南非将《粮食与农业植物遗传资源国际条约》(ITPGRFA)附件1中列出的作物排除在ABS框架之外,因此依据ITPGRFA中的物质转让协议将粮食和农业植物遗传资源转让给非签约方不被禁止。印度豁免了当地人和社区,包括生物多样性的培育者和从

---

① 秦天宝:《论遗传资源获取与惠益分享中的事先知情同意制度》,载《现代法学》2008年第3期。

事土著医学实践的医师的 ABS 义务。巴西规定土著人民、传统社区或传统农民为了自己的利益而在其使用、遵循习俗和传统的基础上交换和传播遗传资源和相关传统知识不需要承担 ABS 义务。另外,获取当地传统品种或地方品种的遗传资源、获取用于农业活动的当地适应品种或混合品种,包括获取源自无法辨认的原产地的品种的相关传统知识,不需要创造、开发、持有或保存品种的土著、传统社区或农民的事先同意。

我国《征求意见稿》第 30 条“例外程序”规定农民、牧民、渔民等依照传统方式在日常生活中获取和利用生物遗传资源的,在不对生物多样性造成损害的前提下,无须履行规定的登记和审批手续。该规定与印度、巴西的规定并无本质区别。这里,需要讨论的是,是否应如南非那样,将 ITPGRFA 附件 1 中列出的作物排除在 ABS 框架之外。

必须指出,目前我国不是 ITPGRFA 缔约国,因此无须履行公约义务。然而,尽管存在争议,例如,反对者认为 ITPGRFA 规定了向多边系统提供我国种质资源的责任,可能会导致少数珍贵资源的流失,加大了保护大豆种质资源的难度;支持者则认为加入 ITPGRFA 能够使我国便利地获取多边系统中的粮食和农业植物遗传资源,保障我国资源的可持续利用,使我国有资格参与多边系统中的惠益分享活动和获得公约供资战略的支持,以及参加粮食和农业植物遗传资源领域的国际谈判和规则制定活动,[①]我国正在考虑加入 ITPGRFA。在此背景下,建议在《征求意见稿》中预留空间,在第 30 条【例外程序】中增加一款:依照我国参加的国际条

---

① 参见张小勇、杨庆文:《我国加入〈粮食和农业植物遗传资源国际条约〉的选择和建议》,载《植物遗传资源学报》2019 年第 5 期。

约,而无须履行本条例规定的登记和审批手续的。

(三)关于监控机制

要贯彻遗传资源获取与惠益分享制度,不仅需要制定相关的国内法律法规或政策,同样需要对遗传资源的获取与惠益分享情况进行监控。在实际的遗传资源获取与利用中,遗传资源多从土著、地方社区获取,这些地区大多贫困落后,当地人民受自身知识水平及眼界限制,往往没有意识到遗传资源潜在的经济价值,更不用说主动参与获取与惠益分享活动。

《名古屋议定书》谈判中的一个极具争议性的问题是:缔约方根据第15条负担的采取措施的一般义务是否应当被遗传资源利用者或有关利用遗传资源的具体义务所补充。[①] 发展中国家认为,遗传资源的交易和利用情况需要受到遗传资源利用活动所在的国家有关部门的监测和检查,否则利用者没有足够的动力遵守遗传资源提供国所规定的ABS义务。而且,利用者需要提供一个涵盖具体遗传资源的国际公认的遵守证明书(Internationally recognized certificate of compliance)。发展中国家强烈建议强制性地建立事先确定的“检查点”(Checkpoints),如专利局。发达国家强烈反对建立检查点、确立有法律约束力的披露义务以及提供国际公认的遵守证明书等建议。发达国家认为,这些建议不具有伸缩性、成本昂贵、无法奏效,而且会在专利制度中增加新的不确定性并引发抑制创新活动的危险。冲突妥协的结果是检查点和国际公认的遵守证明书两个概念出现在第17条中,但没有提及任何具体检查点或“披露义务或要求”。[②]

---

① 《名古屋议定书》第15条。

② 张小勇:《遗传资源国际法问题研究》,知识产权出版社2017年版,第134～135页。

《名古屋议定书》第 17 条规定了“监测遗传资源的利用”，即为支持遵约，各缔约方应酌情采取措施，[①]指定一个或多个检查点，监测遗传资源的利用情况并提高遗传资源利用的透明度。

南非、印度和巴西 ABS 报告也强调了监控机制的重要性。我国《征求意见稿》第 14 条、第 15 条、第 16 条、第 17 条、第 25 条分别规定了检查机构、[②]监督检查机制、[③]执法检查措施、[④]失信名单

① 根据《名古屋议定书》第 17 条规定，此种措施应包括：(a)指定以下一个或多个检查点：(i)指定的检查点将酌情收集或接收关于事先知情同意、遗传资源的来源、共同商定条件的订立和(或)酌情关于遗传资源的利用情况信息；(ii)各缔约方应酌情根据某一指定检查点的具体特点，要求遗传资源的使用者在指定的检查点提供上款所述信息。各缔约方应采取适当、有效和适度的措施处理不履约情事；(iii)此种信息，包括来自国际公认的遵守证书——如果有的情况下，应在不妨碍保护机密信息的情况下，提供给有关的国家部门、给予事先知情同意的缔约方以及酌情提供给获取和惠益分享信息交换所；(iv)检查点必须有效，并应具有与实施本条 a 款相关的职能。检查点应与遗传资源的利用或与信息的收集有关，特别是在研究、开发、创新、商业化前或商业化的任何价款的相关信息……

② 第 14 条【检查机构】规定，国务院农业、林业、海洋、中医药、教育、科技、知识产权主管部门，国家进出关境监督管理机关、进出境检验检疫部门等应当指定生物遗传资源获取与惠益分享检查点，按照各自职责，相互配合，审查生物遗传资源获取、利用和出境的合规情况，并通过信息交换机制定期将相关信息和资料抄送国务院环境保护主管部门备案。

③ 第 15 条【监督检查机制】规定，国务院环境保护主管部门应当会同国务院相关主管部门建立监督和检查制度，定期对生物遗传资源获取和惠益分享活动进行监督和检查，及时通报违法违规行为，并通过信息交换机制公开。省级人民政府环境保护主管部门应当联合同级相关主管部门制定本行政区的生物遗传资源获取与惠益分享监督检查制度，定期向国务院环境保护主管部门提交年度报告。

④ 第 16 条【执法检查措施】规定，省级以上人民政府相关主管部门开展生物遗传资源获取和惠益分享监督检查时，可以采取下列措施：(1)进入现场检查；(2)查阅、复制有关资料；(3)询问相关人员；(4)法律、法规规定的其他措施。相关单位和个人应当向检查机关及其工作人员如实反映情况，积极配合检查工作，提供必要的资料。检查机关及其工作人员应当依法保守被检查单位和个人的技术和业务秘密。

制度[①]生物遗传资源国际证书。[②] 第14条“检查机构”中,知识产权主管部门被特别提出作为检查机构。如前所述,将知识产权(尤其是专利)主管部门作为检查机构是《名古屋议定书》争议焦点之一,可见其重要价值,这也可以从印度ABS实施的数据中获得启示。2003~2018年,NBA受理的申请中,依据表Ⅱ,即与知识产权相关的申请达到1848项,占据全部2419项申请的76.4%。

一项针对专利体系中生物多样性的大规模数据研究客观地揭示了遗传资源相关专利的密度。研究分析了1976~2010年来自美国、《欧洲专利公约》(European Patent Convention)及《专利合作条约》(Patent Cooperation Treaty)下的1100万份专利文件。通过筛选,最终鉴定出76,274个拉丁名物种(其中植物26,111个,动物25,087个,真菌7918个,细菌7754个,未知6190个,原生动物1360个,藻类994个,病毒506个,古生菌354个)。研究显示,体现在专利体系中的人类创新活动涉及了已知物种(190万个)的4%,占全球预测物种总量(870±130万个)的0.8%~1%。来自354,003个专利家族的767,955份专利文件提及了物种,其中在136,880份专利文件的权利要求中涉及了25,495个物种名称。[③]

---

① 第17条【失信名单制度】规定,国家建立生物遗传资源获取与惠益分享失信名单制度,及时通报违法违规行为和违法主体名单,将相关单位和个人的违法信息记入责任主体的信用记录,及时通过全国信用信息共享平台予以公开。

② 第25条【生物遗传资源国际证书】规定,国务院环境保护主管部门根据当事人的申请,依据相关主管部门获取登记和审批的备案信息,出具生物遗传资源国际证书,并通过信息交换机制发布。国际证书的内容应包括:(1)颁发证书的主管部门及颁发时间;(2)证书涉及的主题事项;(3)获取与惠益分享协议的审批部门及批准时间;(4)生物遗传资源的直接来源或原产地;(5)生物遗传资源提供人详细信息;(6)生物遗传资源获取人详细信息;(7)获取与惠益分享协议摘要;(8)获批准的用途;(9)向第三方转让的条件;(10)转让、出境情况;(11)其他相关事项。生物遗传资源国际证书的具体格式由国务院环境保护主管部门另行规定。

③ Oldham, et al. , “Biological Diversity in the Patent System”, *PLoS ONE* 2013.

申请专利保护是遗传资源相关技术商业化至关重要的环节，遗传资源利用者在将利用遗传资源所获得的产品或技术投入市场之前，经常会先申请专利权以保护研究成果不受他人侵犯，专利授权机关将因此接触到技术及相关技术背景等信息。这些信息中可能包含遗传资源的获取与利用方式，当然也可能不包含，专利授权机关可根据审查需要要求申请人进一步提供相关信息，申请人为顺利取得专利权也会配合审查工作。如果在这一环节进行监控就可以掌握大部分遗传资源的利用情况，同时还可以充分利用专利制度的制裁措施，促使遗传资源利用者遵守提供国有关遗传资源获取与惠益分享的法律和政策。

《征求意见稿》第29条“来源披露义务”规定了依赖我国生物遗传资源完成的成果申请知识产权，申请人应当出具生物遗传资源获取与惠益分享合法证明。不予披露的，相关主管部门应当不授予知识产权。该条款将ABS专门法与知识产权法，尤其是《专利法》联系在一起。欲合理设置该条款，必须将其与《专利法》予以协调，本书将在第六章专门探讨这一问题。

第六章　遗传资源来源披露义务

遗传资源来源披露义务不仅规定在《征求意见稿》中，作为 CBD 缔约国，为了履行公约义务，并且遗传资源来源披露义务的设置也显然有利于我国利益，2008 年，我国《专利法》引入遗传资源来源披露义务。ABS 专门法应与《专利法》相互呼应，才能发挥遗传资源获取与惠益分享监控效果。《专利法》中遗传资源来源披露义务已实施近 12 年，以其为研究基础，更有利于提出分别针对《专利法》与《征求意见稿》的修订及协调建议。

一、遗传资源相关专利

专利是国家根据发明人或设计人的申请，依法律程序在一定期限内授予发明人或设计人的一种排他性权利。

专利，从字面上理解是指专有的权利和利益，但其实它还有一层含义就是“公开”，也就是“公开换保护”。“专利”一词源于英语的 patent，意为公开的信件或公共文献，是欧洲古代君主用来颁布某种特权的证明。专利首先要公开，之后才能够拥有排他性的权利。

在我国，专利申请应向国家知识产权局提出。发明和实用新型专利授予“解决了技术问题、采取了技术手段、达到了技术效果”的技术方案，外观设计专利授予富有美感并适于工业应用的设计。对于发明专利申请，国家知识产权局要经过初步审查和实质审查才会授权。对于实用新型和外观设计专利申请，则只需初步审查即可授权。新颖性、创造性、实用性是发明专利和实用新型专利授权的实质性条件。发明专利的保护期限为 20 年；实用新型专利和外观设计专利的保护期限为 10 年，均自申请日起计算。除自己申请外，专利权也可以通过转让获得。

专利一经授权，即受法律保护，具有排他效力。也就是说，只有专利权人或经其许可的人才能够以生产经营为目的实施专利，例如，制造、销售、进口专利产品等，其他人不可以实施专利，否则需要承担停止侵权、赔偿损失等法律责任。

专利是竞争工具，这是其排他性所决定的。通常来说，仅凭一项或几项专利很难形成强有力的竞争优势，应针对产品或技术有计划、有策略地构建专利组合。所谓专利组合，是指由多项存在关联又有区别的专利组成的专利集合体，从而发挥单项专利不能或很难发挥的效应。例如，一种创新药可能被全球范围内的 1000 多项专利保护着，对于信息技术、交通装备等专利密集型产业来说，针对一个产品布局上万项专利，以尽量长时间、尽量广泛地占领技术或市场的现象不足为奇。专利组合中各项专利的质量在很大程度上决定了组合的好坏。高质量专利可以更为充分地保护发明创造，获得最大的合理保护范围，也具有较高的稳定性。

那么，如何实现专利的竞争力呢？事实上，专利本身就有震慑作用，侵犯他人专利权需要承担停止侵权、赔偿损失的法律责任。近些年我国日益加强专利保护，提高法定赔偿金额，引入惩罚性赔偿是趋势，这会使得潜在侵权人望而却步，不敢使用专利保护的发明创造。如果有人仍然侵权，则可以通过司法或行政途径维护自己的权利，与侵权人谈判进而达成和解也是常见的纠纷解决方式。相较于单项专利，专利组合能够提高专利无效成本，使诉讼或许可的谈判变得容易。专利权人还可以通过将专利许可、转让、质押融资等方式获得利益。

遗传资源与专利制度最直接的联系是遗传资源相关专利。《与贸易有关的知识产权协议》第 27.1 条规定："专利应适用于所有技术领域的任何发明，无论是产品还是方法，只要其具有新颖性、创造性和工业实用性即可。"在这一技术领域非歧视条款下，原则上，基于遗传资源获得的发明创造，只要具备新颖性、创造性和实用性，是可以受到专利权保护的。但是必须要说明的是，自然界发现的遗传资源本身并不是人类的发明创造，几乎无一例外地被各国排除在专利法保护范围之外。

如前所述，遗传资源相关专利密度较高。另外，世界知识产权组织（World Intellectual Property Organization，WIPO）对化学领域（遗传资源相关专利最密集的领域）专利申请量的统计显示，从 2005 年到 2014 年，该领域的专利申请量明显增加（见表 7）。

表7　全球化学领域专利申请量

单位:件

技术领域	2005年	2010年	2014年	在所有技术领域专利申请量中占比(2014年)	平均增长率(2005~2014年)
有机化学	56,673	54,383	58,235	2.5%	0.3%
生物技术	38,550	39,275	50,423	2.1%	3.0%
医药	73,295	71,423	90,242	3.8%	2.3%
高分子化学、聚合物	27,610	28,527	41,096	1.7%	4.5%
食品化学	23,066	28,277	57,365	2.4%	10.7%
基本材料化学	38,720	44,598	70,519	3.0%	6.9%
材料、冶金	29,329	37,642	58,033	2.5%	7.9%
表面技术、涂层	27,874	33,073	40,498	1.7%	4.2%
微结构与纳米技术	2161	3446	4710	0.2%	9.0%
化学工程	33,636	37,301	53,183	2.2%	5.2%
环境技术	21,021	25,918	36,955	1.6%	6.5%

二、遗传资源相关不可专利客体

(一)我国专利法相关规定

尽管TRIPs协议规定了技术领域非歧视条款,但是鉴于遗传资源利用以及其他技术对人类可能造成的各种影响,TRIPs协议第27.2条也规定了可专利性例外:若阻止某项发明在境内的商业利用对保护公共秩序或公共道德,包括保护人类、动物或植物的生命或健康或避免对环境造成严重污染是必要的,则缔约方可拒绝给予该项发明以专利权,条件是,不是仅因为其国内法禁止这种利用而作出此种拒绝行为。

TRIPs 协议第 27.3 条规定了缔约方可以排除保护的客体，包括人类或动物疾病的诊断、治疗和外科手术方法；除微生物之外的植物和动物，以及本质上为生产植物或动物的除非生物学和微生物学方法之外的生物学方法。另外，该条款也规定了缔约方应以专利方式或者一种有效的特殊体系或者两者的结合对植物新品种给予保护。

基于 TRIPs 协议第 27.2 条和第 27.3 条，我国《专利法》第 5 条第 1 款规定对违反法律、社会公德或者妨害公共利益的发明创造，不授予专利权。第 25 条将科学发现、疾病的诊断与治疗方法，以及动物和植物品种列入不授予专利权的客体。《专利审查指南》进一步明确了以上条款。

（二）关于植物品种可专利性的比较分析

在当前"国家主权 + 知识产权"的体系下，发达国家会最大限度地利用知识产权制度，对遗传资源及其利用成果主张知识产权，因此会尽可能限制不可授予专利权的客体的范围，这与其尽可能抵制遗传资源来源披露义务，或设立严厉法律责任的立场是一致的。

以植物品种为例，TRIPs 协议规定缔约方应以专利方式或者一种有效的特殊体系或者两者的结合对植物新品种给予保护，目前被世界各国广泛采用的"有效的特殊体系"是《国际植物新品种保护公约》（International Union For The Protection Of New Varieties Of Plants，UPOV）框架下的植物新品种保护。①

---

① 1957 年 2 月 22 日，法国邀请 12 个国家和保护知识产权联合国际局、联合国粮农组织和欧洲经济合作组织，参加在法国召开的第一次植物新品种保护外交大会，形成会议决议。在此基础上，拟定了《国际植物新品种保护公约》，并于 1961 年在巴黎讨论通过了该公约。1968 年 8 月 10 日该公约正式生效，以后又经过 1972 年、1978 年和 1991 年共 3 次修改。中国于 1999 年 4 月 23 日正式加入《国际植物新品种保护公约》1978 年文本，成为该公约第 39 个成员国。

尽管TRIPs协议规定成员可以以专利及特殊体系二选一的方式保护植物品种，但是作为植物育种领域创新最活跃的国家，美国采取了两种模式并行的方式。美国专利法对植物品种的保护开始于《1930年植物专利法》（Plant Patent Act of 1930，PPA）。1930年以前，因为两个原因将植物排除在专利保护之外。首先，植物（即使是那些人工培育的植物）被认为是专利法意义上的“自然界产品”。这个观点似乎来自专利局在Ex arte Latimer案中的决定。[①]该案中，专利局驳回了主张大王松（Pinus Pustralis）松针中发现的纤维的专利申请，委员会认为，如果允许“对森林中的树木或者地球上的植物授予专利，这显然是不合理并且不可能的”。其次，植物被认为无法满足《专利法》规定的“书面描述要求”，新的植物可能仅在颜色或香味上与已有植物有所区别，通过书面描述进行区分通常是不可能的。

《1930年植物专利法》制定时，国会强调了以上两点，但认为在自然界的帮助下进行的植物育种工作是可以被专利的。书面描述要求可依据“描述……应在合理范围内尽量全面”而宽松对待。《1930年植物专利法》将有性繁殖的植物排除在外，其原因在于国会认为植物新品种不能通过种子栽培而进行精确保留物种特点（reproduced true-to-type）的繁殖。然而，人们普遍承认，“精确保留物种特点的繁殖”是可行的，植物专利保护因此是适合的。因此《1970年植物保护法》（Plant Variety Protection Act of 1970，PVPA）扩充并覆盖了这种保护。[②]

目前，美国形成了实用专利、植物专利、PVPA证书三种保护

---

① Ex parte Latimer，1889 Dec. Com. Pat. 123.

② Diamond v. Chakrabarty，447 U. S. 303，308，206 USPQ 193（1980）.

类型并轨的植物及植物品种保护体系。这三种保护类型的要求和保护范围见表8。

表8　美国植物及植物品种保护体系

保护类型	要求	保护范围
实用专利(utility patent)	符合实用专利一般要件。	非天然存在的无性/有性繁殖的植物或组成部分,包括突变、制备方法及使用方法等。
植物专利(plant patent)	无性繁殖、特异性、新颖性、非显而易见性。	植物品种。
PVPA 证书(PVPA certificate)	有性繁殖、新颖性、特异性、一致性、稳定性。	植物品种。

欧洲植物品种保护采取单一选择机制。植物品种通过 UPOV 建立的体系进行保护,不可以授予欧洲专利权。其他不属于植物品种的发明则可以申请欧洲专利。《欧洲专利公约》(European Patent Convention, EPC)第 53(b)条规定,"欧洲专利不应授予……植物或动物品种或生产植物或动物的主要是生物学的方法;该规定不适用于微生物学方法或由此获得的产品"。[①]

然而,欧洲专利局判例法的发展已经打破了单一选择机制,更接近于美国的双轨制。G 1/98 决定中,扩大上诉委员会认为:首先,没有单独主张特定植物品种的权利要求不被排除可专利性,即使其可能包含植物品种。[②] 其次,当判断涉及植物品种制备方法

① European patents shall not be granted in respect of: ...(b) plant or animal varieties or essentially biological processes for the production of plant or animals; this provision shall not apply to microbiological processes or the products thereof...

② G 1/98, OJ EPO 2000, 111.

的权利要求时,不应将 EPC 第 64(2)条考虑在内。[①]

《欧洲专利局审查指南》进一步规定:如果权利要求主张的客体指向特定植物品种,则不可授予专利权。但是,如果发明涉及植物或动物,并且发明的技术特征并不限于特定植物或植物品种,则发明可以被授予专利权;特定植物种群如果未满足 EPC 实施细则第 26(4)条规定的植物品种的概念,则不被排除可专利性。[②] 植物的制备方法,无论是基因重组技术,或是传统植物育种技术,与该问题无关。当判断制备植物品种的方法的权利要求时,不考虑 EPC 实施细则第 64(2)条。因此,仅仅因为获得的植物构成或可能构成植物品种并不能排除制备植物品种的方法的可专利性。如果权利要求主张了植物品种,则不可被授予专利权。但是如果权利要求未主张,但可能包含了植物品种,那么不可根据 EPC 第 53(b)条排除可专利性。

与美国、欧洲不同,我国采取的是单轨制。即植物品种完全被排除在专利法保护范围外,植物新品种可以通过《植物新品种保护条例》予以保护。《专利法》第 25 条第 1 款第 4 项将植物品种列为不可授予专利权的客体。《专利审查指南》将植物品种定义为"可以借助光合作用,以水、二氧化碳和无机盐等无机物合成碳水化合物、蛋白质来维系生存的植物的单个植株及其繁殖材料(如种子等)"。转基因植物也属于植物品种的范畴。

---

① EPC 第 64(2)条规定:如果欧洲专利的客体是一种方法,专利权的保护应延伸到直接由该方法获得的产品。

② EPC 实施细则第 26(4)条规定:植物品种是指在最低级别的单一植物分类单元的植物种群,该种群,无论授予植物品种的条件是否完全满足,可以(1)根据因给定基因型或基因型组合导致的表达特征而确定,(2)根据至少一个所述特征的表达区别于其他任何植物种群,(3)因其繁殖的一致性而被看作一个整体。

三、遗传资源来源披露义务

(一)遗传资源来源披露义务的概念

要贯彻遗传资源获取与惠益分享制度,不仅需要各国制定相关的国内法律、法规或政策来具体实施,也需要对遗传资源的获取与惠益分享情况进行监控。在实际的遗传资源获取与利用中,遗传资源多从土著、地方社区获取,这些地区大多贫困落后,当地人民受自身知识水平及眼界限制,往往没有意识到遗传资源潜在的经济价值,更不用说主动参与获取与惠益分享活动。

因此,2005 年 CBD 第六次缔约方大会提出,如知识产权申请的主题涉及或在技术开发中使用了遗传资源,邀请缔约国在申请中鼓励公开遗传资源的提供国,以监控遗传资源的获取与利用。①

在此背景下,遗传资源来源披露义务开始被 CBD、世界知识产权组织、世界贸易组织等广泛讨论起来,包括我国、印度、巴西在内的发展中国家也纷纷立法予以落实。

从目前各国的立法情况来看,遗传资源来源披露义务可以分为狭义和广义两种。狭义的"遗传资源来源披露义务"关注的是遗传资源本身的来源,是指在与遗传资源相关的专利申请中,申请人应当在申请文件中披露所涉遗传资源的来源信息,如不履行披露义务,将导致专利申请被驳回、已授权专利被无效或撤销,或其他行政、民事、刑事制裁后果。② 广义的"遗传资源来源披露义务"

---

① WIPO-IGC COP 6 Decision Ⅵ/24, "Access and Benefit-Sharing as Related to Genetic Resources", Accessed November 11, 2022, https://www.cbd.int/decision/cop/?id=7198.

② 邓福国、曹俊、李珍萍:《我国基因资源地源披示制度的构建与完善——以各国立法规则模式为切入点》,载《政治与法律》2009 年第 2 期。

要求的披露内容更广泛，不仅包括遗传资源的来源信息，还包括遗传资源来源的合法性信息，即事先知情同意及惠益分享证据的披露。

需要指出的是，遗传资源来源披露义务的功能除监控遗传资源获取与利用，增加获取与惠益分享的透明度之外，还有助于提示现有技术的来源，使审查员基于数据库的现有技术检索变得容易一些，减少漏检可能，进而减少不当授权。

世界知识产权组织的讨论中，瑞士代表团将遗传资源来源披露的政策目标归纳为4T：

(1)透明(Transparency)：提高遗传资源和传统知识获取与利用在获取和惠益分享方面的透明度。

(2)追踪(Traceability)：允许遗传资源和传统知识的提供者跟踪其资源或知识在产生专利之发明的研究与开发中的使用情况。

(3)现有技术(Technical prior art)：有助于专利审查员和法官将与遗传资源或传统知识有某种关系的发明认定为现有技术，简化现有技术数据库检索。尤其适用于传统知识相关现有技术。

(4)互信(Mutual Trust)：提高获取和惠益分享所涉各方利益相关者，包括发展中国家和发达国家、土著和当地社区、私营企业和研究机构之间的互信，这将强化获取和惠益分享制度与专利制度之间的相互支持。

(二)遗传资源来源披露义务的理论基础

1. 专利法的充分公开要求

披露，即公开，是专利法中的核心概念。专利制度正是通过赋予权利人一定期限的独占性权利换取其对发明技术方案的公开。专利信息为社会提供了内容翔实、格式统一、查找方便、全面覆盖各技术领域的巨大信息资源，方便了技术信息的获取，促进了发明创造的推广应用，减少重复研究，降低研究开发成本。① 另外，公开也使专利权人可以明示专利权保护范围，避免侵权行为的发生，保护专利权人利益。

关于充分公开的规定是各国专利制度的重要组成部分，我国也不例外。《专利法》第26条规定“说明书应当对发明或者实用新型作出清楚、完整的说明，以所属技术领域的技术人员能够实现为准”。《专利审查指南》进一步明确了“清楚”“完整”“能够实现”的含义。② 一般情况下，说明书的文字记载用于满足充分公开要求。但是在生物技术领域中，有些时候文字记载难以描述生物材料具体特征，或者即使有了这些描述，所属技术领域的技术人员也不能实施发明。为应对这一情况，《专利审查指南》规定了保藏要求③④。

基于以上规定，显然，如果遗传资源来源披露是本领域技术人员能够实施专利技术的前提，那么专利法本身的充分公开要求已经覆盖了这一义务，无须额外设置。然而，事实上是，遗传资源相

---

① 参见尹新天：《中国专利法详解》，知识产权出版社2012年版，第10页。

② 我国《专利审查指南》第二部分第二章第2.1节。

③ 我国《专利审查指南》第二部分第十章第9.2.1节。

④ 我国是《国际承认用于专利程序的微生物保存布达佩斯条约》（Budapest Treaty on the International Recognition of the Deposit of Microorganisms for the Purposes of Patent Procedure，以下简称《布达佩斯条约》）成员。《布达佩斯条约》是巴黎公约成员缔结的专门协定之一。1977年4月27日，由布达佩斯外交会议通过，1980年9月26日修正。《布达佩斯条约》的主要特征是为专利程序的目的允许或要求微生物寄存的缔约方必须承认向任何“国际保存单位”提交的微生物寄存。这种承认应包括承认由该国际保存单位说明的保存事实和交存日期，以及承认作为样品提供的是所保存的微生物样品。各缔约方根据条约组成“布达佩斯联盟”。联盟的行政工作委托世界知识产权组织国际局办理。联盟的成员必须是巴黎公约的成员。布达佩斯条约并未对微生物进行定义。在实践中，保藏的不仅仅是单细胞生物，也包括植物种子、植物或动物（包括人类）细胞系，以及各种形式的DNA或RNA。

关专利中公开了遗传资源来源的仅为少数。

2014 年,Edward Hammond 研究了《国际承认用于专利程序的微生物保存布达佩斯条约》(Budapest Treaty on the International Recognition of the Deposit of Microorganisms for the Purposes of Patent Procedure,以下简称《布达佩斯条约》)下专利申请中遗传资源来源披露情况。① 该研究系统分析了根据《布达佩斯条约》进行了微生物保藏的 PCT(Patent Cooperation Treaty,专利合作条约)申请,并将检索范围限定为国际专利分类号 C12N。②

Edward Hammond 分析了说明书中包含"布达佩斯"(Budapest),以及权利要求中包含"保藏"(deposit)或"deposited",申请日从 2010 年到 2013 年 6 月的 PCT 申请,最终筛选确定了 187 份以英文公布的专利申请。通过对这 187 份申请的来源国、保藏机构、遗传资源的来源国(如有)的分析,结果显示:138 份申请未公开根据《布达佩斯条约》予以保藏的遗传材料的来源;在公开了来源国的 49 份申请中(35.5%),有 32 份申请公开的来源国与专利申请来源国是同一个。这些数据表明,申请人倾向于不公开来源国,尤其是当遗传材料来自其他国家,以规避被控生物剽窃的风险(见表 9)。

---

① Edward Hammond, Patent claims on genetic resources of secret origin, disclosure data from recent international patent applications with related deposits under the budapest treaty on the international recognition of the deposit of microorganisms for the purpose of patent procedure, Third World Network, February 2014.

② C12N:微生物或酶;其组合物(杀生剂、害虫驱避剂或引诱剂,或含有微生物、病毒、微生物真菌、酶、发酵物的植物生长调节剂,或从微生物或动物材料产生或提取制得的物质入 A01N 63/00;药品入 A61K;肥料入 C05F);繁殖、保藏或维持微生物;变异或遗传工程;培养基(微生物学的试验介质入 C12Q 1/00)。

表 9　专利申请中遗传资源来源披露情况

国家	总申请数/份	公开遗传资源来源的申请数/份	比例/%
澳大利亚	7	5	71
加拿大	4	2	50
丹麦	20	1	5
法国	10	1	10
德国	18	2	11
印度	2	2	100
以色列	3	0	0
意大利	5	3	60
荷兰	8	2	25
新西兰	2	1	50
挪威	1	1	100
新加坡	3	2	67
西班牙	1	1	100
韩国	3	0	0
瑞士	13	4	31
英国	4	2	50
美国	73	18	25
其他	11	2	18
总计	187	49	26

2016 年，应用同样的方法，进一步的研究显示，在 2013 年 7 月至 2015 年 11 月筛选出的 158 份申请中，只有 24 份公开了遗传资源来源，比例为 15%。在这 24 份申请中，21 份申请公开的遗传资

源来自专利申请来源国。[①] Edward Hammond 分析，更低的公开比例显示申请人避免利用发展中国家的遗传资源，尤其是在《名古屋议定书》，以及 IGC 取得进展的情况下。

以上分析可以看出，微生物保藏制度对遗传资源来源披露并无推动。实际上，《布达佩斯条约》规定了严格的保密条款，任何国际保藏单位不得向任何人提供是否依照本条约规定向其交存了微生物的情报。在专利授权前，除相关工业产权局外，保藏的材料及信息不得向任何未经保藏人允许的第三人提供。以上规定一方面防止了未成熟的专利技术被提前公开；另一方面却也阻止了遗传资源来源的披露。

2. 功利主义

功利主义的创始人边沁认为，行为的正确与它增进幸福的倾向成比例，行为的错误与它产出不幸的倾向成比例。功利主义主张一种最大幸福原理，它把追求快乐和避免痛苦看作行为的唯一目的，其他一切东西都是达到这一目的的手段。另一位功利主义代表人物密尔对最大幸福的含义进行了解释，“最大幸福作为指导人们行为的标准，并不是行为者本人的最大幸福，而是全体相关人员的最大幸福。”密尔认为，功利主义所提倡追求的不是每个人一己的幸福，而是所有人或绝大多数人的幸福。[②]

可专利性是专利授权的第一道门槛，因此是功利主义的“前沿阵地”。功利主义下，研发投入大、仿制容易、关乎社会公众幸福的技术领域最应利用专利制度鼓励创新，事实也恰是如此。

---

① Edward Hammond, More patent claims on genetic resources of secret origin: an update on disclosure of origin in patent applications under the Budapest Treaty, Third World Network, 2016.

② 参见姚大志：《当代功利主义哲学》，载《世界哲学》2012 年第 2 期。

因伦理道德等原因,生命有机体曾在很长的时间内不被授予专利保护。在美国,改变这一历史的 Diamond v. Chakraborty 案展现了功利主义的考量。该案发生在 20 世纪 70 年代,在此之前,钢铁、汽车、建筑是美国经济支柱。20 世纪 70 年代发展的细胞融合技术、基因操作技术、细胞大规模培养技术等打破了生物种间障碍,生物技术展现蓬勃发展势头。

生物技术可能是研究最为密集的产业,其研发投入往往占到总收入的 40% ~50% 的。为开发一个商业产品,可能需要耗费 5 ~10 年,花费 1 亿多美元,最终也只有不到 1% 的生物技术研究成果投入市场。耗资大、研发时间长、成功率低是生物技术产业研发的共同特点。考虑到研发的高成本,相对容易的仿制就成为了一些公司的选择。专利几乎成为说服风险资金投资该领域研究的唯一手段。

在这一背景下,关于生命有机体的可专利性问题就成为各方争议焦点。尽管涉及新生命形式的专利申请每天都在发生,但是具有最终决定权的美国法院认为在缺少国会明确指导的前提下,不应该去决定新的生物技术是否可被专利,因此避免直接讨论这样的问题,而是依据其他理由做出驳回决定。

Diamond v. Charkrabarty 案中,美国最高法院打破历史,通过对《专利法》的文本解释,认为该案中通过遗传工程获得的微生物属于第 101 条所规定的“任何新的及有用的工艺、设备、产品或合成物,或者关于以上客体的任何新的及有用的改进”。同时并不属于自然法则、物理现象、抽象概念,因此是可以授予专利权的。

这一决定影响巨大,彻底打开了生命有机体专利授权的闸门。不仅微生物,单细胞生物(包括动物)也开始被授予专利权。1988

年 4 月 12 日,第一个涉及动物的专利授予了哈佛大学的“哈佛鼠”。[①] 生物技术产业组织(Biotechnology Industry Organization)主席曾在 Diamond v. Charkrabarty 案 30 周年纪念活动中发表讲话,充分肯定了该案对美国生物技术产业所做的贡献:最高法院在 Diamond v. Chakraborty 案中的决定刺激了生物技术产业的创新机制……由于法院的决定,美国生物技术产业得到发展,医疗诊断方法的突破拯救了世界范围内的众多生命,提高了玉米的产量,等等。我们的产业是国家创新经济的核心组成部分,提供了 750 多万个工作机会,使美国具有全球竞争优势。

Diamond v. Charkrabarty 案不仅仅打开了生命有机体专利授权的闸门,极具争议的其他客体,如基因,也被陆续授权。20 世纪 80 年代早期,美国专利商标局授予了第一个人类基因专利。[②] 截至 2005 年,已经授予了 40,000 个以非天然形式存在,覆盖了 20%的人类基因组中基因的 DNA 相关专利。

功利主义的主要考量是“某技术领域是否需要以授予专利权刺激创新”。但需要明确的是:刺激创新只是手段,最大幸福才是目标。在多数情况下,两者是一致的。生物技术以增加全人类福祉为目的,提高作物产量、改善环境、治疗疾病,完全契合功利主义的“最大幸福”。然而,专利权的垄断性使得特定情况下,并非如此。

2013 年 Association for Molecular Pathology v. Myriad Genetics 案涉及人类基因 BRCA1、BRCA2 及相关检测方法。BRCA1、BRCA2 基因检测可以提示乳腺癌及卵巢癌患病风险,从

---

① US Patent No. 4,736,866 (Issued April 12,1988).

② Eric J. Rogers, “Can You Patent Genes-Yes and No”, *Journal of the Patent and Trademark Office Society* 93, 2011, p. 19 – 56.

而帮助患者进行预防性治疗。Myriad 公司基于专利权赋予的垄断性,以远超出检测成本,即每次检测 3000 多美元的高昂价格提供给临床医生及患者。由于许多保险公司没有覆盖这一检测项目,许多美国妇女因无法自行支付费用而必须承担乳腺癌及卵巢癌患病风险。另外,也有研究表明 Myriad 专利对 BRCA1 及 BRCA2 基因相关公共知识产生了 5% ~10% 的负面影响,对医学知识的传播有显著限制作用。[①]

BRCA1、BRCA2 基因并非特例,如前所述,已经有 20% 的人类基因被授予专利权。基因专利是最上游专利之一,Association for Molecular Pathology v. Myriad Genetics 案展现了基因专利垄断性所导致问题的缩影,可以说,社会公众不幸福了。因此,美国最高法院在该案中终结了基因专利 30 年的历史,裁定从自然界中分离的 DNA 不具备可专利性。

事实上,功利主义贯穿了专利制度的各项设计中。除了关于可专利性客体的规定外,强制许可制度、BOLAR 例外等规定也服务于提高最大幸福这一功利主义目标。

所谓强制许可制度,是指在未经专利权人同意的情况下,政府依法授权他人实施其专利的制度。我国专利法规定了不实施[②]、

① Association for Molecular Pathology v. Myriad Genetics, US Supreme Court, No. 12 -398(2013).

② 《专利法》第 53 条规定:有下列情形之一的,国务院专利行政部门根据具备实施条件的单位或者个人的申请,可以给予实施发明专利或者实用新型专利的强制许可:(1)专利权人自专利权被授予之日起满三年,且自提出专利申请之日起满四年,无正当理由未实施或者未充分实施其专利的;(2)专利权人行使专利权的行为被依法认定为垄断行为,为消除或者减少该行为对竞争产生的不利影响的。

紧急状态[①]、公共健康[②]、从属专利[③]的强制许可,以防止专利权人滥用权利、保障公共利益。

BOLAR 例外允许在药品专利到期前未经专利权人的同意而进口、制造、使用专利药品进行试验,收集药品管理部门所要求的数据信息,以从行政机关获得上市批准,一旦专利期届满,仿制药可以立即投放市场,这样有利于公众及时获得低廉的仿制药品,也没有损害专利权人的合法利益。[④]

如前面所述,遗传资源来源披露义务可以促进遗传资源获取与惠益分享,是一项显然有利于发展中国家的制度,有助于实现我国公众的最大幸福。因此,功利主义是遗传资源来源披露义务的伦理基础。

四、遗传资源来源披露义务的构成要件

(一)启动要件

遗传资源与请求保护的发明之间满足一定联系时,披露义务

---

① 《专利法》第 54 条规定:在国家出现紧急状态或者非常情况时,或者为了公共利益的目的,国务院专利行政部门可以给予实施发明专利或者实用新型专利的强制许可。

② 《专利法》第 55 条规定:为了公共健康目的,对取得专利权的药品,国务院专利行政部门可以给予制造并将其出口到符合中华人民共和国参加的有关国际条约规定的国家或者地区的强制许可。

③ 《专利法》第 56 条规定:一项取得专利权的发明或者实用新型比前已经取得专利权的发明或者实用新型具有显著经济意义的重大技术进步,其实施又有赖于前一发明或者实用新型的实施的,国务院专利行政部门根据后一专利权人的申请,可以给予实施前一发明或者实用新型的强制许可。在依照前款规定给予实施强制许可的情形下,国务院专利行政部门根据前一专利权人的申请,也可以给予实施后一发明或者实用新型的强制许可。

④ 参见胡潇潇:《药品专利"bolar 例外"制度的利益平衡——兼评"bolar 例外"在美国的创立、发展及其启示》,载《求索》2010 年第 1 期。

才会启动。2004 年 CBD 第七次缔约方大会上，世界知识产权组织递交了一份有关遗传资源和传统知识披露要求的技术研究的报告，报告分析了两者间可能产生的种种联系，分析了遗传资源是否对该发明有现实促进意义，以及遗传资源对更好地研究及实施相关发明专利的必要性。此外，该报告总结出了部分可能出现导致披露义务的情形，并按照联系程度由高到低进行了列举。[①]

(二)披露内容

根据目前国际讨论，以及各国立法情况来看，披露的遗传资源信息主要涉及两个方面：(1)遗传资源来源；(2)事先知情同意/惠益分享证据。

世界知识产权组织 2005 年召开了关于遗传资源披露要求的特设政府间会议，其中瑞士建议将遗传资源来源区分为"一级来源"和"二级来源"。其中，"一级来源"指遗传资源的原产境地。"二级来源"指遗传资源的直接来源地，包括非原生境的收集品、科学文献等。[②]

事先知情同意及惠益分享证据属于广义的遗传资源来源信息，它用以证明：遗传资源遵守了提供国或相关法律的合法方式取得使用；遵守了有关事先知情同意的全部协议条件；申请专利的行为本身是按照事先知情同意进行的；向提供者实际分享了惠益，或已达成有效协议。

(三)违反披露义务的后果

违反披露义务主要形式分为以下三种：不披露、不完全披露

---

① WO/GA/30/7 Add. 1. (1)实施或重现申请保护的发明必须获取遗传资源；(2)专利说明书中的首选或其他实施例的实施已获取遗传资源；(3)发明形成中使用了遗传资源，构成完成发明的前提必要条件；(4)发明形成中使用了遗传资源，但仅对发明的产生起到偶然作用。

② WIPO/IP/GR/05/INF/4.

(仅部分披露)、不诚实披露(虚假披露),以上任何一种行为都会影响相关部门以及公众监督专利文件中对遗传资源利用情况的公开。

违反披露义务的后果可以分为三种:

(1)不产生后果

鼓励专利申请人披露遗传资源来源,披露是自愿的,即申请人有权选择是否披露,不披露不会对专利申请的处理或已授权专利的有效性产生损害。

(2)驳回专利申请/专利权无效或撤销

专利授权要件分为形式要件和实质要件。形式要件主要为专利申请文件的规定格式,以及依照法定程序所必需履行的手续。未满足形式要件,申请人应根据法律规定在一定期限内予以补正,补正后仍不符合要求的专利申请会被依法驳回。新颖性、创造性、实用性、说明书充分公开等实质要件是专利授权的本质依据,是专利申请过程中被驳回以及专利权无效或撤销的理由。

当遗传资源来源披露义务仅为形式要件时,在专利申请过程中,如果审查员发现申请人未尽到披露相关的遗传资源来源义务,会通知其补正,如果申请人拒绝补正或者补正后仍不符合规定,专利申请会被驳回,但专利授权后,不能以专利权人未满足披露义务为由提起无效或撤销请求。一般情况下补正后不会影响专利的授权。

当遗传资源来源披露要求为实质要件,专利申请人违反披露义务时,专利申请会被驳回,即使专利获得授权,也将面临专利权被无效或撤销的风险。

(3)其他民事、行政、刑事责任

专利申请人有强制披露义务,不遵守义务会引起行政、民事甚至刑事责任。但是不遵守该披露要求有时并不会引起专利相关权益受损的后果。

五、各国立法

在遗传资源来源披露义务这一问题上,世界各国形成了界限分明的三大阵营:

第一阵营拥有丰富的遗传资源,但是遗传资源利用能力弱。这些国家支持来源披露,希望以此监控遗传资源利用,并得以分享惠益。属于这一阵营的国家包括我国、印度、巴西、菲律宾、秘鲁、南非等。

第二阵营支持在国际公约及本国法中贯彻 CBD 目标,但是在具体条款的设置,如违反披露义务的后果,与第一阵营国家有很大分歧。欧洲国家挪威、意大利、德国属于这一阵营。

第三阵营不支持任何形式的披露义务,认为遗传资源获取与惠益分享问题不能与专利制度联系起来,这些问题应该由国家 ABS 法或合同法予以解决。支持者以美国、日本为代表。①②

南非、印度、巴西属于第一阵营,立法内容已在前面阐述,这里不再赘述。

(一)第一阵营

1. 埃及

埃及《知识产权法》(Law No. 82/2002 for the Protection of

---

① Queen Mary Intellectual Property Research Institute, "Report on disclosure of origin in patent application", October 2004, Accessed November 11, 2022, http://trade.ec.europa.eu/doclib/docs/2005/june/tradoc-123533.pdf.

② AIPPI Q166 Questionnaire 2010, Accessed November 11, 2022, https://aippi.org/about-aippi/committees/ip-and-grtk/.

续表

	获取遗传资源或传统知识，以及对遗传资源及传统知识利用产生的利益进行分享可以通过合同方式来实现，合同必须反映使用者和提供者之间的共识。 各方应该通过下列方式，致力于寻求共享与传统知识或遗传资源相关的发明的可专利性的相关信息：(a)包括相关信息的可公开获取的数据库；和(b)为审查机构提供在书面方式中引用和可专利性相关的现有技术的机会。
欧盟—哥伦比亚、秘鲁自由贸易协定	双方承认生物多样性和其组成部分、相关传统知识、土著及当地社区的创新和实践的重要性。双方承认土著和地方社区对生物多样性的保存和可持续利用的贡献，以及他们对于文化和国家经济及社会发展的贡献。 双方将在合作中厘清遗传资源及相关传统知识滥用的问题和概念。 双方重新确认他们在 CBD15.7 条下的义务，以采取相应措施以达成对遗传资源的使用进行公平及公正的惠益分享的目的，并且承认双方共同商定条件应包含以遗传资源和相关传统知识的使用为基础的知识产权的惠益分享。 双方承认专利申请中对遗传资源和相关传统知识进行来源披露的有效性，这将增加遗传资源和相关传统知识使用的透明度。 国内法中如果存在对遗传资源和相关传统知识的获取、创新和实践进行规制的条款，双方承诺为条款提供可适用的效果。 双方将致力于促进与遗传资源及传统知识相关的专利申请和授权方面的信息交换，在专利的实质审查过程中特别是在判断现有技术时，需要考虑这些信息。
欧洲自由贸易联盟(Efta)—哥伦比亚自由贸易协定	双方考虑在下列情况下进行合作，规定不遵守遗传资源及相关传统知识的获取、创新和实践规定的法律后果，并适用相关条款。 根据其国内法，双方应当在发明者或专利申请者获取遗传资源的情形下，要求专利申请中包含对遗传资源来源或起源的披露要求。

续表

	如果国家立法中有所规定,双方应当要求遵守事先知情同意,如果相关法条适用传统知识,那么双方也应当遵守。 如果发明者或专利申请者故意错误或误导性地申报起源或来源,双方依照其国内法应当提供行政、民事或刑事处罚,法官可以公布判决。 各方将采取政策、法律和行政措施来促进对成员方遗传资源的获取条款的遵守。
中国—瑞士自由贸易协定	缔约双方认识到遗传资源及传统知识对科学、文化和经济发展的贡献。 缔约双方承认并重申于 1992 年 6 月 5 日通过的《生物多样性公约》中确立的原则,就遗传资源及传统知识而言,鼓励为促进 TRIPs 协议和《生物多样性公约》之间互相支持的关系做出努力。 根据每一缔约方的国际权利与义务以及国内法律,缔约双方可采取或者维持促进生物多样性保存,以及公平地分享遗传资源及传统知识的使用所带来的利益的措施。 当发明直接以发明人或者专利申请人获取的遗传资源或者传统知识为基础时,缔约双方可要求专利申请人根据国内法律、法规指明上述遗传资源的来源,如国内法律有所规定,专利申请人还应指明上述传统知识的来源。 如果专利申请未满足上述要求,缔约方可设定申请者纠正缺陷的期限。如果缺陷没有依照本款在规定的期限内得以纠正,缔约双方可以驳回该申请或视为该申请被撤回。 如果在授予专利后发现申请没有披露来源或蓄意提交了虚假信息或违反了其他相关法律法规,缔约双方可规定适当的法律后果。

七、我国遗传资源来源披露义务修订建议

(一)《专利法》中的相关规定

1.《专利法》第26条第5款

依赖遗传资源完成的发明创造,申请人应当在专利申请文件中说明该遗传资源的直接来源和原始来源;申请人无法说明原始来源的,应当陈述理由。

2.《专利法实施细则》第26条

专利法所称遗传资源,是指取自人体、动物、植物或者微生物等含有遗传功能单位并具有实际或者潜在价值的材料;专利法所称依赖遗传资源完成的发明创造,是指利用了遗传资源的遗传功能完成的发明创造。

3.《专利审查指南》

第一部分第一章第5.3节规定了涉及遗传资源的申请。[①]

第二部分第一章第3.2节规定了根据《专利法》第5条第2款不授予专利权的发明创造。[②] 这里具体指的是对违反法律、行政法

---

① 《专利审查指南》第一部分第一章第5.3节规定:就依赖遗传资源完成的发明创造申请专利,申请人应当在请求书中对于遗传资源的来源予以说明,并填写遗传资源来源披露登记表,写明该遗传资源的直接来源和原始来源。申请人无法说明原始来源的,应当陈述理由。对于不符合规定的,审查员应当发出补正通知书,通知申请人补正。期满未补正的,审查员应当发出视为撤回通知书。补正后仍不符合规定的,该专利申请应当被驳回。

② 《专利审查指南》第二部分第一章第3.2节规定:根据专利法第5条第2款的规定,对违反法律、行政法规的规定获取或者利用遗传资源,并依赖该遗传资源完成的发明创造,不授予专利权……违反法律、行政法规的规定获取或者利用遗传资源,是指遗传资源的获取或者利用未按照我国有关法律、行政法规的规定事先获得有关行政管理部门的批准或者相关权利人的许可……对于依赖遗传资源完成的发明创造,审查员还应当审查申请人是否提交了专利局制定的遗传资源来源披露登记表,该遗传资源来源披露登记表中是否说明了该遗传资源的直接来源和原始来源;对于未说明原始来源的,是否说明了理由。

规的规定获取或者利用遗传资源,并依赖该遗传资源完成的发明创造,不授予专利权。此部分还规定了对于要素概念的详细解释。

第二部分第十章第9.5.1节规定了术语的解释。①

第二部分第十章第9.5.2节规定了对披露内容的具体要求。②

第二部分第十章第9.5.3节规定了遗传资源来源披露的审查。③

(二)三要件分析

通过三要件解构我国《专利法》中遗传资源来源披露义务的

---

① 《专利审查指南》第二部分第十章第9.5.1节规定:专利法所称遗传资源的直接来源,是指获取遗传资源的直接渠道。申请人说明遗传资源的直接来源,应当提供获取该遗传资源的时间、地点、方式、提供者等信息。专利法所称遗传资源的原始来源,是指遗传资源所属的生物体在原生环境中的采集地。遗传资源所属的生物体为自然生长的生物体的,原生环境是指该生物体的自然生长环境;遗传资源所属的生物体为培植或者驯化的生物体的,原生环境是指该生物体形成其特定性状或者特征的环境。申请人说明遗传资源的原始来源,应当提供采集该遗传资源所属的生物体的时间、地点、采集者等信息。

② 《专利审查指南》第二部分第十章第9.5.2节规定:就依赖遗传资源完成的发明创造申请专利,申请人应当在请求书中予以说明,并且在专利局制定的遗传资源来源披露登记表(以下简称为登记表)中填写有关遗传资源直接来源和原始来源的具体信息。申请人对直接来源和原始来源的披露应符合登记表的填写要求,清楚、完整地披露相关信息。如果遗传资源的直接来源为从某个机构获得,例如,保藏机构、种子库(种质库)、基因文库等,该机构知晓并能够提供原始来源的,申请人应当提供该遗传资源的原始来源信息。申请人声称无法说明原始来源的,应当陈述理由,必要时提供有关证据。例如,指明"该种子库未记载该遗传资源的原始来源""该种子库不能提供该遗传资源的原始来源",并提供该种子库出具的相关书面证明。

③ 《专利审查指南》第二部分第十章第9.5.3节规定:在依据专利法第26条第5款和专利法实施细则第26条第2款进行审查时,审查员应当首先仔细阅读说明书和权利要求书,准确理解发明,在此基础上确定发明创造的完成是否依赖于遗传资源以及所依赖的是何种遗传资源。对于依赖于遗传资源完成的发明创造,审查员应当审查申请人是否提交了登记表。如果申请人未提交登记表,审查员应当在审查意见通知书中告知申请人补交登记表,通知书中还应当具体指明哪些遗传资源需要披露来源并说明理由。如果申请人提交的登记表中仅披露了部分遗传资源的来源,审查员应当在审查意见通知书中告知申请人补全登记表,通知书中还应当具体指明需要补充披露来源的遗传资源并说明理由……需要注意的是,登记表中的内容不属于原说明书和权利要求书记载的内容,因此不能作为判断说明书是否充分公开的依据,也不得作为修改说明书和权利要求书的基础。

相关规定：

1. 启动要件——依赖遗传资源完成的发明创造

《专利法》规定“依赖遗传资源完成的发明创造”应披露遗传资源的来源，即“利用了遗传资源的遗传功能完成的发明创造”，也就是“对遗传功能单位进行分离、分析、处理等，以完成发明创造，实现其遗传资源的价值”。

综上所述，启动要件应为：发明创造对遗传资源（包含人类遗传资源）的遗传功能单位进行分离、分析、处理等，以完成发明创造，实现其遗传资源的价值。

2. 披露内容——遗传资源的直接来源和原始来源

若发明创造是依赖于遗传资源完成的，专利申请人在申请流程中在提交一般申请文件的基础上，还需要单独填写《遗传资源来源披露登记表》。该表的内容除包括基本信息外，还需要填写遗传资源的名称、获取途径、直接来源与原始来源。无法说明的，需写明理由，必要时提供证据。例如，说明“该种子库未记载（或不能提供）该遗传资源的原始来源”，并提供相关书面证明。此外，如果直接获取方式为自行采集或委托采集，则须说明该遗传资源的原始来源，并披露至省（市）一级。确实不知道原始来源的，必须说明理由。

披露内容不包括事先知情同意和惠益分享证据。

3. 违反披露义务的后果——专利申请被驳回

根据《专利法实施细则》第 44 条，违反第 26 条第 5 款义务时，国务院专利行政部门应当发出通知要求其陈述意见或补正；申请人期满未答复视为撤回。申请人陈述意见或者补正后，仍不符合规定的应当予以驳回。《专利法实施细则》第 53 条也规定了不符合规定应予以驳回的情形。

另外，根据《专利法实施细则》第 65 条，违反第 26 条第 5 款不是请求专利权无效的理由，违反第 5 条第 2 款是请求专利权无效的理由。

（三）实施效果

我国遗传资源来源披露义务的实施效果可以从一组数据中看出端倪。从 2009 年 10 月 1 日（遗传资源来源披露义务的正式施行日）至 2013 年 6 月 30 日，7149 份提交到国家知识产权局的专利申请文件包含《遗传资源来源披露登记表》，其中 7111 份申请来自国内，38 份申请来自国外。在这 38 份国外申请中，9 份来自韩国，6 份来自美国，6 份来自印度尼西亚，法国、丹麦各 3 份，印度、加拿大、瑞士、德国和芬兰各一份。

7149 份申请中，75.7% 的申请是在审查员要求下才补交了《遗传资源来源披露登记表》，只有 24.3% 的申请自愿提交了表格。在递交了《遗传资源来源披露登记表》的申请中，83.8% 被授权，只有 1.96% 被驳回，其他的或者是自愿撤回或者是视为撤回。被驳回的申请所基于的驳回理由基本为违反《专利法》第 22 条（关于新颖性、创造性）及第 26 条第 3 款（关于充分公开）的规定，没有一份申请是因违反第 5 条第 2 款和第 26 条第 5 款而被驳回的。①

设立遗传资源来源披露义务的目的是监测遗传资源的获取与利用，那么实施效果的评价也应着眼于是否实现了这一立法目的。从以上数据来看，大多数的申请人怠于主动披露，选择交由审查员决定是否需要提交表格。由于专利授权后，违反披露义务不作为

---

① Qingkui Zhang and Dongcheng Pang, "Chinese Patent Law and Protection for Genetic Resources", Accessed November 11, 2022, https://www.iam-media.com/article/chinese-patent-law-and-protection-genetic-resources.

无效理由,因此申请人等待审查员发出补正通知书的做法不存在风险。另外,由于陈述理由是很容易满足的要件,就发生了如前所述的“没有一份申请是因违反第 5 条第 2 款和第 26 条第 5 款而被驳回的”。尽管如此,依审查员要求,申请人必须补交,否则专利申请将被驳回。因此,可以认为,绝大多数“利用了遗传资源的遗传功能完成的发明创造”应在形式上满足了“披露遗传资源直接来源和原始来源”。

目前并没有任何数据说明专利申请人的披露有多少是虚假披露或不完全披露,但比较明确的是,即使虚假或不完全披露,在专利权已经被授予后,也很难再追究专利权人的法律责任,原因在于:(1)违反第 26 条第 5 款不构成请求宣告专利权无效的理由;(2)目前并没有除专利法之外的法律法规规制遗传资源来源披露,因此也不能依据第 5 条第 2 款请求宣告专利权无效;(3)当遗传资源来源信息的披露未导致“说明书未对发明或者实用新型作出清楚、完整的说明,所属技术领域的技术人员不能够实现”(很多情况下如此),则也不能据此请求宣告专利权无效。

既然没有严格的法律责任,如实披露遗传资源来源将依赖于专利申请人的自觉。然而,之前 Edward Hammond 的研究表明,披露遗传资源来源并不是申请人倾向做出的选择。

设立较为严厉的法律责任,震慑违反披露义务的行为,才能使得披露义务被专利申请人认真对待。事实上,绝大多数规定了披露义务的发展中国家也的确规定了严厉的法律后果,如驳回专利申请、撤销/无效专利权、撤销遗传资源获取与利用协议、罚金、刑罚。

最后,也需要指出,申请人怠于履行披露义务与我国立法的模糊性也有关。我国《专利法》规定“依赖”遗传资源完成的发明创造应披露来源,《专利审查指南》进一步将“依赖遗传资源完成的发明创造”定义为“利用了遗传资源的遗传功能完成的发明创造”。“依赖”属于主观性较强的词语，通过进一步定义为“利用”，会带来法律的模糊性，申请人容易无所适从。

(四)完善建议

在遗传资源来源提供国视角下，合理的披露义务也应考虑到尽量减少审查员的审查负担，并应尽量减少对创新的抑制。

遗传资源披露义务所带来的审查负担是各国知识产权机构(包括审查员)的主要担心。近几十年来，世界各国专利局审查资源增长的速度相对日益增长的专利申请量，大都严重不足。① 我国也是如此，从表12可以看出，我国专利申请量增长迅速。对于需要实质审查的发明专利来说，2011年申请量为526,412件，2015年申请量已经翻番，达到1,101,864件。遗传资源来源披露义务并非审查员通常审查的新颖性、创造性、实用性等，势必会带来一定审查负担，但这种负担必须适当(见表12)。

表12　国家知识产权局专利申请受理量(1985年4月至2015年12月)

单位：件

年度		发明	实用新型	外观设计	合计
小计	1985～2010	2,323,494	2,411,776	2,297,211	7,032,481
	2011	526,412	585,467	521,468	1,633,347
	2012	652,777	740,290	657,582	2,050,649
	2013	825,136	892,362	659,563	2,377,061
	2014	928,177	868,511	564,555	2,361,243
	2015	1,101,864	1,127,577	569,059	2,798,500

① 参见郑旋律、朱雪忠：《专利审查高速路影响后续申请局专利积压的机理研究》，载《情报杂志》2014年第12期。

续表

年度		发明	实用新型	外观设计	合计
国内	1985~2010	1,428,130	2,394,975	2,172,262	5,995,367
	2011	415,829	581,303	507,538	1,504,670
	2012	535,313	734,437	642,401	1,912,151
	2013	704,936	885,226	644,398	2,234,560
	2014	801,135	861,053	548,428	2,210,616
	2015	968,251	1,119,714	551,481	2,639,446
国外	1985~2010	895,364	16,801	124,949	1,037,114
	2011	110,583	4164	13,930	128,677
	2012	117,464	5853	15,181	138,498
	2013	120,200	7136	15,165	142,501
	2014	127,042	7458	16,127	150,627
	2015	133,613	7863	17,578	159,054

资料来源：国家知识产权局2015年专利统计年报。

美国等一些发达国家，以及生物技术创新组织（Biotechnology Innovation Organization，BIO）一直反对遗传资源来源披露义务的理由之一是担心披露义务会带来专利权的不确定性，会削弱权利获得与维持的稳定预期，进而破坏专利制度鼓励创新的制度本意。尽管我国采取的立场与美国不同，但是权利获得与维持的稳定预期的破坏的确可能影响专利制度的正常运行，应予以考虑。

充分考虑我国作为遗传资源提供国的基本立场，遵循专利制度基本原理，尽量减少对创新的抑制。本书提出我国遗传资源披露义务完善建议如下：

1. 扩展“遗传资源”的定义范围至包含“衍生物”

确定“遗传资源”的定义是立法的前提。作为提供国，应尽可能采取宽泛的定义。与之相反，从不讳言其利用国立场的欧盟在贯彻《名古屋议定书》之前的论证报告中，指出其“并没有明显的理由采纳超出议定书对遗传资源的狭义定义，而扩展到生物资源、遗传资源及生物资源，作为遗传资源利用国，采取广义解释将使其利用源于国外的资源时承担额外的负担”。①

我国《专利审查指南》将“遗传资源”定义为“取自人体、动物、植物或者微生物等含有遗传功能单位并具有实际或者潜在价值的材料”，并进一步将“遗传功能单位”定义为“生物体的基因或者具有遗传功能的 DNA 或者 RNA 片段”。按照这一定义，不含遗传功能单位的衍生物显然无法被归类到遗传资源中，进而得到同等保护。

将衍生物纳入来源披露义务的范围显然符合我国利益，符合《名古屋议定书》的规定。因此建议将遗传资源定义为“取自人体、动物、植物或者微生物等含有遗传功能单位或衍生物并具有实际或者潜在价值的材料”。其中，衍生物可直接采纳《名古屋议定书》的定义，即“由生物或遗传资源的基因表达或新陈代谢所产生的天然生物化学化合物，即使其不含有遗传功能单位”。具体而言：

《专利法实施细则》第 26 条修订为“专利法所称遗传资源，是指取自人体、动物、植物或者微生物等含有遗传功能单位或衍生物并具有实际或者潜在价值的材料；专利法所称利用遗传资源完成的发明创造，是指利用了遗传资源的遗传功能或衍生物完成的发明创造”。

---

① IEEP, Ecologic and GHK , “Study to Analyse Legal and Economic Aspects of Implementing the Nagoya Protocol on ABS in the European Union”, *Executive Summary of the Final Report for the European Commission*, *DG Environment*, *Institute for European Environmental Policy*, *Brussels and London*, 2012, p. 80.

《专利审查指南》依据以上条款作出相应修改。

2.“利用遗传资源”作为披露义务启动要件

各国立法采用了不同的词汇或短语描述发明和遗传资源之间的联系。如涉及(involve,埃及)、提及(mention,印度)、直接基于(directly based on,菲律宾、瑞士)、基于或源于(based on or derive from,南非)、获取或开发自(obtained or developed from,安第斯国家共同体)、基于(based on,欧盟)、涉及(concern,瑞典)、基于(based on,意大利、德国)、涉及或使用(concerns or uses,挪威)、开发所基于(on the basis of which... has been developed,比利时)、涉及或使用(relates to or uses,丹麦)。

IGC第二次意见修改稿中则聚焦于“源自”(derived from)、“有意识地源自”(consciously derived from)、“利用”(utilization of)、“直接基于”(directly based on)四个短语,但是讨论的焦点仅集中在“利用”及“直接基于”。

瑞士代表团是“直接基于”这一概念的主张者,其认为“直接基于”遗传资源或传统知识的发明是指倘若没有该遗传资源或传统知识,就不会存在的发明。IGC协调人巴格利女士在此基础上,建议“直接基于”是指发明必须直接利用遗传资源,即依赖于发明人必须实际获取或取得非有形的遗传资源或相关传统知识的具体属性。

对此,巴西代表团表示,“直接基于”概念不明确,会给专利申请人带来不确定性,为义务的触发点增添了主观因素。尼日利亚等代表团支持这一观点,认为添加“直接基于”或“有意识地源于”等主观词语将造成不确定性并且缺乏清晰度。[1]

---

① WIPO/GRTKF/IC/29/8,“Intergovernmental Committee on Intellectual Property and Genetic Resources, Traditional Knowledge and Folklore”, Accessed November 11, 2022, https://www.wipo.int/meetings/en/doc_details.jsp?doc_id=339682.

我国《专利审查指南》规定依赖遗传资源完成的发明创造应披露遗传资源的来源。“依赖”对应的英文是“rely on”，仅从字面来看，与 IGC 建议稿“直接基于”(directly based on)接近。IGC 协调人巴格利女士也的确用“依赖”解释“直接基于”。但是《专利审查指南》进一步将“依赖遗传资源完成的发明创造”定义为“利用了遗传资源的遗传功能完成的发明创造”。

“依赖”与“直接基于”同样属于主观性较强的词语，通过进一步定义为“利用”(确切地说，是“利用遗传功能”)，会带来法律的更不确定性。例如，将野生种大豆中的目标基因转入栽培种大豆，以使其获得有益性状，那么野生种大豆和栽培种大豆的来源是否都需要披露呢？这一技术方案的本质是对野生种大豆遗传功能的利用，从而实现野生种大豆的价值，显然依赖于野生种，野生种的来源必须披露。但该方案中，栽培种大豆只是作为野生种大豆目标基因的载体存在，换句话说，栽培种具有可替代性，因此这一发明创造很难说是“依赖”于栽培种。然而，野生种大豆的目标基因通过与栽培种的基因组进行重组，在栽培种中得以表达从而显示其有益性状，这似乎应该属于“利用了遗传资源的遗传功能完成的发明创造”。通过这一案例可以看出，使用“利用”来解释“依赖”带来了法律的不确定性。

“利用”与“直接基于”代表了发明与遗传资源之间的两种不同紧密程度，前者紧密程度低，后者紧密程度高。因此，选择“利用”意味着更多的遗传资源相关发明可以触发披露义务，这也是绝大多数发展中国家支持使用“利用”，而非“直接基于”的重要原因。

将“依赖”遗传资源修改为“利用”遗传资源的第二个理由是，根据上一条建议，即将遗传资源的定义扩展至包含衍生物，再使用

“利用了遗传资源的遗传功能完成的发明创造”作为启动要件大大缩小了可以启动披露义务的范围,不符合我国的立场。

综上,建议规定“利用遗传资源完成的发明创造”为来源披露义务触发点。

3. 披露内容包含获取与惠益分享合法证明

IGC 讨论的焦点之一为是否需要披露事先知情同意与惠益分享证据。

事先知情同意概念正式具有法律含义主要在两个完全不同的领域:关于医疗程序的要求和危险物质跨界流动的国际条约。最初,事先知情同意适用于个人(医生与患者)或国家(被视为公司法人)之间的关系,限于特定范围(如化学品)和特定时间(对治疗或运输的紧急决定)。①

事先知情同意是一项复杂的制度,前文所述的《波恩准则》对事先知情同意的基本原则、基本组成部分、取得程序提出的建议框架也揭示了这一点。惠益分享机制也存在其复杂性。惠益分享因惠益的类型、利益相关者以及各国的具体条件而有不同。惠益分享机制应具备灵活性,根据具体情况差异适用,并由参与惠益分享的合作者共同决定。

正因为事先知情同意和惠益分享的复杂性,巴西和印度制定了专门的 ABS 法予以规制,不能获得事先知情同意,不能对惠益分配进行安排,则不能获得遗传资源获取及利用的许可,也因此不能针对遗传资源利用成果主张知识产权保护。对于专利授权机关来说,只需审查申请人是否能提供遗传资源获取与利用的许可证

---

① 参见秦天宝:《论遗传资源获取与惠益分享中的事先知情同意制度》,载《现代法学》2008 年第 3 期。

即可。

对于没有ABS法具体规定事先知情同意及惠益分享的国家来说,要求披露事先知情同意及惠益分享证据将使得专利授权机构不得不承担起ABS主管部门的繁重职责。专利审查员有时专业判断力不足,审查往往耗时耗力。而这些审查成本最终会转移给专利申请,专利申请的成本更会直接地影响申请人的申请意愿,从而最终阻碍专利创新激励机制的正常运行。

因此,我国专利法是否应要求披露事先知情同意和惠益分享证据,需要建立在我国是否有ABS相关立法明确事先知情同意和惠益分享的基础上。《征求意见稿》规定了事先知情同意和惠益分享,也使专利法要求披露事先知情同意和惠益分享证据有了基础。

然而,需要指出的是,根据《征求意见稿》,只有获取我国的遗传资源,才需要和提供者达成惠益分享协议。而《专利法》所规定的"利用遗传资源完成的发明创造"并非一定基于我国遗传资源的获取,例如,购买商业化的遗传资源也是常见的遗传资源的获取方式,这必须在规定中予以明确,即仅要求获取并利用我国遗传资源完成的发明创造提交事先知情同意/惠益分享证据。

综上,建议披露内容包含事先知情同意/惠益分享证据,可采用与《征求意见稿》统一的描述方式,即获取与惠益分享合法证明。《专利法》第26条第5款修订为:利用遗传资源完成的发明创造,申请人应当在专利申请文件中说明该遗传资源的直接来源和原始来源;获取并利用我国遗传资源完成的发明创造,申请人还应当出具遗传资源获取与惠益分享合法证明;申请人无法说明原始来源或出具遗传资源获取与惠益分享合法证明的,应当陈述理由。

4. 违反披露义务的后果为惩罚性使用费

IGC 讨论的最焦点是违反遗传资源来源披露义务的后果，以下是几种代表性观点：

尼日利亚、南非、印度、纳米比亚、巴西等代表团以及一些观察员提出必须允许专利无效/撤销这种严厉的处罚。[①]

澳大利亚代表团认为当专利是通过欺诈、虚假或失实陈述获得时，可按无效专利处理，同时根据 TRIPs 协议第 32 条，应提供对该决定进行司法审查的机会。

挪威代表团认为，在专利申请被授权之前，违反披露义务应导致专利申请被驳回或不能被继续处理。但是在已经授予专利权的情况下，违反披露义务不应影响专利权的有效性或造成已授权专利不可实施。披露义务的目标之一是确保遗传资源及相关传统知识的利用被公开、事先知情同意要求及获取和惠益分享制度得到尊重，如果违反披露义务导致专利权被无效，将使得惠益分享不能发生，因为作为惠益分享基础的专利权不存在了，这不符合惠益分享各参与者或整个社会的利益。专利授权后的惩罚手段应仅限于民事和刑事，如对欺诈或提供错误信息的行为处以罚款。

纳米比亚代表团提出了一种无效专利的替代方案，如果专利权人违反披露义务，则将专利权转授或转让给遗传资源或相关传统知识的提供者，使专利权继续保持有效性，从而仍然有可能产生惠益。[②]

---

① 在 IGC 的讨论中，一些国家使用撤销（revocation），而非无效（invalidation），但撤销和无效均导致专利权的丧失，在这一点上，这两个字眼并无本质区别。

② WIPO/GRTKF/IC/29/8，“Intergovernmental Committee on Intellectual Property and Genetic Resources, Traditional Knowledge and Folklore”, Accessed November 11, 2022, https://www.wipo.int/meetings/en/doc_details.jsp?doc_id=339682.

没有专利权就没有惠益分享？这是争论焦点。这一问题可进一步明确为专利技术的商业化是否依赖于专利权的有效性？有的代表团举例指出，如果药品正在销售中，专利无效可能造成仿制药迅速进入市场，专利权人被迫撤出市场或利润急剧下降，利益分享基础丧失。

事实上，对于医药或生物技术产业来说，以上情况的确很可能发生，因为这两个产业对专利制度的依赖性极高，耗资多、研发时间长、成功率低是其研发的共同特点。与这一特点不相对应的是，医药或生物技术产品仿制成本相对很低。因此，在这两个产业，专利技术的商业化通常必须依赖于专利权的有效性，即没有专利权就没有惠益分享。

然而，即使（目前没有确凿的数据表明各技术领域对专利保护的依赖程度差异）医药和生物技术产业对专利保护的依赖程度高于化妆品、食品与饮料等其他利用遗传资源的产业，通过技术领域的划分来决定是否无效专利也并不合理。TRIPs 协议第 27.1 条规定专利授权的技术领域非歧视条款"专利应适用于所有技术领域的任何发明，无论是产品还是方法，只要其具有新颖性、创造性和工业实用性即可。"技术领域的区别从未在根本上影响专利的申请、授权与无效。且不说清晰划分各技术领域的可能性，通过划分技术领域来决定专利无效很可能违反 TRIPs 协议。

通过个案认定专利无效对专利技术商业化的影响也不现实。无论是专利权人，还是遗传资源提供者都将因此面临极重的举证负担。影响商业化的因素不仅包括专利权是否有效，还可能涉及市场营销策略、公司战略、竞争对手等，而且一项商业化产品也很有可能附着若干项专利，其中一项或几项专利对商业化的影响权重很难客观确定。

另外,针对违反遗传资源披露义务的无效来说,专利权或者有效,或者无效,通常不存在部分无效这样的中间地带,这与基于其他理由,如缺乏新颖性、创造性的无效有所不同。对于后者,专利权人可通过构建有层次的权利要求尽量避免权利要求全部无效的后果。因此,主张专利无效作为惩罚手段的尼日利亚、南非、印度等代表团也认为专利无效只能在极端情况下适用。

反对将专利无效作为惩罚手段的最后一个理由是:这会带来专利权的不确定性,削弱发明人对权利获得与维持的稳定预期,进而破坏专利制度鼓励创新的本意。影响专利制度的正常运行。

因此,本书认为,专利无效并不是惩罚违反披露义务的恰当手段。当然,违反披露义务必须获得惩罚,否则将使该义务形同虚设。对于纳米比亚代表团提出的专利无效替代方案,即将专利权转授或转让给遗传资源提供者,本书认为这一提议缺乏可行性。首先,遗传资源提供者通常自身并不具备将专利技术商业化的能力与资源,也不具备寻找合适的被许可人及进行许可谈判的能力与资源,因此会阻碍专利技术的推广与应用。其次,这一建议对专利权人的震慑力过于极端。专利无效后,专利技术进入公共领域,专利权人即使不能获得独占性优势,至少可以自由使用。而如果将专利权转让给遗传资源提供者,则原专利权人完全丧失自由使用的权利。任何产品的商业化必然涉及大量的人力、物力和财力的投入,这种极具破坏性的威慑会使遗传资源利用者选择不去利用这些遗传资源,或者迫使其选择商业秘密等方式予以保护。无论如何,会使得惠益分享无从谈起。

对于一些国家将“罚款”作为惩罚手段的做法,本书认为,遗传资源来源披露义务以促进遗传资源惠益分享为最终目的,惠益分享的主体是遗传资源提供者。在我国,罚款是针对专利权人虚假陈述以获得专利权行为的惩罚,属于行政处罚的范畴,罚款应上缴国库。通常情况下,只有遗传资源提供者才可能了解哪些专利违反了披露义务,如果遗传资源提供者不能因此受益,将可能丧失"举报"专利权人违反披露义务的动力,罚款这种惩罚手段容易流于空谈。

在专利制度框架下,本书建议借鉴我国强制许可制度的规定,针对故意未如实履行披露义务的行为,由国家知识产权局裁决专利权人应支付给遗传资源提供者的使用费。① 然而,这一使用费的确定与裁决应与强制许可制度有所不同。如果照搬强制许可制度,规定违反遗传资源来源披露义务的后果是必须和遗传资源提供者协商许可费,则专利权人缺乏动力与压力在获取与利用遗传资源之前与提供者协商或在专利申请时如实披露,会更倾向于在"事情败露"后再协商。毕竟是否"败露"取决于一系列不确定因素,例如,提供者是否注意到专利技术利用了遗传资源,以及提供者是否有意愿、有能力寻求惠益分享等。

强制许可制度服务于保障公共利益、促进专利技术传播的特定目的,专利权人基于有效专利权,并且通常不具备恶意,因此《专利法》第 62 条规定使用费应是合理的,并以双方协商为前提,不能达成协议的,才由国家知识产权局裁决。违反遗传资源来源披露义务的使用费数额则应具有惩罚性质,建议为合理使用费(专利权人在获取与利用遗传资源前即征得提供者同意而应支付的合理费用)的 3 ~5 倍,由国家知识产权局直接裁决,不以专利权人和提供

① 我国《专利法》第 62 条规定:取得实施强制许可的单位或者个人应当付给专利权人合理的使用费,或者依照中华人民共和国参加的有关国际条约的规定处理使用费问题。付给使用费的,其数额由双方协商;双方不能达成协议的,由国务院专利行政部门裁决。

者的协商为前提。

以上建议针对违反来源披露义务，且专利已授权的法律后果，与《专利法》第 5 条第 2 款，以及第 26 条第 5 款相互补充，并不冲突。具体为：在专利申请阶段，如未披露遗传资源直接来源和原始来源并提供获取与惠益分享合法证明的，依据第 26 条第 5 款驳回申请；如获取并利用了我国遗传资源，在申请阶段未披露或未如实披露，但专利仍获得授权，则提供遗传资源的单位或个人可以向国务院专利行政部门请求裁决使用费，确定的使用费数额应当为合理使用费的 3～5 倍；违反法律、行政法规的规定获取我国遗传资源（针对违反披露义务外的其他情形），并利用该遗传资源完成的发明创造，依据第 5 条第 2 款不授予专利权。

综上，建议在《专利法》的“专利权的保护”一章中增加条款“获取并利用我国遗传资源完成的发明创造，专利权人未在专利申请文件中说明或未如实说明该遗传资源的直接来源和原始来源，并出具遗传资源获取与惠益分享合法证明的，提供遗传资源的单位或个人可以向国务院专利行政部门请求裁决使用费，确定的使用费数额应当为合理使用费的三到五倍”。

（五）《征求意见稿》与《专利法》的协调建议

《征求意见稿》第 29 条规定了“来源披露义务”：依赖我国生物遗传资源完成的成果申请知识产权，申请人应当出具生物遗传资源获取与惠益分享合法证明。不予披露的，相关主管部门应当不授予知识产权。

《征求意见稿》应与《专利法》相互呼应，因此，依据上文建议，建议《征求意见稿》第 29 条“来源披露义务”修改为：获取并利用我国生物遗传资源完成的成果申请知识产权，申请人应当披露生物遗传资源的直接来源和原始来源，并出具生物遗传资源获取与惠益分享合法证明。不予披露的，应驳回知识产权申请；知识产权已授予的，提供遗传资源的单位或个人可以向国家知识产权主管部门请求裁决使用费，确定的使用费数额应当为合理使用费的3～5倍。

结　语

本书系统分析了遗传资源流失的概念、特征,我国遗传资源流失的法制因素,《生物多样性公约》《粮食和农业植物遗传资源国际条约》《与贸易有关的知识产权协议》的立法空间,借鉴南非、印度、巴西三国的立法经验,审视了我国《征求意见稿》的可商榷之处,提出了修订建议。

本书建议取消科学研究目的与商业目的获取的区分,采取审批制,且以省级人民政府相关主管部门作为审批部门,惠益分享协议作为登记要件。考虑到加入《粮食与农业植物遗传资源国际条约》的可能性,增加事先知情同意与惠益分享的例外情形。本书还重点讨论了遗传资源来源披露义务这一 ABS 监控机制的设置,分别对《专利法》与《征求意见稿》中的遗传资源来源披露义务提出修订建议:《专利法》中,将遗传资源的概念拓展到包括衍生物,将“利用遗传资源”作为披露义务启动要件,披露内容包含获取与惠益分享合法证明,违反披露义务的后果为惩罚性使用费;《征求意见稿》与专利法统一起来,违反披露义务的后果为惩罚性使用费,在申请阶段则驳回申请。

本书是针对遗传资源流失防控的法律对策研究,然而必须指出的是,遗传资源流失的有效防控不仅依赖于法律法规的完善,正如南非、印度、巴西的经验所启示的,各层级主管机构之间的协调与沟通、高效的审批平台、信息交换与分享平台、人力资源构建、相关人员 ABS 意识的提高等也是防控遗传资源流失的重要因素。

附件一　南非《国家环境管理：生物多样性法案》

政府公报

南非共和国

总统特此通知，总统已批准该法，特此公布，以供参考：

2004年第10号：2004年《国家环境管理：生物多样性法案》。

本法的目的是：(1)在1998年《国家环境管理法》构建的框架内为南非生物多样性的管理和保护提供服务；(2)保护需由国家保护的物种和生态系统；(3)可持续地利用土著生物资源；(4)公平公正地分享对土著生物资源进行生物勘探所产生的惠益；(5)设立南非国家生物多样性研究所并实现其职能；(6)规制其他相关事项。

由南非共和国议会颁布如下：

目　　录

科学机构的建立

科学机构的职能

年度无害调查结果

第四部分　一般规定

协商

第五章　对生物多样性构成潜在威胁的物种和有机体

章节目的

第一部分　外来物种

涉及外来物种的受限活动

豁免

涉及某些外来物种的被完全禁止的活动

通知的修订

有关外来物种的注意义务

第二部分　入侵物种

入侵物种名单

涉及所列入侵物种的受限活动

通知的修订

有关所列入侵物种的注意义务

要求主管部门发出指令

控制和消灭所列入侵物种

国家机关的入侵物种控制计划

入侵物种状况报告

第三部分　其他威胁

转基因生物

第四部分　一般规定

协商

第一章 法案的解释、目的与适用

定义

1.(1)在本法中,除非上下文另有说明

“外来物种”(alien species)指:

(a)非土著物种;或

(b)土著物种转移或企图转移到其自然分布范围以外的地方,但不包括土著物种在非人为干预的情况下通过自然迁徙或传播扩大其自然分布范围;

“惠益”(benefit),与涉及土著生物资源的生物勘探有关,是指对此类资源进行生物勘探所产生的商业或非商业利益,包括货币和非货币回报;

“生物多样性”(biological diversity, or biodiversity)是指不同来源(包括陆地、海洋和其他水生生态系统)的生命有物体之间的差异及其所属的生态复合体,还包括物种内、物种间和生态系统的多样性；

“生物勘探”(bioprospecting)，与土著生物资源有关，是指为商业或产业开发而对土著生物资源进行的任何研究、开发或应用，包括：

(a)系统化地搜寻、收集该类资源或从该类资源中进行提取，以供研究、开发或应用；

(b)土著社区对有关土著生物资源传统用途的信息进行利用，以供研究或开发；

(c)研究或应用、开发或修改任何传统用途，以供商业或产业开发；

“生物区”(bioregion)指为实现本法目的，根据第 40 条第(1)款所确定的地理区域；“委员会”(Board)指本法第 13 条所规定的委员会；

在控制外来物种或入侵物种方面，“主管当局”(competent authority)指：

(a)部长；

(b)由条例指定于国家、省或地方政府中的国家机关，是根据本法控制外来物种或入侵物种的主管当局；或

(c)任何其他国家机关；

“组分”(components)与生物多样性有关，包括物种、生态群落、基因、基因组、生态系统、栖息地和生态进程；

“控制”(control)与外来物种或入侵物种有关，指：

(a)打击或根除外来或入侵物种；或

(b)在无法根除的情况下，尽可能防止外来或入侵物种的重现、反复、再生、繁殖、蔓延、恢复或传播；

“极度濒危生态系统”(critically endangered ecosystem)是指第

52 条第(2)款所列的极度濒危生态系统；

“极度濒危物种”(critically endangered species)是指根据第 56 条被列为极度濒危物种的土著物种；

“委托”(delegation)就职责而言，包括履行职责的指令；

“部门”(department)指国家环境事务部和旅游局；

“衍生物”(derivative)指动物、植物或其他生物的任何部分、组织或提取物(包括鲜活的、经加工的或经处理的)，还指源自该部分、组织或提取物的任何化合物；

“总干事”(Director-General)，指部门的总干事；

“生态群落”(ecological community)指生活在特定区域的综合物种群；

“生态系统”(ecosystem)是指动物、植物、微生物群落与它们作为功能单位互动的非生活环境的动态复合体；

“濒危生态系统”(endangered ecosystem)是指根据第 52 条第(2)款所列的濒危生态系统；

“濒危物种”(endangered species)是指根据第 56 条被列为濒危物种的土著物种；

“环境管理检查员”(environmental management inspector)是指依据《国家环境管理法》的授权，执行本法的人；

“出口”(export)，就共和国而言，指从共和国境内某地输出、转移，或者企图输出、转移到其他国家或国际水域；

“公报”(Gazette)，当

(a)由部长发出时，指中央政府公报，或者

(b)由省的环境事务管理委员会成员发出时，指该省的省公报；

“遗传物质”(genetic material)是指含有遗传功能单位的动物、植物、微生物材料或其他生物来源材料；

遗传资源包括：

(a)任何遗传物质；或者

(b)任何具有遗传潜力或特性的物种；

“栖息地”(habitat)是指一种物种或生态群落自然繁衍的地方；

“进口”(export)，就共和国而言，指：

(a)登陆、带入、引进境内，或企图登陆、带入、引进境内；以及

(b)以再出口为目的引入境内；

“土著生物资源”(indigenous biological resource)

(a)当涉及生物勘探时，是指第80条第(2)款所规定的任何土著生物资源；或者

(b)当涉及其他情形时，是指任何资源，包括：

(i)任何土著动物、植物或其他生物的活体或死体；

(ii)上述动物、植物或其他生物的任何衍生物；或者

(iii)上述动物、植物或其他生物的任何遗传物质；

“土著物种”(indigenous species)是指在南非共和国境内自然繁衍，或历史上曾在南非境内自然繁衍的物种，但不包括因人类活动而引入南非的物种；

“研究所”(institute)是指根据第10条所成立的南非国家生物多样性研究所；

“引入”(introduction)，与物种有关，是指人类有意或无意地将物种引入其自然生存范围或潜在的自然扩散范围之外的地区；

“海上引入”(introduction from the sea)，与物种样本有关，是指将不属于任何国家管辖范围的海洋环境中取得的样本运到共和国境内；

“入侵物种”(invasive species)是指在其自然分布范围之外建

立和扩散的物种，这类物种：

(a)威胁生态系统、栖息地或其他物种，或明显可能威胁生态系统、栖息地或其他物种；以及

(b)可能损害经济或环境，或危害人类健康；

"签发机构"(issuing authority)与第87条所述事宜的许可有关，指

(a)部长；或者

(b)根据第97条，由条例指定的国家、省或地方政府中的国家机关，是有关许可的发证机关；

"所列生态系统"(listed ecosystem)，是指第52条第(1)款所列的任何生态系统；

"所列入侵物种"(listed invasive species)，是指第70条第(1)款所列的任何入侵物种；"所列濒危或受保护物种"(listed threatened or protected species)，是指第56条第(1)款列出的任何物种；

"地方社区"(local community)，是指位于不同地理区域，人们在其中生活、享有权利和利益的社群；

"管理机构"(management authority)，与保护区有关，是指管理所划定保护区的权力机构；

"环境事务管理委员会成员"(MEC for Environmental Affairs)是指负责本省生物多样性保护的省管理委员会的成员；

"迁徙物种"(migratory species)是指野生动物的整个种群，或野生动物的任何物种在地理上分离的部分，或野生动物的较低分类单元；其成员中的很大一部分会周期性并可预测地跨越一个或多个国家的管辖边界；

"部长"(Minister)是指负责国家环境管理的内阁成员；

“市政府”(municipality)是指根据1998年《地方政府:市政结构法》(1998年第117号法令)建立的自治市;

“国家植物园”(national botanical garden)是指根据第33条,被宣告或视为已被宣告为国家植物园的土地,包括根据第33条宣告的属现有植物园的一部分的土地;

“国家环境管理法”(National Environmental Management Act)是指1998年《国家环境管理法》(1998年第107号法令);

“国家环境管理原则”(national environmental management principles)是指第7条所述原则;

“无害判定”(non-detriment findings)是指,确定一项行动不会对野生物种的生存造成不利影响;

“国家机关”(organ of state)具有《宪法》第239条所确定的含义;

“许可证”(permit)是指根据第7章所颁发的许可证;

“规定”(prescribe)是指第97条所述的条例的规定;

“保护区”(protected area)是指《保护区法》所界定的受保护区域;

“保护区法”(Protected Areas Act)指的是2003年《国家环境管理:保护区法》;

“受保护生态系统”(protected ecosystem)是指根据第52条第(2)款所列的受保护生态系统;

“受保护物种”(protected species)是指根据第56条所列的受保护物种;

“公共财政管理法”(Public Finance Management Act)是指1999年《公共财政管理法》(1999年第1号法令);

“再出口”(re-export),与所列濒危物种或受保护物种的样本有关，是指将先前进口到南非共和国境内的濒危或受保护物种的样本从共和国再出口；

“受限活动”(restricted activity)：

(a)与所列濒危物种或受保护物种的样本有关，是指：

(i)以任何方式、方法或装置伤害、猎捕、活捉或杀害所列濒危物种或受保护物种的活体样本，包括以伤害、猎捕、活捉或杀害上述样本的意图进行的搜寻、追逐、驱使、埋伏、吸引、诱惑、投射弹药。

(ii)集中，收集或选取所列濒危物种或受保护物种的任何样本；

(iii)摘取部分、切割、斩断、根除、破坏或毁坏所列濒危物种或受保护物种；

(iv)将所列濒危物种或受保护物种的样本进口到南非境内，包括从海上引入；

(v)从共和国境内出口所列濒危物种或受保护物种的样本，包括再出口；

(vi)持有或实际控制所列濒危物种或受保护物种的样本；

(vii)种植、培育或以任何其他方式繁殖所列濒危物种或受保护物种的样本；

(viii)传送，移动或以任何其他方式迁移所列濒危物种或受保护物种的样本；

(ix)购买、出售或以其他方式交易，或者接收、赠予、捐赠、作为礼物接收，或者以任何方式获取或处置所列濒危物种或受保护物种的样本；

(x)任何其他涉及所列濒危物种或受保护物种样本的活动；以及

(b)与外来物种或所列入侵物种的样本有关，是指：

(i)将外来物种或所列入侵物种的样本进口到南非境内，包括从海上引入；

(ii)持有或实际控制外来物种或所列入侵物种的样本；

(iii)种植、培育或以任何其他方式繁殖外来物种或所列入侵物种的样本；

(iv)传送、移动或以任何其他方式迁移外来物种或所列入侵物种的标本迁移；

(v)购买、出售或以其他方式交易，或者接收、赠予、捐赠、作为礼物接收，或者以任何方式获取或处置外来物种或所列入侵物种的样本；

(vi)任何其他涉及外来物种或所列入侵物种样本的活动；

"物种"(species)是指一类动物、植物或其他生物体，通常不与其他物种杂交，包括任何亚种、栽培品种、变种、地理种族、品系、杂种或地理上分离的种群；

"样本"(specimen)指：

(a)任何动物、植物或其他生物的活体或死体；

(b)种子、卵、配子或繁殖体，动物、植物或其他生物能够繁殖或以任何方式传递遗传特征的部分；

(c)任何动物、植物或其他生物的衍生物；或者

(d)任何物品，

(i)含有动物、植物或其他生物的衍生物；或

(ii)从附随文件、包装、标记或标签，或其他地方能看出含有或可能含有动物、植物或其他生物的衍生物；

"利益攸关者"(stakeholder)是指：

(a)第82条第(1)款(a)项所述的个人、国家机关或社区；或

(b)第82(1)(b)款所述的土著社区；

与本法有关的“附属法规”是指：

(a)根据第97条作出的任何规定；或

(b)根据第9条、第33条、第34条、第40条第(1)款、第42条第(2)款、第43条第(3)款、第46条第(2)款、第52条第(1)款、第53条第(1)款、第55条、第56条第(1)款、第57条第(2)款、第58条、第66条第(1)款、第67条第(1)款、第68条、第70条第(1)款、第72条、第86条第(1)款或第100条第(1)款所发布的任何公告。

“可持续地”(sustainable)，有关生物资源的利用，是指使用生物资源的方式和速度：

(a)不会导致其长期衰落；

(b)不会破坏所属生态系统的生态完整性；以及

(c)确保能够满足当代和后代持续使用的需要；

“本法”(this Act)包括根据本法规定所颁布的任何附属法规；

“威胁过程”(threatening process)是指威胁或可能威胁下列对象的过程：

(a)土著物种或生态群落的生存、丰富或进化发展；

(b)生态系统的生态完整性，包括根据第53条被确定为威胁过程的任何过程；

“脆弱生态系统”(vulnerable ecosystem)是指第52条第(2)款所列的脆弱生态系统；

“脆弱物种”(vulnerable species)是指根据第56条被列为脆弱物种的土著物种。

(2)本法第1条第(1)款所界定的术语或表达具有相同含义，除非上下文指明有其他含义。

法案目的

2. 本法的目的在于：

(a)在《国家环境管理法》的框架内，规定：

(i)管理和保护南非境内的生物多样性及其组分；

(ii)以可持续的方式使用土著生物资源；以及

(iii)在利益攸关方之间，公平公正地分享因土著生物资源的生物勘探而产生的惠益。

(b)使已批准的、对共和国具有约束力的关于生物多样性的国际协定生效。

(c)为生物多样性的管理和保护提供联合治理模式。

(d)设立南非国家生物多样性研究所，以协助实现本法目的。

国家生物多样性托管

3. 在履行《宪法》第 24 条规定的职权时，国家通过其执行生物多样性法规的机构来：

(a)管理、保护和维持南非的生物多样性及其组分以及遗传资源；以及

(b)实施本法以逐步实现这些职权。

法案的适用

4. (1)本法适用于：

(a)共和国，包括

(i)1994 年《海域法》(1994 年第 15 号法令)所述的领海、专属经济区和大陆架；以及

(ii)1948 年《爱德华王子群岛法》(1948 年第 43 号法令)所述的爱德华王子群岛。

(b)影响南非生物多样性及其组分的人类活动。

(2)本法约束下列国家机关：

(i)共和国的生物多样性现状;

(ii)所列濒危物种或受保护物种和所列生态系统的保护情况;

(iii)所列入侵物种的情况。

(b)必须监督并定期向部长报告释放到环境中的任何转基因生物所造成的影响,包括对非目标生物、生态进程、土著生物资源、农用物种生物多样性的影响;

(c)涉及生物多样性事项时,可作为国家机关和其他生物多样性利益攸关者的协商和咨询机构;

(d)必须协调和促进南非生物多样性分类学;

(e)必须管理、控制和维护所有国家植物园;

(f)可设立、管理、控制和维护:

(i)植物标本室;以及

(ii)可能存在的动物尸体收集品;

(g)必须建立设施,以供园艺展示、环境教育、便利访客和研究;

(h)必须建立、维护、保护和保存国家植物园和植物标本室内的植物收集品;

(i)可以建立、维护、保护和保存合理圈占地内的动物和微生物收集品;

(j)必须收集、生成、处理、协调、传播有关生物多样性和土著生物资源可持续利用的信息,并建立和维护上述信息的数据库;

(k)可准许、管制或禁止公众进入本所辖下的国家植物园、植物标本室和其他场所,并向访客提供所藏植物、信息、膳食、茶点或其他服务;

(l)可进行并促进关于土著生物多样性和可持续利用土著生

物资源的研究；

（m）可协调和实施下列方案：

（i）修复生态系统；以及

（ii）预防、控制或消灭所列入侵物种；

（n）可协调下列方案，以使民间社会参与：

（i）保护和可持续利用土著生物资源；以及

（ii）修复生态系统；

（o）应部长要求，协助其履行和行使依据本法被赋予的职责和职权；

（p）应部长请求，就本法所辖事项向其提出建议，这些事项包括：

（i）执行本法，以及任何对共和国具有约束力的影响生物多样性的国际协定；

（ii）生物区的确定和有关生物区计划的任何内容；

（iii）生物多样性计划的其他内容；

（iv）管理和保护生物多样性；以及

（v）可持续利用土著生物资源；

（q）应部长要求，就国家保护区的申报、管理和发展向其提出建议；以及

（r）必须履行下列其他职责：

（i）根据本法被赋予的；或

（ii）另有规定的。

（2）研究所根据第（1）款对某一科学事项提出意见时，可就该事项咨询任何合适的国家机关或其他机构。

一般职权

12. 为履行职责，研究所有权：

(a)任命其工作人员,但须符合第29条的规定;

(b)为完成特定行为、任务或工作,可根据协议获得任何人(包括国家机关)的协助;

(c)取得、处置动产或不动产,或者租用、出租任何财产的权利;

(d)开立和使用银行账户;

(e)根据《公共财政管理法》的规定设立公司,以代表研究所生产、供应货物或提供服务;

(f)投资,但须符合第32条的规定;

(g)借款,但须符合《公共财政管理法》第66条的规定;

(h)就下列事项收取费用:

(i)进入国家植物园、植物标本室和本所辖下的其他场所;

(ii)本所进行的任何工作或提供的任何服务,上述第(n)款、第(o)款规定的工作和服务除外;

(iii)查阅与本所的研究相关的成果或其他资料;

(i)收取产生自任何发现、发明或计算机程序的特许费税;

(j)确保自己免受——

(i)任何损失、损害或风险;或

(ii)在适用本法时可能产生的任何责任;

(k)实施法律行为,包括协同、代表任何其他人、或国家机关实施法律行为;

(l)提起诉讼或进行抗辩。

第二部分　理事会组成与成员

组成

13.(1)研究所由理事会管理,理事会成员包括:

(a)根据第15条任命的7～9名成员;

(b)总干事或其指定的部门官员;以及

(c)研究所的行政长官。

(2)部长——

(a)必须确定根据第40条第(1)款任命的成员人数;以及

(b)可以更改根据第(a)款确定的人数,但仅在理事会出现空缺时才可减少人数。

(3)理事会在履行和行使研究所的职责和职权时,有权作出所有决定,除了:

(a)根据第27条,因委托而作出的决定;或

(b)《公共财政管理法》另有规定的。

任职资格

14.(1)理事会的成员必须:

(a)就任职而言,是符合条件且适当的人选;

(b)在生物多样性领域具有相应的资质和经验。

(2)以下人员不具有、或丧失继续担任理事会成员的资格:

(a)担任议会议员,或者省立法会、市委员会成员的;或

(b)根据第21条被罢免的。

任命程序

15.(1)如有必要任命第13条第(1)款(a)项所述的理事会成员,部长必须:

(a)通过全国性和各省的媒体宣传,邀请对任命的成员进行提名;

(b)编制被提名者的名单,写明各位被提名者的详细信息。

(2)根据第(1)款(a)款,通过宣传所得到的任何提名,必须包括:

(a)被提名者的个人信息;

(b)被提名者的资格或经验;以及

(c)规定要求的其他信息。

(3)部长必须在符合第(4)款规定的情况下,任命:

(a)根据第(1)款(b)项编制的名单所要求的人数;

(b)如名单中所要求的人数不足的,可由合适人选补任。

(4)在作出任命时,部长必须:

(a)就环境事务咨询环境事务管理委员会成员(MECs);以及

(b)任命成员时,考虑提高代表性的需要。

(5)任命必须使得理事会由生物多样性领域具有广泛专业知识和技能的人员组成。

主席

16.(1)如有必要,部长必须任命一名理事会成员担任理事会主席。

(2)主席的任期由部长决定,对于第13条第(1)款(a)项所述的成员,其任期不得超过其作为理事会成员的任期。

(3)如有以下情况,部长可任命一名理事会成员代理主席:

(a)主席长时间缺席;或

(b)主席的任命尚未确定。

任期

17.第13条第(1)款(a)项所述的理事会成员:

(a)任期为三年;如果适用第22条第(2)款,则任期由该条款确定;

(b)任期届满后,可连任下一个三年;以及

(c)上述(a)项或(b)项中的任期,可由部长在不超过一年的期间内延长。

任命条件

18.(1)部长必须确定第13条第(1)款(a)项所述理事会成员的雇用条件。

(2)(a)经财政部长同意,部长可决定非受雇于政府的理事会成员的雇用期限和条件。

(b)这些成员的薪酬和津贴由研究所支付。

(3)(a)受雇于政府的成员无权获得津贴,但用研究所的零散费用予以补偿。

(b)这些成员的任命以非全日制为基础。

成员行事

19.(1)理事会成员

(a)必须诚实、不偏私、无偏见地履行职责;

(b)必须在理事会召开之前,向理事会披露其成员,或者成员的配偶、朋友、亲密家庭成员在某被审议事项上可能具有的任何个人或私人利益;并且在审议该事项时,该成员必须退出理事会的议事程序,除非理事会认定该成员具有的利益对该事项来说是无关紧要或毫不相关的;

(c)不得利用成员的职位、特权或知情权谋取私利或使他人不当受益;和

(d)不得以任何其他方式损害研究所的信誉、公正性、独立性或完整性。

(2)违反或不遵守第(1)款规定的,属行为不当。

成员资格的终止

20.(1)第13条第(1)款(a)项所述的理事会成员有下列情形的,不得再担任理事会成员:

(a)不再具有第14条规定的成员资格;

(b)辞职;或

(c)根据第21条被罢免。

(2)成员辞职的,必须至少提前三个月前向部长发出书面通知,但部长可在特定情形下接受短于三个月的通知。

罢免

21.(1)部长可罢免第13条第(1)款(a)项所述的理事会成员,但须基于下列理由:

(a)行为不当、丧失工作能力或不称职;

(b)未经理事会事先许可,连续三次缺席理事会会议,但有正当理由的除外;

(c)破产;或

(d)因犯罪受到非罚金性质的刑罚。

(2)仅在部长任命的调查委员会作出有关行为不当或不称职的裁决后,理事会成员才可因行为不当或不称职而被罢免。

(3)根据本条规定,部长可暂停正在接受调查的成员的职务。

填补职位空缺

22.(1)理事会职位有空缺的,由下列人员填补:

(a)主席空缺时,则根据第16条第(1)款任命另一名成员为主席;以及

(b)第13条第(1)款(a)所述的成员空缺时,则根据第15条所述的程序处理。

(2)被任命填补主席或者成员空缺的人,应在主席或成员的剩余任期内继续任职。

第三部分　理事会的运作程序

会议

23.(1)理事会主席决定召开理事会会议的时间和地点，但可由过半数成员书面提请主席按其请求所列时间地点召开会议。

(2)理事会主席主持理事会会议，但主席缺席会议的，出席会议的成员必须推选另一名成员主持会议。

程序

24.(1)理事会可根据本法规定自行决定其内部程序。

(2)理事会必须保存其适用的程序和所作决定的记录。

法定人数和决定

25.(1)理事会成员的过半数构成理事会会议的法定人数。

(2)理事会会议的待表决事项，由出席会议的成员过半数票表决。

(3)如待表决事项票数相同，主持会议的成员除作为成员进行投票外，须再投决定票。

委员会

26.(1)理事会可设立一个或多个委员会，协助其履行职责或行使职权。

(2)任命委员会成员时，不限于理事会成员。

(3)理事会：

(a)必须确定委员会的职责；

(b)必须任命委员会主席和其他成员；

(c)可以依据2000年《行政司法促进法》(2000年第3号法令)的规定，随时罢免委员会成员；以及

(d)必须确定委员会的工作程序。

(4)理事会可随时解散委员会。

(5)(a)可根据情况对第18条进行必要改动,使其能被用于规定委员会成员的雇用时间和条件。

(b)研究所成员于委员会任职的,适用其在研究所的雇用时间和条件。

职权与职责的委托

27.(1)为适当履行职责需要,在符合第(2)款规定的情况下,理事会可将其职权或职责委托给:

(a)理事会成员;

(b)第26条所述的委员会;或

(c)研究所成员。

(2)理事会不得就下列职权和职责进行委托:

(a)根据第28条第(1)款或第(2)款任命或重新任命行政长官;

(b)根据第28条第(3)款确定行政长官的任职期限和条件;

(c)根据第29条第(1)款确定雇用政策;以及

(d)根据第29条第(2)款(a)项或第(3)款确定财务限额。

(3)第(1)款所述的委托:

(a)受理事会可能施加的任何限制、条件和指令的约束;

(b)必须采用书面形式;

(c)不豁免理事会因行使或履行该委托出去的职权或职责所产生的责任;以及

(d)不妨碍理事会继续行使或履行其委托出去的职权职责。

(4)理事会可确认、更改或撤销根据本条某项委托而作出的任何决定,但须受该决定可能为某人带来的权利的约束。

第四部分　研究所的管理

行政长官的任命

28.（1）理事会经部长同意，任命具有合适资格和经验的人担任研究所的行政长官。

（2）行政长官：

（a）任期不超过五年；以及

（b）经部长同意，可由理事会再次任命，但只能连任一次，任期不超过五年。

（3）行政长官受雇用时间和条件的限制，该时间和条件由理事会根据部长批准的政策确定，并经负责财务的内阁成员同意。

（4）行政长官：

（a）负责研究所的管理；

（b）必须履行和行使理事会赋予的职责和职权；以及

（c）必须按照委员会确定的时间、周期和方式，就管理、职责履行和权力行使事项向委员会报告。

（5）（a）在下列情形下，理事会主席可任命研究所的另一雇员为代理行政长官，任期不超过六个月：

（i）行政长官因任何原因缺席或无法履行职责；或

（ii）行政长官职位空缺。

（b）在担任代理行政长官期间，该成员

（i）具有行政长官的职权和职责；以及

（ii）须受主席根据第（3）款所述政策而确定的雇用时间和条件的约束。

成员的雇用

29.（1）理事会经部长同意，确定研究所的雇用政策。

(2)行政长官

(a)在理事会规定的财政限额内,必须确定研究所工作所需的人员编制;以及

(b)可任命编制内的工作人员。

(3)研究所的雇员须受雇用时间和条件的约束,该时间和条件由行政长官根据理事会的雇用政策和财政限额确定。

(4)(a)为另一国家机关服务的人员,可通过行政长官和该国家机关间的协议借调到研究所。

(b)借调到研究所的人员在行政长官的监督下履行其职责。

(5)为研究所服务的人员,经本人同意,可通过行政长官与另一国家机关间的协议借调到另一国家机关。

第五部分　财 务 事 项

财务责任

30. 研究所为《公共财政管理法》所述之公共实体,所以必须遵守该法规定。

资金

31. 研究所的资金包括:

(a)履行职责和行使权力所取得的收入;

(b)议会拨款;

(c)根据第 12 条(g)项借入的款项;

(d)第 32 条所述的投资所得;以及

(e)根据《公共财政管理法》从任何其他来源获得的资金。

投资

32. 研究所可用任何非急需的资金投资,但

(a)须遵守《公共财政管理法》第 7 条规定的投资政策;

(b)以部长批准的方式进行。

第六部分 国家植物园

宣言

33.(1)经负责管理土地的内阁成员批准,部长可借《公报》上的通知,宣告该通知所述的国有土地为——

(a)国家植物园;或

(b)国家现有植物园的一部分。

(2)根据与土地所有者的协议,部长可借《公报》上的通知,宣告该协议所述的土地为:

(a)国家植物园;或

(b)国家现有植物园的一部分。

(3)第(1)款(a)项或第(2)款(a)项中所述的通知必须对国家植物园进行命名。

(4)根据本条款,1984年《森林法》(1984年第122号法令)附表1所述的地点,须视为已宣告的国家植物园。

宣告的修订或撤销

34.(1)部长可借《公报》上的通知:

(a)在符合第(2)款的情况下,修改或撤销第33条所述的通知;或

(b)修改国家植物园的名称。

(2)关于国有土地为国家植物园或者国家现有植物园的一部分的宣告,不得撤销;国有土地上国家植物园的一部分,除经议会两院决议,不得排除在前款之外。

第七部分 一般规定

部长的监督权

35.(1)部长

(a)必须对研究所行使职权和履行职责的情况进行监督;

(b)可以为研究所行使职权和履行职责订立规范和标准;

(c)可以就政策、规划、战略和程序问题向研究所发出指令,以确保研究所高效地运作;

(d)必须确定研究所在行使权力和履行职责时收取费用的限额;以及

(e)可以确定新建植物园和现有植物园的扩建用地。

(2)研究所须按照部长根据第(1)款作出的任何规范和标准、指令和决定行使职权和履行职责。

职能理事会缺位

36.如果缺乏可以履行职能的理事会,其职权和职责转由部长行使,该种情况下,部长必须行使上述职权和履行上述职责至该理事会恢复职能。

第三章 生物多样性计划和监督

章节目的

37.本章的目的是:

(a)规定综合和协调的生物多样性计划;

(b)规定对南非生物多样性各组分保护状况进行监督;

(c)促进生物多样性研究。

第一部分　生物多样性计划

国家生物多样性框架

38.(1)部长

(a)须在本法生效之日起三年内拟订和通过国家生物多样性框架；

(b)须监督框架的执行情况；

(c)须至少每五年审查一次该框架；以及

(d)如有必要，可对该框架予以修订。

(2)部长须借《公报》上的通知，公布国家生物多样性框架和对框架的每次修订。

国家生物多样性框架的内容

39.(1)国家生物多样性框架必须：

(a)由国家机关为政府、非政府组织、私营部门、地方社区、其他利益攸关方和公众等领域提供综合、协调和统一的生物多样性管理办法；

(b)符合——

(i)本法；

(ii)国家环境管理原则；以及

(iii)对共和国有约束力的任何相关国际协定；

(c)确定被优先采取保护措施的区域以及保护区的建立；

(d)体现关于南非生物多样性管理问题的区域合作；

(2)国家生物多样性框架可为省级和市级的环境保护计划制定规范和标准。

生物区和生物区计划

40.(1)部长或省环境事务管理委员会成员可借《公报》通知，

(a)如果某一区域包含一整个或多个嵌套生态系统,并以其地形、植被覆盖、人类文化和历史为特征,则出于本法的目的将该地理区域确定为生物区;以及

(b)公布关于管理该区域生物多样性及其组成部分的计划。

(2)部长可将某一区域为确定生物区,并公布该区域的生物区计划,

(a)可自主行动,但须在咨询相关省的环境事务管理委员会成员后;或

(b)应符合省或市的要求。

(3)经部长同意,环境事务管理委员会成员可将某一区域确定为生物区,并公布该区域的生物区计划。

(4)任何个人或国家机关可应部长或环境事务管理委员会成员的要求,协助拟订生物区计划。

(5)部长——

(a)可与邻国签署协定,以确保有效执行该计划;以及

(b)须向议会提交根据(a)款签署的任何协定的副本。

生物区计划的内容

41.生物区计划必须:

(a)包含有效管理该区域生物多样性及其组分的措施;

(b)规定对计划的监督;以及

(c)符合——

(i)本法;

(ii)国家环境管理原则;

(iii)国家生物多样性框架;

(iv)对共和国有约束力的任何相关国际协定。

生物区计划的审查与修改

42.（1）适当情形下，部长或相关省的环境事务管理委员会成员须至少每五年审查一次根据第40条第（1）款（b）项公布的生物区计划，并评估该计划的执行情况及目标的实现情况。

（2）必要时，部长或环境事务管理委员会成员可借《公报》上的通知，修改生物区计划或生物区边界。

（3）经部长同意，环境事务管理委员会成员可修改生物区计划或生物区边界。

生物多样性管理计划

43.（1）任何个人、组织或国家机关以期对生物多样性管理作出贡献，可向部长提交一份关于管理计划的草案请求批准，草案内容涉及，

（a）生态系统：

（i）第52条所列的；或

（ii）第52条未列出但须特别关注保护的；

（b）土著物种：

（i）第56条所列的；或

（ii）第56条未列出但须特别关注保护的；或

（c）移徙物种，会对共和国根据对其具有约束力的国际协定所负的义务产生影响；

（2）在批准生物多样性管理计划草案前，部长须确定愿意负责执行该计划的合适个人、组织或国家机关。

（3）部长须：

（a）借《公报》上的通知，公布根据第（1）款批准的生物多样性管理计划；

（b）确定执行计划的负责人；

(c)给根据第(2)款确定的个人、组织或国家机关分配执行计划的责任。

生物多样性管理协议

44. 部长可与根据第43条第(2)款确定的个人、组织或国家机关,或与任何其他合适的个人、组织或国家机关,就生物多样性管理计划的执行或其他相关方面,签订生物多样性管理协议。

生物多样性管理计划的内容

45. 生物多样性管理计划须:

(a)旨在确保与该计划有关的物种或生态系统的长期存在;

(b)规定对此负责的个人、组织或国家机关监督和报告计划的执行进展;以及

(c)符合——

(i)本法;

(ii)国家环境管理原则;

(iii)国家生物多样性框架;

(iv)所适用的生物区计划;

(v)根据《国家环境管理法》第3章公布的任何计划;

(vi)市级的任何综合发展计划;

(vii)受国家或省法律影响而制订的任何其他计划;

(viii)对共和国具有约束力的任何相关国际协定。

生物多样性管理计划的审查和修改

46. (1)部长必须至少每五年审查一次根据第43条第(3)款公布的生物多样性管理计划,并评估该计划的执行情况及目标的实现情况。

(2)部长可主动或应有关个人、组织或国家机关的要求,借《公报》上的通知修改根据第43条第(3)款公布的生物多样性管

理计划。

(3)在修改生物多样性管理计划前，部长须咨询：

(a)执行该计划的任何个人、组织或国家机关；以及

(b)其活动受到该计划执行影响的任何国家机关。

协商

47.(1)在通过或批准国家生物多样性框架、生物区计划、生物多样性管理计划或对该计划的任何修改前，部长须按照第99条和第100条的规定遵循协商程序。

(2)在通过生物区计划或对该计划的任何修改前，相关省的环境事务管理委员会成员须按照第99条和第100条的规定遵循协商程序。

第二部分　计划、监督和研究的协调与统一

生物多样性计划的协调与统一

48.(1)根据本章制定的国家生物多样性框架、生物区计划和生物多样性管理计划不得与下列内容冲突：

(a)根据《国家环境管理法》第3章拟订的任何环境执行或环境管理计划；

(b)市政府根据2000年《地方政府：市政系统法》(2000年第32号法令)通过的任何综合发展计划；

(c)负责土地事务的内阁成员根据土地用途管理、土地发展和空间规划管理的法规制定的任何空间发展框架；以及

(d)国家或省法律制定的任何其他会被影响的计划。

(2)国家机关须根据《国家环境管理法》第3章制定环境执行或环境管理计划，市政府须根据2000年《地方政府：市政系统法》通过综合发展计划，必须：

(a)使其计划与国家生物多样性框架和其所适用任何的生物区计划相统一;

(b)将国家生物多样性框架或其所具体适用生物区计划的规定纳入其计划;

(c)在其计划中说明该国家机关或市政府是如何执行上述国家生物多样性框架和其所适用的生物区计划的。

(3)研究所可以——

(a)协助部长和其他参与制订国家生物多样性框架、生物区计划或生物多样性管理计划的主体,以遵守第(1)款的规定;

(b)向第(2)款所述的国家机关或市政机关提出建议,使第(2)款所述计划符合任何国家生物多样性框架和所适用的生物区计划。

监督

49.(1)为实现本章目的,部长必须建立监督机制,并确定下列指标:

(a)南非生物多样性各组分的保存状况;

(b)影响各组分保存状况的任何消极和积极因素。

(2)部长可要求根据第(1)款参与监督该款所述事项的任何个人、组织或国家机关,定期向部长报告根据预先确定的指标进行监督的结果。

(3)部长必须——

(a)每年向议会报告根据第(2)款向部长所提交的信息;以及

(b)公开上述信息。

研究

50.(1)部长必须促进研究所和其他机构在生物多样性保护方面所开展的研究,包括可持续利用、保护和保存土著生物资源。

(2)生物多样性的保存研究可包括：

(a)收集和分析下列信息：

(i)生物多样性各组分的保存状况；

(ii)影响各组分保存状况的消极和积极因素；

(iii)可能影响生物多样性保存的威胁过程或活动；

(b)评估生物多样性保存的策略和技术；

(c)确定生物多样性保存的需求和优先性；

(d)可持续利用、保护和保存土著生物资源。

第四章　濒危或受保护的生态系统和物种

章节目的

51.本章的目的是：

(a)规定濒危或受保护生态系统的保护，以确保维持生态完整性；

(b)规定濒危或受保护物种的保护，以确保其能在野外生存；

(c)履行共和国的义务，该义务是根据管理濒危物种样本国际贸易的国际协定产生的；

(d)确保以生态上可持续的方式管理生物多样性的利用。

第一部分　对濒危或受保护生态系统的保护

濒危或受保护的生态系统

52.(1)(a)部长可借《公报》上的通知，公布国家濒危和受保护生态系统的名单。

(b)省环境事务管理委员会成员可借《公报》上的通知，公布该省濒危和受保护生态系统的名单。

(2)根据第(1)款作出下列生态系统分类：

(a)极度濒危生态系统，指由于人类干预而使其生态结构、功能或组分严重退化，并极可能发生不可逆转的改变的生态系统；

(b)濒危生态系统，指虽然并非极度濒危生态系统，但由于人类干预而导致其生态结构、功能或组分退化的生态系统；

(c)脆弱生态系统，指虽然并非极度濒危生态系统或濒危生态系统，但由于人类的干预而导致其生态结构、功能或组分极可能严重退化的生态系统；

(d)受保护生态系统，指虽然非上述(a)款、(b)款或(c)款中的生态系统，但具有高度保护价值或对国家、省具有高度重要性的生态系统。

(3)第(1)款所述名单，必须足够详细地描述名单中各生态系统的位置。

(4)部长和相关省的环境事务管理委员会成员须至少每五年一次，分别审查由部长或管理委员会成员根据第(1)款公布的任何国家或省的名单。

(5)经部长同意，环境事务管理委员会成员可以公布省级名单。

对所列生态系统的威胁过程

53.(1)部长可借《公报》上的通知，将所列生态系统中的任何进程或活动确定为威胁过程。

(2)根据第(1)款确定的威胁过程须被视为《国家环境管理法》第24条第(2)款(b)项规定的特殊活动，并且所列生态系统须被视为为实现本节目的而确定的区域。

对所列生态系统的特定保护计划的考量

54.国家机关必须根据《国家环境管理法》第3章的规定制订环境执行或环境管理计划，市政府必须根据2000年《地方政府：市政系统法》(2000 年第 32 号法令)制订综合发展计划,制订时都必须考虑到保护所列生态系统的需要。

通知的修订

55. 部长或相关省的环境事务管理委员会成员可借《公报》上的通知,修订或废除其根据第 52 条第(1)款或第 53 条第(1)款发布的任何通知。

第二部分　对濒危或受保护物种的保护

濒危或需国家保护的物种

56. (1)部长可借《公报》上的通知,公布下列名单:

(a)极度濒危物种,指在短期内,在野生环境下会有高度灭绝风险的土著物种;

(b)濒危物种,指虽然非极度濒危物种,但在不久的将来,在野生环境下会有高度灭绝风险的土著物种;

(c)脆弱物种,指虽然非极度濒危物种或濒危物种,但在将来,在野生环境下会有高度灭绝风险的土著物种;以及

(d)受保护物种,是指虽然非上述(a)款、(b)款或(c)款中所列的物种,但具有高度保护价值或对国家、省具有高度重要性的物种。

(2)部长须至少每五年审查一次根据第(1)款公布的名单。

涉及濒危或受保护物种的受限活动

57. (1)任何人不得在未取得第 7 章签发的许可证的情况下,进行涉及所列濒危物种或受保护物种的被限制的活动。

(2)部长可借《公报》上的通知,禁止进行下列活动:

(a)可能对所列濒危物种或受保护物种的生存产生负面影响的;以及

(b)该通知说明或禁止在未取得根据第 7 章发放的许可证的

情况下进行该等活动。

(3)第(1)款的规定不适用于从共和国境外将所列濒危物种和受保护物种的样本运到共和国,再通过共和国转运到共和国外的目的地的行为,前提是此种转运行为受到环境管理监察员控制。

通知的修订

58. 部长可借《公报》上的通知公告,修订或废除根据第55条第(1)款或第56条第(2)款发布的任何公告。

第三部分　有关所列濒危或受保护物种的贸易

部长的职能

59. 部长——

(a)必须监督:

(i)遵守第57条第(1)款的规定,在濒危物种或受保护物种样本的贸易方面;以及

(ii)遵守对共和国具有约束力的、规制濒危物种样本国际贸易的国际协定;

(b)须就国际协定所规制的濒危物种样本的贸易问题征求科学机构的意见;

(c)须根据共和国依国际协定所负的义务编写和提交报告及文件;

(d)可向国家机关提供管理和技术支持服务和咨询意见,以确保共和国有效执行和实现该国际协定;

(e)可公开提供与该国际协定有关的资料和文件;以及

(f)可规定机构、牧场、苗圃、人工饲养和其他场所的登记制度。

科学机构的建立

60.(1)部长必须建立一个科学机构，以协助管理和限制所列濒危物种或受保护物种样本的贸易。

(2)研究所必须为科学机构的正常运作提供后勤、管理和财政支持。

科学机构的职能

61.(1)科学机构必须：

(a)监督共和国境内濒危物种或受保护物种样本的合法及非法贸易；

(b)就其所监督的事项向部长和任何其他有关国家机关提出建议；

(c)就第57条第(1)款或第(2)款所述的许可证申请，向发证机关提出建议；

(d)对所列濒危物种或受保护物种样本的国际贸易行为造成的影响作出无害判定；

(e)就下列事项向部长提出建议：

(i)牧场、苗圃、人工饲养及其他场所的登记；

(ii)操作或设施是否符合人工饲养或人工繁殖物种的标准；

(iii)选择救援中心或其他场所安置被没收的样本；

(iv)对根据第56条第(1)款或第57条第(2)款发布的通知作出的任何修订；

(v)物种的命名；或

(vi)其他专门事项；

(f)协助部长或环境管理监察员识别样本，以执行本法的规定；

(g)签发证书，证明样本的识别在分类上是准确的；

(h)履行可能具有的任何其他职能：

(i)规定的；或

(ii)根据《国家环境管理法》第47条由部长委托的；

(i)行使职权和履行职责所必需或合理附带的任何其他事项。

(2)科学机构在履行其职责时，必须：

(a)根据对现有信息进行的科学且专业的审查，提出调查结果、建议和咨询意见；

(b)必要时，在提出任何调查结果、建议或咨询意见之前，先行咨询国家机关、私营部门、非政府组织、地方社区和其他利益攸关方。

年度无害调查结果

62.(1)科学机构须按照对共和国具有约束力的、规制濒危物种或受保护物种样本贸易的国际协定，在《公报》上公布有关濒危物种或受保护物种样本贸易的年度无害调查结果。

(2)科学机构的任何中期调查结果，须在决定作出后30天内在《公报》上公布，以供公众查阅。

第四部分 一般规定

协商

63.(1)在根据第52条第(1)款、第53条第(1)款、第56条第(1)款或第57条第(2)款发布通知，或者根据第55条或第58条修改或废除该通知前，部长必须根据第99条、第100条的规定遵循协商程序。

(2)在发布第52条第(1)款所述通知，或者根据第55条修改、撤销第该通知前，环境事务管理委员会成员必须根据第99条、第100条的规定遵循协商程序。

第五章　对生物多样性构成潜在威胁的物种和有机体

章节目的

64.(1)本章的目的为：

(a)防止未经许可将外来物种和入侵物种引进和传播到非其自然生存的生态系统和栖息地；

(b)管理和控制外来物种和入侵物种，以防止或尽量减少对环境特别是对生物多样性的危害；

(c)消灭可能危害生态系统或栖息地的外来物种和入侵物种；以及

(d)确保为取得1997年《转基因生物法》(1997年第15号法令)规定的许可证而进行的环境评估，是根据《国家环境管理法》第5章而在适当情况下开展的。

(2)就本章而言，“样本”具有第1条第(1)款(a)项和(b)项所诉的“样本”含义。

第一部分　外来物种

涉及外来物种的受限活动

65.(1)在未取得第7章签发的许可证的情况下，任何人不得进行涉及外来物种样本的受限活动。

(2)仅在对生物多样性的风险和潜在影响进行规定的评估后，才可签发第(1)款所述许可证。

豁免

66.(1)部长可借《公报》上的通知，公布下列物种无须遵守第65条的规定：

(a)通知指明的任何外来物种；或

(b)通知指明类别的任何外来物种。

(2)在未取得第 65 条第(1)款所述许可证的情况下,任何人都可以进行上述被豁免的外来物种样本的受限活动。

(3)部长必须定期审查根据第(1)款公布的通知。

涉及某些外来物种的被完全禁止的活动

67. (1)部长可借《公报》上的通知,公布不予签发第 65 条第(1)款所述许可证的外来物种的名单。

(2)任何人不得进行包含第(1)款公布的外来物种的样本的受限活动。

(3)部长必须定期审查根据第(1)款公布的名单。

通知的修订

68. 部长可借《公报》上的通知,修订或废除根据第 66 条第(1)款或第 67 条第(1)款发布的任何通知。

有关外来物种的注意义务

69. (1)根据第 65 条第(1)款取得许可证,进行涉及外来物种样本受限活动的主体,必须:

(a)遵守签发许可证的条件;以及

(b)采取一切必要措施,防止或尽量减少对生物多样性的损害。

(2)主管机关可书面指令任何未遵守第(1)款或违反第 65 条第(1)款或第 67 条第(2)款的主体采取下列措施:

(a)为补救其行为对生物多样性造成的任何损害可能需要的措施;

(b)该指令明示的措施。

(3)如该主体不遵守根据第(2)款发出的指令,主管机关可:

(a)执行该指令;以及

(b)向该主体追讨主管机关为执行该指令而发生的一切费用；

(4)因特定个人的行为，使外来物种在性质上被确立为入侵物种的，主管机关可向该个人追讨为控制和消灭该物种所付出的费用。

第二部分　入侵物种

入侵物种名单

70.(1)(a)部长必须在本条款生效之日起24个月内，借《公报》上的通知，公布本章须在全国范围内适用的国家入侵物种名单。

(b)省环境事务管理委员会可借《公报》上的通知，公布本章须在该省适用的省入侵物种名单。

(2)部长或相关省的环境事务管理委员会成员必须定期审查国家名单，或在适当情况下审查根据前款公布的省名单。

(3)经部长同意，环境事务管理委员会成员仅能根据第(1)款或第(2)款发布或修改省名单。

涉及所列入侵物种的受限活动

71.(1)在未取得第7章签发的许可证的情况下，任何人不得进行涉及所列入侵物种样本的受限活动。

(2)只有在对生物多样性的风险和潜在影响进行规定的评估后，才可签发第(1)款所述的许可证。

通知的修订

72.部长或相关省的环境事务管理委员会成员，可借《公报》上的通知，修改或废除其根据第70条第(1)款发布的任何通知。

有关所列入侵物种的注意义务

73.(1)根据第71条第(1)款获得许可证的个人,如进行涉及所列入侵物种样本的受限活动,必须采取一切必要措施,以防止或尽量减少对生物多样性的损害。

(2)所列入侵物种所在土地的所有权人必须:

(a)书面通知任何相关主管部门在该土地上的所列入侵物种;

(b)采取措施控制和消灭所列入侵物种,并防止其扩散;以及

(c)采取一切必要措施,以防止或尽量减少对生物多样性的损害。

(3)主管部门可书面指令任何未能遵守上述第(1)款或违反第71条第(1)款的个人,采取以下措施:

(a)对生物多样性造成损害后的任何必要补救措施,损害是由下列情况造成的:

(i)该个人的行为;或

(ii)所列入侵物种在该个人所有的土地上出现;

(b)该指令指明的措施。

(4)如该个人不遵守根据第(3)款发出的指令,主管当局可:

(a)执行该指令;以及

(b)收取在执行指令时花费的所有合理费用,这些费用:

(i)来自该个人;或

(ii)按比例来自该个人以及从该指令的执行中得益的任何其他人的。

要求主管部门发出指令

74.(1)任何人均可以书面形式请求主管部门根据第73条第(3)款发出指令。

(2)主管部门必须自收到请求之日起30日内书面答复。

(3)主管部门逾期不答复或者拒绝的，提出请求的人可以申请法院责令主管部门发出指令。

控制和消灭所列入侵物种

75.(1)控制和消灭所列入侵物种必须采用适合相关物种及其所处环境的方法。

(2)为控制和消灭所列入侵物种而采取的任何行动，都必须采用对生物多样性和环境损害最小的方法，谨慎进行。

(3)控制和消灭所列入侵物种的方法，还必须考虑到该入侵物种的产物、繁衍和再生，以防止该物种以任何方式繁衍、播种、再生或者重生。

(4)部长必须确保预防、控制或消灭入侵物种方案的协调和实施。

(5)部长可建立一个由公务员组成的实体，来协调和实施预防、控制或消灭入侵物种的方案。

国家机关的入侵物种控制计划

76.(1)保护区的管理部门根据《保护区法》制订管理计划时，必须纳入对入侵物种控制和消灭战略。

(2)(a)政府所有部门的国家机关必须为其管理的土地编制入侵物种监督、控制和消灭计划，作为其根据《国家环境管理法》第11条制订的环境计划的一部分。

(b)各市政府的入侵物种监督、控制和消灭计划必须成为其综合发展计划的一部分。

(3)部长可要求研究所协助各市政府按照上述第(2)款履行其职责。

(4)入侵物种监督、控制和消灭计划必须包括：

(a)相关土地上所列入侵物种的详细列表和说明；

(ii)上述(i)项所述的任何土著物种或动物、植物、其他生物的变种、品种、品系、衍生物、杂交或可育品种;以及

(iii)任何外来的动物、植物和其他生物,无论是从野外采集还是从任何其他来源获取,即被生物技术改变遗传物质或化合物的土著物种或上述(i)项或(ii)项所述的动物、植物或其他生物;但

(b)排除:

(i)来源于人类的遗传物质;

(ii)本条所述外来动物、植物或者其他生物以外的其他动物、植物或者其他生物;

(iii)《粮食和农业作物遗传资源国际条约》所列的土著生物资源。

许可证

81.(1)未取得第7章签发的许可证,任何人不得:

(a)从事任何涉及土著生物资源的生物勘探;或

(b)为生物勘探或任何其他研究目的,从共和国出口任何土著生物资源。

(2)在相关发证机关审议许可证的申请之前,申请人必须应发证机关的要求,披露有关拟议生物勘探以及与该申请合理相关的用于生物勘探的土著生物资源的所有信息。

颁发许可证前特定利益的保护

82.(1)在签发第81条第(1)款(a)项或(b)项所述的许可证之前,审议申请的签发机关必须根据本条保护下列任何利益攸关者在拟议生物勘测项目中可能享有的任何利益:

(a)任何人,包括任何国家机关或社区机构,提供或允许接触申请所涉及的土著生物资源的;以及

(b)土著社区:

(i)其对申请所涉及的土著生物资源的传统使用已经、将促进或构成拟议生物勘探的一部分；或

(ii)其所掌握的申请所涉及的土著生物资源的知识或发现将用于拟议的生物勘探。

(2)如利益攸关者享有第(1)款(a)项所述的利益，签发机关仅在下列情况下才可发出许可证：

(a)申请人已向利益攸关者披露了与生物勘探相关的所有重要信息，并在此基础上获得利益攸关者的对提供或获取该等资源的事先同意；

(b)申请人及利益攸关者已订立：

(i)规定提供或获取该等资源的材料转让协议；以及

(ii)惠益分享协议，规定利益攸关者共享相关生物勘探可能获得的任何预期利益；以及

(c)部长根据第 83 条第(2)款和第 84 条第(2)款已批准该材料转让和惠益分享协议。

(3)如利益攸关者享有第(1)款(b)项所述的利益，签发机关仅在下列情况下才可发出许可证：

(a)申请人已向利益攸关者披露了与相关生物勘探相关的所有重要信息，并在此基础上获得利益攸关者将其所掌握的土著生物资源的任何知识或发现用于拟议的生物勘探的事先同意；

(b)申请人与利益攸关者已订立惠益分享协议，规定利益攸关者共享相关生物勘探可能获得的任何预期利益；以及

(c)部长根据第 83 条第(2)款已批准该惠益分享协议。

(4)签发机关：

(a)可参与申请人和利益攸关者关于惠益分享或转让协议的条款和条件的协商；

(a)声明本章不适用于该通知所指定的土著生物资源或与该土著生物资源相关的活动;以及

(b)修订或撤回(a)项所述的通知。

(2)在根据第(1)款发出通知之前,部长必须按照第99条和第100条的规定遵循协商程序。

第七章 许 可 证

章 节 目 的

87.本章的目的是规制对下列行为许可证的签发:

(a)涉及下列样本的受限活动:

(i)第57条第(1)款所列濒危物种或受保护物种;

(ii)第65条第(1)款所列外来物种;或

(iii)第71条第(1)款所列入侵物种;

(b)第57条第(2)款发布的通知中所规制的活动;

(c)第81条第(1)款规定的涉及土著生物资源的生物勘探;或

(d)根据第81条第(1)款为生物勘探或任何其他类型的研究而出口土著生物资源。

第一部分 许可证制度

许可证申请

88.(1)任何人可按订明的表格向主管机关申请许可证。

(2)签发机关可:

(a)要求申请人在计划提出申请前提供任何额外的资料;

(b)在批准申请前要求申请人遵守其可能施加的合理条件;

(c)无条件签发许可证或附条件签发许可证;或

(d)拒绝签发许可证。

(3)签发机关发出、拒绝发出或附条件发出许可证的决定,必须符合:

(a)本法的适用规定;

(b)国家环境管理原则;

(c)国家生物多样性框架;

(d)根据第3章通过或批准的任何其他相关计划;

(e)所适用的对共和国具有约束力的任何国际协定;

(f)2000年《促进行政司法法》(2000年第3号法令);

(g)可能规定的任何要求。

(4)对许可证规定任何强制性条件的,签发机关不得签发该等许可证,但符合该等条件的除外。

(5)申请被驳回的,签发机关应当书面说明理由。

风险评估和专家证据

89.发出许可证前,签发机关可以书面要求申请人自费提供其规定的独立风险评估或专家证据。

许可证

90.(1)许可证:

(a)必须明确:

(i)其所发出的目的;

(ii)其有效期;以及

(iii)可能规定的其他事项;

(b)可按许可证所指明的条件签发;以及

(c)必须符合规定形式,并载明可能规定的其他详情。

(2)根据第91条发出的许可证并不免除持证人或任何其他人遵守其他所适用法律规定的义务。

对外来和入侵物种的额外要求

91. 仅在符合下列条件的情况下，签发机关才可发出涉及外来物种或所列入侵物种样本受限活动的许可证：

(a) 申请人已履行充分的程序，评估与受限活动相关的风险及潜在影响；

(b) 已发现的相关物种不存在入侵潜力或入侵潜力可忽略；

(c) 许可该活动的益处远远大于预防或补救对环境或生物多样性造成的任何损害的费用；

(d) 申请人已采取充分措施，防止该物种外流及扩散。

综合许可证

92. (1) 如果第 90 条所述活动的开展同时受到其他法律的规制，则根据该其他法律有权授权该活动的主管机关，以及根据本法有权就该活动发出许可证的签发机关可：

(a) 共同行使各自的权力；以及

(b) 发出统一的综合许可证，而非单独的许可证和授权书。

(2) 根据该其他法律获得授权的机关，如根据本法指定该机关为该活动的许可证签发机关，则可为该活动签发综合许可证。

(3) 仅在符合下列条件的情况下，方可签发综合许可证：

(a) 本法和其他法律的有关规定已得到遵守；以及

(b) 许可证明确：

(i) 条款，遵循已发布的许可证；以及

(ii) 机关或发出该等许可证的机关。

许可证的撤销

93. 签发许可证的机关可在下列情况下撤销许可证：

(a) 该许可证是因申请人或其代理人作出误导性或虚假陈述而发出的；或

(b)申请人或许可证持有人违反或未能遵守：

(i)许可证的任何条件；

(ii)本法或其他法律中关于许可活动的任何规定；或

(iii)适用于该许可活动的任何其他国家的法律规定。

第二部分　申　　诉

向部长提交申诉

94.(1)申请人对发证机关根据第 88 条第(2)款(c)项或(d)项作出的决定不服，或许可证持有人的许可证依据第 93 条被撤销的，可在收到通知后 30 日内向部长提出申诉。

(2)部长必须：

(a)审查申诉和作出决定；

(b)将申诉转到相关省的环境事务委员会成员处进行审查和决定；或

(c)指定一组成员审查申诉和作出决定。

(3)除非部长、环境事务管理委员会成员或申诉审查小组另有指示，否则申诉申请不会中止被申诉的决定的执行。

申诉审查小组

95.(1)如果部长决定由一个小组审查和决定申诉，必须指定：

(a)具备充分知识的小组成员；以及

(b)该小组的一名成员主持会议。

(2)该主持会议的成员决定小组开会的时间及地点。

(3)申诉审查小组必须：

(a)按照规定程序审查申诉和作出决定；

(b)对其程序和决定作出记录。

决定

96.(1)部长、环境事务管理委员会成员或申诉审查小组可以:

(a)支持或驳回申诉;以及

(b)在支持或驳回申诉时,若在合理情况下,作出其他命令。

(2)如作出支持申诉的决定:

(a)原决定拒绝签发许可证的,部长、环境事务管理委员会成员或申诉审查小组可无条件或附条件签发许可证;

(b)原决定发出许可证的,部长、环境事务管理委员会成员或申诉审查小组可撤销或修订该条件;或

(c)原决定决定撤销许可证的,部长、环境事务管理委员会成员或申诉审查小组可恢复该许可证。

第八章 行政管理

第一部分 条例

部长制定的条例

97.(1)部长可制定关于下列事项的条例:

(a)监督第9条所述规范和标准的遵守情况和执行情况;

(b)(i)指定第57条第(1)款或第(2)款所述的颁发许可证的国家机关;

(ii)根据第57条第(1)款或第(2)款发布的任何通知的实施和执行;

(iii)进行涉及所列濒危物种或受保护物种样本的受限活动;

(iv)便于实施和执行管制濒危物种或受保护物种样本国际贸易的国际协定,该协定对共和国具有约束力;

(v)尽量减少所列濒危物种或受保护物种在野外生存所受的威胁;

(vi)尽量减少对所列生态系统生态完整性的威胁；

(vii)科学机构的组成和运作程序；

(viii)生物多样性的生态可持续利用；

(c)(i)指定第 67 条第(1)款或第 71 条第(1)款所述的颁发许可证的国家机关；

(ii)指定实施和执行本章规定的作为主管机关的国家机关；

(iii)便于第 65 条、第 67 条或第 71 条的实施和执行；

(iv)就根据第 65 条第(1)款或第 71 条第(1)款发出的许可证规定强制性条件；

(v)评估涉及外来物种或所列入侵物种的样本的受限活动对生物多样性的风险和潜在影响；以及

(vi)控制和消灭所列入侵物种；

(d)生物安全与环境；

(e)(i)指定第 81 条所述的颁发许可证的国家机关；

(ii)惠益分享协议和材料转让协议的形式和内容、要求和标准；

(iii)惠益分享协议和材料转让协议相关的应付款项；以及

(iv)生物勘探信托基金的管理；

(f)(i)根据本法，签发机关可发出许可证的条件；

(ii)递交及审批许可证申请的程序及所需缴付的费用；

(iii)签发机关在审查和决定该等申请时的权力；

(iv)申请人在递交申请前后必须遵守的条件；

(v)合理的协商程序；

(vi)签发许可证前须征得其同意的机关；

(vii)对申请作出决定时必须考虑的因素；

(viii)必须拒绝或者可批准申请的情形；

(ix)许可证的形式和内容;

(x)签发许可证的条件,或签发许可证的条件的原则;

(xi)实施遵守许可证条件的方法、程序及条件;

(xii)就进行许可证授权的受限活动可能产生的任何义务提供担保,以及该等担保的形式;

(xiii)许可证的有效期;

(xiv)许可证的可转让性;

(xv)许可证持有人的责任;以及

(xvi)提出申诉及审理申诉所须遵守的程序及缴付的费用;

(g)本法可能规定的任何其他事项;

(h)为促进本法的实施可能所需的任何其他事项。

(2)任何直接涉及财政问题的规定,只有经财政部长同意,才能作出。

(3)在根据第(1)款发布任何法规或对法规的修订之前,部长必须按照第99条和第100条的规定遵循协商程序。

(4)上述第(3)款无须适用于该法规的非实质更改。

原则

98.(1)根据第97条制定的法规:

(a)可禁止或限制无条件或附条件的任何行为;

(b)适用于——

(i)通常为共和国全境或某一个省(视情况而定),或仅在特定或某一类别的地区;

(ii)通常包括所有主体,或仅适用于某一特定类别的主体;

(iii)通常包括所有物种,或仅指某一特定物种或某一种类的物种;

(iv)通常包括所有许可证或申诉,或仅指某一特定类别的许

可证或申诉；或

（c）区分不同的——

（i）区域或某一类别的区域；

（ii）个体或某一类别的个体；

（iii）物种或某一类别的物种；或

（iv）许可证或申诉的类别。

（2）根据第97条制定的法规可规定，如违反或不遵守其中一项条文构成犯罪的，一经定罪，可被判处：

（a）五年以下的监禁；

（b）合理数额的罚金；或

（c）并处监禁和罚金。

第二部分　协 商 程 序

协商

99.（1）在符合本条和第100条的情况下，行使本法规定的权力之前，部长必须遵循适当的协商程序。

（2）根据第（1）款，部长必须：

（a）咨询职责范围可能受权力行使影响的所有内阁成员；

（b）根据《宪法》第3章所述的合作管理原则，咨询可能受权力行使影响的各省环境事务管理委员会成员；

（c）根据第100条，允许公众参与该程序。

公众参与

100.（1）部长必须就拟行使第99条所述的职权发布通知于：

（a）《公报》；以及

（b）至少一种全国范围内发行的报纸，或者如果权力的行使可能只影响某一特定地区，则至少一种该地区发行的报纸。

(2)该通知必须——

(a)邀请公众在《公报》刊登该通知后30天内,就拟行使权力的事宜向部长提出书面抗议或反对意见;以及

(b)载有足够详尽的资料,使公众能够提出有意义的申述或反对意见。

(3)部长可在适当情况下允许任何相关公众或社区向其或其指定的人提出口头抗议或反对意见。

(4)在行使权力前,部长必须适当考虑所有已收到或被提出的抗议或反对意见。

第九章　犯罪与刑罚

犯罪

101.(1)任何人如违反或不遵守下列规定,即构成犯罪:

(a)第57条第(1)款、第65条第(1)款、第67条第(2)款、第71条第(1)款或第81条第(1)款;

(b)根据第57条第(2)款发出的通知;或

(c)根据第69条第(2)款或第73条第(3)款发出的指令。

(2)持有许可证的人如存在下列行为,即构成犯罪:

(a)违反或不遵守第69条第(1)款或第73条第(1)款的规定;

(b)进行许可证涉及的活动,但不符合获发许可证所须遵守的任何条件;或

(c)准许或容许任何其他人以作为或不作为的方式作出第(a)项或(b)项所述罪行。

(3)任何人如有下列行为,即构成犯罪:

(a)欺骗性地更改任何许可证;

(b)为获发许可证,伪造或编造任何文件;

(c)传递、使用、更改或持有任何声称是许可证的经更改的文件或虚假文件，或明知而作出虚假陈述或报告以取得许可证。

刑罚

102.(1)根据第101条被定罪的人，可处以罚金或五年以下监禁，或并处罚金和监禁。

(2)第(1)款的罚金不得超过：

(a)1991年《罚金调整法》(1991年第101号法令)规定的数额；或

(b)如果任何人因涉及所列濒危物种或受保护物种的样本的行为而被定罪，则为本款规定的数额或者该罪所涉样本商业价值的三倍，以较高者为准。

第十章　其他事项

废除1984年第122号法令

103.1984年的《森林法》(1984年第122号法令)已被本法废止。

保留

104.(1)根据1984年《森林法》(1984年第122号法令)所做的事，即可能或必须采取的行动，应被视为已根据本法进行。

(2)在1984年《森林法》即将废除之前，根据该法第100条规定，下列人员：

(a)国家植物研究所的理事会成员，成为南非国家生物多样性研究所理事会的成员，并在部长根据第15条任命理事会成员之前一直是该委员会成员；

(b)国家植物研究所的行政长官代行南非国家生物多样性研究所的行政长官，并一直担任代理行政长官，直至理事会根据第

29 条任命该研究所的行政长官为止；以及

(c)国家植物研究所的所有雇员包括其行政长官，必须被视为已根据第 30 条被任命为南非国家生物多样性研究所的雇员，并适用即将废除《森林法》之时该等成员在国家植物研究所的同等服务条件。

(3)第(2)款(c)项不影响废除 1984 年《森林法》以前，该款所规定的雇员应得的养恤金、假期和其他福利。必须尊重该等福利，并视为其未中断。

(4)自 1984 年《森林法》废止之日起：

(a)国家植物研究所的所有资产和负债以及所有权利和义务转属南非国家生物多样性研究所；

(b)该法第 64 条所述的国家植物研究所基金的任何结余必须支付给南非国家生物多样性研究所。

现有生物勘探项目

105. (1)对于第 6 章中已启动的、涉及第 82 条应予保护的任何利益的生物勘探项目，任何参与当事方在合适的惠益分享协议根据第 6 章进行协商并生效之前，可以继续进行该项目。

(2)第(1)款在第 6 章生效之日起一年后失效。

名称和生效

106. 本法被称为 2004 年《国家环境管理：生物多样性法》，自总统在《公报》上公布确定之日起生效。

附件二　印度《生物多样性法》

本法的目的是:(1)保护生物多样性;(2)促进生物各部分可持续利用;(3)公平公正地分享因利用生物资源和相关知识所产生的惠益;(4)对其他相关或附带事项作出规定。

鉴于印度拥有丰富的生物资源和相关传统及现代知识体系;

且印度是1992年6月5日在里约热内卢签订的《联合国生物多样性公约》的缔约国;

且该公约于1993年12月29日正式生效;

且该公约重申了各国对其生物资源的主权;

且该公约的主要目的在于保护生物多样性,对其各部分可持续利用,及公平合理地分享因利用遗传资源产生的惠益;

且有必要对保护、可持续利用及公正分享因利用遗传资源产生的惠益作出规定,并促使该公约生效;

兹由印度议会于印度共和国第五十三年制定如下规则:

第一章　基本条款

第1条　名称、范围和生效

(1)本法应称为2002年《生物多样性法》。

(2)本法适用于印度全境。

(3)本法自中央政府于《政府公报》公布之日起正式生效:

如果本法不同条款的生效日期不同,则条款中任何关于本法生效的规定应解释为使该条款生效。

第2条　定义

除非另有规定,在本法中:

(a)"惠益主张者"(benefit claimers)指生物资源及其副产品的保存者,以及知识和信息的创造者及持有者,这些知识和信息有关生物资源利用和与此类利用和应用有关的创新和实践;

(b)"生物多样性"(biological diversity)指不同来源的生命有机体之间的差异,以及它们所属的生态复合体;包括物种内、物种间和生态系统的多样性;

(c)"生物资源"(biological resources)指对人类具有实际或潜在用途或价值的动物、植物、微生物或它们的一部分、遗传物质和副产品(不包括增值产品),但不包括人类遗传物质;

(d)"生物勘查和生物利用"(bio-survey and bio-utilization)指出于各种目的勘查或收集生物资源的物种、亚种、基因、组分和提取物,还包括特性描述、编目和生物鉴定;

(e)"主席"(Chairperson)指国家生物多样性总局的主席,或在某些情况下指邦生物多样性管理局的主席;

(f)"商业利用"(commercial utilization)指生物资源的最终用

途为商业使用，如用于药品、工业酶、食品香精、香料、化妆品、乳制品、树脂、染料、提取物，基因方面（指通过基因干涉改良作物和牲畜，但不包括在农业、园艺、家禽、乳牛场、动物饲养或养蜂中使用的任何常规育种方法和传统方法）；

（g）“公平公正的惠益分享”（fair and equitable benefit sharing）指国家生物多样性总局根据第21条确定的惠益分享；

（h）“地方机构”（local bodies）指根据《宪法》第243条B款1项和第243条Q款1项规定的村务委员会和市政当局；如果没有村务委员会和市政当局，则指根据《宪法》其他规定，或者中央或各邦法案设立的自治机构；

（i）“成员”（member）指“国家生物多样性总局”或“邦生物多样性管理局”的成员，包括主席；

（j）“国家生物多样性总局”（National Biodiversity Authority）指依照第8条设立的国家生物多样性总局；

（k）“规定的”（prescribed）指根据本法的规则所规定的；

（l）“条例”（regulations）指根据本法制定的条例；

（m）“研究”（research）指对生物资源或技术应用进行的研究或系统调查，这将利用生物系统、生命有机体或其衍生物来制造或修改产品或程序以适应任何用途；

（n）“邦生物多样性管理局”（State Biodiversity Board）指根据第22条设立的各邦生物多样性管理局；

（o）“可持续利用”（sustainable use）指利用生物多样性组分的方式和速度不会导致生物多样性的长期衰弱，能使其保有满足当代和后代需要及期望的潜力；

（p）“增值产品”（value added products）指可能包含动植物组分或提取物，并以肉眼无法识别且无法分离的形式存在的产品。

第二章　获取生物多样性的条例

第3条　未经国家生物多样性总局批准特定主体不得进行与生物多样性有关的活动

(1)未经国家生物多样性总局批准,本条第(2)款所述的任何人都不得出于研究、商业利用、生物勘查或生物利用目的,获取印度境内的生物资源或相关知识。

(2)依照本条第(1)款的规定,下列主体必须提请国家生物多样性总局批准:

(a)非印度公民;

(b)是印度公民,但属于1961年《所得税法》第2条第30款规定的非居民;

(c)下列法人、协会和组织:

(i)非在印度设立或登记的;或

(ii)根据任何现行有效的法律在印度设立或登记,但有非印度公民参与股本或公司管理的。

第4条　未经国家生物多样性总局批准不得向特定主体转让研究成果

未经国家生物多样性总局批准,任何人不得出于营利或其他目的,将在印度境内或从印度获取的生物资源的研究成果转让给非印度主体,或者1961年《所得税法》第2条第30款所定义的非居民的印度公民,或者非在印度建立或登记和有非印度公民参与资本或管理的法人或组织。

说明:在本条中,“转让”不包括发表研究论文或在任何研讨会或讲习班中传播知识,前提是此类公布符合中央政府发布的方针。

第 5 条　不适用第 3 条和第 4 条的特定合作研究项目

(1)第 3 条和第 4 条的规定不适用于机构(包括政府资助的印度机构)之间以及其他国家类似机构之间转让或交换生物资源或相关信息的合作研究项目,前提是这些合作研究项目符合第(3)款规定的条件。

(2)根据本法生效前达成的协议进行的所有合作研究项目[非第(1)款规定的合作研究项目],在协议的规定与本法规定或本条第(3)款(a)项的方针不符时,无效。

(3)第(1)款规定的合作研究项目应:

(a)符合中央政府为此发布的政策方针;

(b)经过中央政府批准。

第 6 条　未经国家生物多样性总局的批准不得申请知识产权

(1)未经国家生物多样性总局批准,任何人不得就利用在印度获得的生物资源的研究信息而产生的发明,以任何名义在印度或其他国家申请知识产权。

就该类技术等申请专利,则在专利当局接受专利后,授予专利权之前获得国家生物多样性总局批准。

进一步,国家生物多样性总局应在收到申请后 90 日内处理请求批准的申请。

(2)国家生物多样性总局根据本条规定授予批准时,可以征收惠益分享费用或特许费或两费兼收,或附加如分享由此类权利的商业利用而产生的经济惠益等条件。

(3)本条不适用于,依据议会制定的任何有关保护植物品种的法律而申请相关权利的人。

(4)根据第(3)款授予任何权利的相关当局应将授权文件的副本背书给国家生物多样性总局。

第7条　出于特定目的获取生物资源需事先通知邦生物多样性管理局

任何印度公民或者在印度登记的法人、协会、组织，出于商业利用目的而获取生物资源或进行生物勘查和生物利用，必须事先通知邦生物多样性管理局。

本条不适用于本区域内的当地居民和社区，包括生物多样性的终止和栽培者，还包括实践本土医学的医师。

第三章　国家生物多样性总局

第8条　国家生物多样性总局的设立

(1)中央政府为实现本法的目的设立名为“国家生物多样性总局”的机构，该机构于中央政府在《官方公报》中指定的日期生效。

(2)国家生物多样性总局是按上述命名的、具有永久资格和公章的法人，有权取得、持有和处分动产及不动产以及缔约的权力，并以自己的名义起诉和应诉。

(3)国家生物多样性总局总部设于清奈，且经中央政府的事先批准可在印度其他地区设立办事处。

(4)国家生物多样性总局由下列人员组成，即：

(a)主席一名，由中央政府任命，其必须是在生物多样性保护和可持续利用以及公平分享惠益的事项方面，具有丰富知识和经验的杰出人才；

(b)必要成员三名，由中央政府任命，一位代表部落事务部，两位代表环境与森林部(其中的一位应是森林副总干事或森林总干事)；

(c)必要成员七名，由中央政府任命，他们分别代表中央政府处理下列事务的部门：

(i)农业研究和教育；

(ii)生物技术；

(iii)海洋开发；

(iv)农业与合作；

(v)印度医药和顺势疗法体系；

(vi)科学与技术；

(vii)科学与工业研究；

(d)非官方成员五名，从对生物多样性保护、可持续性利用生物资源、相关惠益公平分享等方面经验丰富或具有专业知识的研究者中选任。他们分别代表工业界及生物资源的保存者、创造者和相关知识持有者。

第9条　主席和成员的任职条件

主席及非必要成员的任期及任职条件应由中央政府确定。

第10条　主席是国家生物多样性总局的行政长官

主席应担任国家生物多样性总局的行政长官，依照规定行使相应职权和履行相应职责。

第11条　成员的免职

对于具有下列情节的国家生物多样性总局成员，中央政府可将其免职：

(a)资不抵债；或

(b)有严重违反道德的行为；或

(c)身体或精神上已不适合作为成员；或

(d)滥用职权，其继续作为成员将有损公共利益；或

(e)谋取经济或其他利益，可能损害其成员职能的公正性。

第 12 条　国家生物多样性总局会议

(1)国家生物多样性总局应定期、定时开会,并依照规定遵守会议中有关商业交易的程序规则(包括其会议的法定人数)。

(2)国家生物多样性总局的主席应主持国家生物多样性总局的会议。

(3)如果主席因故无法出席国家生物多样性总局的会议,应由出席会议的成员推选的国家生物多样性总局的成员主持会议。

(4)在国家生物多样性总局会议前提出的所有问题,应由出席并参与表决的成员的多数票决定,如果票数相等,主席或主席缺席时主持会议的人应举行二次投票或投出决定票。

(5)任何成员,若以直接、间接或个人等方式与要在会议上决定的事项有关或有利害关系,应披露其所关涉事项的性质,且披露后该成员不应出席会议。

(6)国家生物多样性总局的任何行动或进程不得仅因以下理由而无效:

(a)国家生物多样性总局章程有缺失或瑕疵;或

(b)对成员的任命存在瑕疵;或

(c)国家生物多样性总局的程序不规范,但不影响案件实质。

第 13 条　国家生物多样性总局的委员会

(1)国家生物多样性总局可以组建管理农业生物多样性的委员会。

说明:在本条中,“农业生物多样性”是指与农业有关的物种及其野生亲缘物种的生物多样性。

(2)在不影响第(1)款规定的情况下,国家生物多样性总局可组建其认为数量合理的若干委员会,以有效履行本法规定的职责和实现职能。

(3)根据本条组建的委员会应选任其认为数量合理的且非国家生物多样性总局成员的人员,被选任的人员有权出席委员会会议并参与其进程,但无权投票。

(4)被选任为第(2)款所述委员会成员的人,有权获得由中央政府决定的、因出席委员会会议而享有的津贴或费用。

第 14 条　国家生物多样性总局的公务人员和雇员

(1)国家生物多样性总局可任命其认为必要的公务人员和其他雇员,以有效履行本法规定的职能。

(2)国家生物多样性总局的公务人员和其他雇员的任期和任职条件应由条例进行规定。

第 15 条　国家生物多样性总局的命令和决定的确认

国家生物多样总局的所有命令和决定应由主席或国家生物多样性总局为此授权的任何其他成员签字确认;国家生物多样性总局执行的所有其他文书应由其为此授权的公务人员签字确认。

第 16 条　授权

国家生物多样性总局在其认为必要时,可以通过书面的一般或特别命令,将其依据本法享有的职权(不含第 50 条规定的提出申诉的职权和第 64 条规定的制定条例的职权)和职能委托给国家生物多样性总局的任何成员、公务人员或其他符合该命令所规定的条件的人。

第 17 条　国家生物多样性总局的花费从印度综合基金中支付

国家生物多样性总局成员的薪资、津贴以及行政费用,行政费用包括应支付给国家生物多样性总局公务人员和其他雇员的薪资、津贴和退休金,应由印度综合基金支付。

第四章　国家生物多样性总局的职权和职能

第 18 条　国家生物多样性总局的职权和职能

(1)国家生物多样性总局有职责规制第 3 条、第 4 条、第 6 条规定的活动,并根据条例发布获取生物资源和公平公正分享惠益的方针。

(2)国家生物多样性总局可以批准开展第 3 条、第 4 条、第 6 条规定的活动。

(3)国家生物多样性总局可以:

(a)就保护生物多样性、可持续利用其组分以及公平分享因利用生物资源而产生的惠益,向中央政府提出建议;

(b)就选择根据第 37 条第(1)款具有生物多样性重要意义的区域作为遗传资源地,以及对该遗传资源地的管理措施,向中央政府提出建议;

(c)履行为执行本法规定而必要的其他职能。

(4)国家生物多样性总局可代表中央政府采取必要措施,制止其他国家就从印度获取的生物资源或与其相关的信息授予知识产权。

第五章　国家生物多样性总局的批准

第 19 条　国家生物多样性总局就从事特定活动作出的批准

(1)第 3 条第(2)款规定的,试图为研究、商业利用、生物勘查和生物利用目的获取印度生物资源,或将从印度获取或相关的生物资源的研究成果转让的任何人,都应按照法定形式缴纳费用后,并向国家生物多样性总局提出申请。

(2)第 6 条第(1)款规定的,试图在印度国内外申请专利或其他知识产权的人,都应当按照法定形式,以规定的方式向国家生物多样性总局提出申请。

(3)接到第(1)款或第(2)款规定的申请时,国家生物多样性总局可以在进行了其认为适当的质询且在必要时咨询了为此目的而设立的专家委员会后,以命令形式作出批准,该批准要符合为此目的而制定的任何条例以及其他适当的条款和条件,包括以特许费的形式收取费用或书面记录拒绝申请的理由等。

如果未给受影响人一个听证的机会,不得作出拒绝申请的命令。

(4)国家生物多样性总局根据本条作出的每一项批准都应当向公众公告。

第 20 条　生物资源或知识的转让

(1)根据第 19 条获得批准的任何人,未经国家生物多样性总局的许可,都不得将属于批准事项的生物资源或相关知识转让。

(2)任何人试图转让第(1)款规定的生物资源或相关知识,都应当按照规定的形式,以规定的方式向国家生物多样性总局提出申请。

(3)接到第(2)款规定的申请时,国家生物多样性总局可以在进行了其认为适当的质询且必要时咨询了为此目的而设立的专家委员会后,以命令形式作出批准,该批准要符合其认为适当的条款和条件,包括以特许费的形式收取费用或书面记录拒绝申请的理由等。

如果未给受影响人以合理听证的机会,不得作出拒绝申请的命令。

(4)国家生物多样性总局根据本条作出的每一项批准都应向公众公告。

第 21 条　国家生物多样性总局确定公平的惠益分享

(1)国家生物多样性总局根据第 19 条或第 20 条作出批准决

定时,应保证批准依据的条款能够根据申请人、相关地方机构和惠益主张者共同商定的条款和条件,公平地分享因使用相关生物资源、副产品或相关的创新实践以及相关知识而产生的惠益。

(2)国家生物多样性总局应根据为此制定的任何条例,确定以下列一种或全部方式实施惠益分享,即:

(a)将知识产权的共有权授予国家生物多样性总局,或者能够确定惠益主张者时的该惠益主张者;

(b)技术转让;

(c)在相关区域内确定生产、研究和开发部位的地址,以提高惠益主张者的生活水平;

(d)将印度科学家、惠益主张者及当地居民与生物资源的研究开发,生物勘查及生物利用联系起来;

(e)建立风险资本基金用以资助惠益主张者;

(f)向惠益主张者支付合理的货币补偿和非货币惠益。

(3)当惠益分享方式为支付一定数量货币,国家生物多样性总局可直接将其存储于国家生物多样性基金;

如果生物资源或知识是从特定个人、团体或其他组织处获取的,国家生物多样性总局可根据协议条款和适当方式,将该金额直接支付给该相应主体。

(4)国家生物多样性总局应与中央政府协商,通过条例形式制定方针。

第六章　邦生物多样性管理局

第22条　邦生物多样性管理局的设立

(1)邦政府可为实施本法而设立邦管理局,命名为"(邦名称)生物多样性管理局",管理局自邦政府在《政府公告》上的通知指定之日起正式成立。

(2)尽管本条规定众多,不得为联邦属地或与其有关的领土设立邦生物多样性管理局,应由国家生物多样性总局行使邦生物多样性管理局在该联邦属地上的职权和职能:

如果是与联邦属地有关的领土,国家生物多样性总局可将其根据本款规定拥有的全部或部分职权或职能委托给中央政府指定的个人或团体。

(3)管理局是拥有上述名称的、具有永久资格和公章的法人,有权取得、持有及处分动产和不动产,并以自己的名义起诉和应诉。

(4)管理局由以下成员组成,即:

(a)主席一名,由邦政府任命,其必须是在保护和可持续利用生物多样性以及公平分享惠益的事项方面具有丰富知识和经验的杰出人才;

(b)必要成员不超过五名,由邦政府任命,代表邦政府有关部门;

(c)成员不超过五名,从保护生物多样性、可持续利用生物资源以及公平分享因利用生物资源而产生的惠益等事项方面的专家中任命。

(5)邦生物多样性管理局总部应设于邦政府《政府公报》通知中指定的地点。

第23条　邦生物多样性管理局的职能

邦生物多样性管理局的职能为:

(a)根据中央政府发出的方针,就保护生物多样性、可持续利用其组分以及公平分享因利用生物资源而产生的惠益等事项向邦政府提出建议;

(b)通过批准或其他要求来规制印度人对生物资源的商业利用、生物勘查和生物利用;

(c)履行为执行本法而必要的职能,以及邦政府规定的其他职能。

第24条　邦生物多样性管理局限制特定活动的职权

(1)任何试图从事第7条规定活动的印度公民,或在印度登记的法人、组织或协会应以邦政府规定的形式事先通知邦生物多样性管理局。

(2)接到第(1)款规定的通知时,邦生物多样性管理局在与相关地方机构协商并进行了其认为适当的咨询后,如果认为这种活动有害或违背了保护和可持续利用生物多样性或公平分享因这种活动所产生的惠益的目标,可以命令形式禁止或者限制此种活动。

如果未给受影响人以合理的听证机会,不得作出此类命令。

(3)任何以第(1)款规定的形式提供的、用于事先通知信息均应保密,且不得有意或无意地披露给任何与此无关的主体。

第25条　第9~17条的规定在修改后适用于邦生物多样性管理局

第9~17条的规定应适用于邦生物多样性管理局,但应在进行以下修改后,即:

(a)中央政府,应解释为邦政府。

(b)国家生物多样性总局,应解释为邦生物多样性管理局;第9~17条的规定在修改后适用于邦生物多样性管理局。

(c)印度综合基金,应解释为邦综合基金。

第七章　国家生物多样性总局的财务、账目和审计

第26条　中央政府的赠款或贷款

在议会依法为此适当拨款后,中央政府可以通过赠款或贷款

的方式向国家生物多样性总局支付其认为适于本法目的的数量合适的款项。

第 27 条　国家生物多样性基金的设立

(1)应设立名为“国家生物多样性基金”的基金,其资金来源如下:

(a)根据第 26 条向国家生物多样性总局支付的任何赠款和贷款;

(b)国家生物多样性总局根据本法收取的各种费用和特许费;和

(c)国家生物多样性总局从中央政府确定的其他来源收取的全部费用。

(2)基金必须应用于:

(a)向惠益主张者支付惠益;

(b)保护和发展生物资源,以及开发获取生物资源或相关知识的区域;

(c)与相关地方机构协商在第(2)款第(b)项中所提及的区域进行社会经济发展。

第 28 条　国家生物多样性总局的年度报告

国家生物多样性总局应在每个财政年度内按规定的形式和时间编制其年度报告,充分说明上一财政年度的活动情况,并在规定日期前向中央政府提交经审计的账目副本及审计报告。

第 29 条　预算账目和审计

(1)国家生物多样性总局应编制预算,保存合适的账目和其他有关记录(包括国家生物多样性基金的账目和其他有关记录),并在与印度审计署及其署长磋商后以中央政府规定的形式编制年度账目说明。

(2)国家生物多样性总局的账目应由印度审计署及其署长在其认为合适的时间内进行审计,并且因审计产生的任何费用应由国家生物多样性总局支付给印度审计署。

(3)印度审计署及其署长及署长任命的对国家生物多样性总局账目进行审计的人员,在审计中享有与印度审计署及其署长审计政府账目时相同的权利、特权和权威,特别是有权要求提供书籍、账目、相关凭证和其他文件及材料,有权检查国家生物多样性总局的任何办公场所。

(4)经印度审计署及其署长或其为此目的任命的其他人员核实的国家生物多样性总局的账目和相关审计报告应每年提交给中央政府。

第 30 条　年度报告将提交议会

中央政府在收到年度报告和审计报告后,应尽快提交给议会各院。

第八章　邦生物多样性管理局的财务、账目和审计

第 31 条　邦政府拨款给邦生物多样性管理局

在邦立法机关依法为此适当拨款后,邦政府可以通过赠款或贷款的方式向邦生物多样性管理局支付其认为适于本法目的的数量合适的款项。

第 32 条　邦生物多样性基金的设立

(1)应设立名为"邦生物多样性基金"的基金,其资金来源为:

(a)根据第 31 条向邦生物多样性管理局提供的任何赠款和贷款;

(b)国家生物多样性总局提供的任何赠款或贷款;

(c)邦生物多样性管理局从邦政府确定的其他来源收取的全

部费用。

(2)邦生物多样性基金应用于:

(a)对遗传资源地的管理和保护;

(b)对因第37条第(1)款的通知而受经济影响的人的各个方面进行补偿或使其恢复;

(c)生物资源的保护和发展;

(d)与相关地方机构协商,并依据第24条中的命令对获取生物资源或相关知识的区域进行社会经济发展;

(e)支付出于本法授权目的而产生的费用。

第33条 邦生物多样性管理局年度报告

邦生物多样性管理局应在每个财政年度按规定的形式和时间编制其年度报告,充分说明上一财政年度的活动,并将副本提交给邦政府。

第34条 邦生物多样性管理局的账目审计

对邦生物多样性管理局的账目,应以与邦会计署协商规定的方式保存和审计;邦生物多样性管理局应在规定的日期之前,向邦政府提交经审计的账目副本和审计报告。

第35条 邦生物多样性管理局的年度报告将提交邦立法机关

邦政府在收到年度报告和审计报告后,应尽快提交给邦立法机关各机构。

第九章 中央政府和邦政府的职责

第36条 中央政府制定国家战略、计划和……来对生物多样性进行保护和……

(1)中央政府应制定国家战略、计划和方案(包括查明和监测生物资源丰富的区域，促进生物资源的原地和移地保护，为提高对生物多样性的认识而鼓励研究、培训和公共教育等措施），来保护、发展和可持续利用生物多样性。

(2)如果中央政府有理由相信生物多样性、生物资源丰富的地区及生境正面临着被过度使用、滥用或忽视的威胁，应向相关邦政府发出指令要求其立即采取改进措施，并提供能提供的或可能被需要的技术和其他援助。

(3)中央政府应在其认为适当的情况下，尽可能地将生物多样性的保护、发展和可持续利用整合到相关部门或跨部门的计划、方案和政策中。

(4)中央政府应采取下列措施：

(i)在必要时，对可能对生物多样性产生不利影响的项目进行环境影响评价，以避免或尽量减少此类影响，并在适当时要求公众参与该评价；

(ii)规范、管理或控制有关利用和释放被改造过的生命有机体的风险，这类生命有机体来自可能对保护和可持续利用生物多样性及人类健康产生不利影响的生物技术。

(5)中央政府应努力尊重和保护当地人与生物多样性相关的知识，正如国家生物多样性总局所建议的措施——包括在地方、邦或国家一级对这类知识进行登记以及实行特殊制度等其他保护措施。

说明：在本条中：

(a)“移地保护”指在生物多样性组分的天然栖息地之外对其进行保护；

(b)“原地保护”指保护生态系统和天然栖息地，以及在自然环境(对于驯化或栽培种群而言，是指它们发展出显著特性的环境）中维持和恢复有生存能力的种群。

第37条　生物多样性资源地

（1）在不与当前生效的其他法律冲突的情况下，邦政府在与地方机构协商后，可以随时根据本法在《政府公报》上公示：将具有生物多样性重要意义的区域作为生物多样性遗传资源地。

（2）邦政府在与中央政府协商后，可以制定管理和保护所有遗传资源地的规则。

（3）邦政府应为经济上受此公示影响的个人或团体制订补偿或恢复计划。

第38条　中央政府有公示受威胁物种的职权

在不与当前生效的其他法律冲突的情况下，中央政府在与邦政府协商后，可以随时将处于灭绝边缘或在不久的将来很可能灭绝的物种公示为受威胁的物种，并禁止或管制出于任何目的而进行的收集活动以及采取适当措施重新安置和保护这些物种。

第39条　中央政府有指定保存场所的职权

（1）中央政府在与国家生物多样性总局协商后，可以根据本法指定保存各类生物资源的机构。

（2）保存场所应妥善保管生物材料，包括与其同时保存的证明样本。

（3）任何人发现新的生物分类，应通知保存场所或为此目的而指定的任何机构，并应在保存场所或机构存放证明样本。

第40条　中央政府免除特定生物资源受本法规制的职权

尽管本法案有各项规定，中央政府在与国家生物多样性总局协商后，可在《政府公告》上公告：宣布本法的规定不适用于某些生物资源，包括通常作为商品交易的生物资源。

第十章　生物多样性管理委员会

第41条　生物多样性管理委员会的设立

(1)为促进生物多样性的保护、可持续利用和存档(包括保护栖息地,保存动物和微生物的当地品种、民间品种、栽培品种、驯化种群和品种,以及编纂与生物多样性相关的知识),各地方机构应在其辖区内设立生物多样性管理委员会。

说明:在本款中,

(a)“栽培品种”指因栽培而产生和存续的植物品种,或出于栽培目的而培育的植物品种;

(b)“民间品种”指由农户非正式地开发、种植和交配的植物栽培品种;

(c)“地方品种”指由古代农民及其后代种植的原始栽培品种。

(2)国家生物多样性总局和邦生物多样性管理局在做任何属生物多样性管理委员会管辖范围内的、有关生物资源的和其相关知识利用的决定时,应与生物多样性管理委员会协商。

(3)生物多样性管理委员会可以向在其管辖范围内出于商业目的获取或收集生物资源的人以收集费的方式征收费用。

第十一章　地方生物多样性基金

第42条　向地方生物多样性基金拨款

在邦立法机关依法为此适当拨款后,邦政府可以通过赠款或贷款的方式向地方生物多样性基金支付其认为适于本法目的的数量合适的款项。

第43条　地方生物多样性基金的设立

在邦政府实行自治制度的地区,应设立名为“地方生物多样性基金”的基金，其资金来源为：

(a)根据第42条取得的任何赠款及贷款；

(b)国家生物多样性总局提供的任何赠款或贷款；

(c)邦生物多样性委员会提供的任何赠款或贷款；

(d)生物多样性管理委员会收到的、第41条第(3)款所规定的费用；

(e)地方生物多样性基金收到的、由邦政府确定的其他来源的所有款项。

第44条　地方生物多样性基金的应用

(1)根据第(2)款的规定，地方生物多样性基金的管理和监督以及该基金的宗旨，应按邦政府规定的方式进行。

(2)基金应用于保护和发展相关地方机构管辖范围内的生物多样性，并用于为当地社区谋福利，以使此类利用不违背对生物多样性的保护。

第45条　生物多样性管理委员会的年度报告

监管地方生物多样性基金的人应在每个财政年度内按规定的时间和形式编制其年度报告，充分说明上一财政年度的活动，并将副本提交给有关地方机构。

第46条　生物多样性管理委员会的账目审计

地方生物多样性基金的账目应在与邦会计署协商后，以规定的方式予以保存和审计；监管地方生物多样性基金的人应在规定的日期前，将经审计的账目副本和审计报告提交有关地方机构。

第47条　生物多样性管理委员会的年度报告等将提交地方行政长官

根据第41条第(1)款设立了生物多样性管理委员会的每一地方机构，应将第45条和第46条中分别提到的、与该委员会有关的年度报告、经审计的账目副本和审计报告,提交给对该地方机构所在地区拥有管辖权的地方行政长官。

第十二章　其他事项

第48条　国家生物多样性总局受中央政府指令的约束

(1)在不违背本法前述规定的情况下,国家生物多样性总局在履行本法规定的职能和职责时,应遵守中央政府随时发布的有关政策问题的书面形式的指令。

在根据本款规定发布指令前,应尽可能地给予国家生物多样性总局表达观点的机会。

(2)关于某一问题是否属于政策问题,中央政府的决定具有终局性。

第49条　邦政府发布指令的职权

(1)在不违背本法前述规定的情况下,邦生物多样性管理局在履行本法规定的职能和职责时,应遵守邦政府随时发布的有关政策问题的书面形式的指令。

在根据本款规定发布指令前,应尽可能地给予邦生物多样性管理局表达观点的机会。

(2)关于某一问题是否属于政策问题,邦政府的决定具有终局性。

第50条　涉及邦生物多样性管理局的争端解决

(1)如果国家生物多样性总局和邦生物多样性管理局之间发生争端,总局或管理局可视情况在规定的时间内向中央政府提出申诉。

(2)根据第(1)款提出的申诉,应采用中央政府规定的形式。

(3)处理申诉的程序,应由中央政府规定。

在处理申诉前,应给予当事方一个合理的听证机会。

(4)如果邦生物多样性管理局之间发生争端,中央政府应参考其对国家生物多样性总局的处理。

(5)根据第(4)款的规定裁定任何争端时,国家生物多样性总局应遵循自然正义原则,并遵循中央政府规定的程序。

(6)为履行本条所规定的职能,国家生物多样性总局依据1908年《民事诉讼法》,在下列事项上应享有与民事法庭相同的职权,即:

(a)传召、强制相关人员出庭,并审查其宣誓;

(b)要求提交和出示文件;

(c)接收书面证据;

(d)发出审查证人或文件的委任状;

(e)审查其决定;

(f)驳回违约申请或单方面决定;

(g)搁置驳回违约申请的或单方面通过的任何命令;

(h)规定的任何其他事项。

(7)为实现印度《刑法典》第196条的目的,国家生物多样性总局适用的程序应被视为《刑法典》第193条和第228条意义上的司法程序;且为实现1973年《刑事诉讼法》第195条和第26章的目的,国家生物多样性总局应被视为民事法庭。

第十三章　1973年《刑事诉讼法》

第51条　国家生物多样性总局和邦生物多样性管理局的成员、公务人员等视为公务员

国家生物多样性总局或邦生物多样性管理局的所有成员、公务人员和其他雇员,在依据本法的规定行事时,都应被视为印度

《刑法典》第 21 条意义上的公务员。

第 52 条　申诉

任何人,如果因国家生物多样性总局或邦生物多样性管理局根据本法作出的惠益分享决定或命令权利受到侵犯,可以视情况在收到决定或命令之日起的 30 天内向高等法院提出申诉:

如果高等法院认定申诉人在规定期间内有未提出申诉的合理理由,可允许其在不超过 60 日内提出申诉。

第 53 条　决定或命令的执行

国家生物多样性总局或邦生物多样性管理局根据本法作出的惠益分享决定或命令,或者高等法院在处理申诉时针对上述决定或命令作出的裁决,根据国家生物多样总局或邦生物多样性管理局公务人员或高等法院的登记官签发的证明,应视为民事法院的裁决且具有相同的执行力。

说明:在本条和第 52 条中,"邦生物多样性管理局"包括依据第 22 条第(2)款附款的规定、被委托以第 22 条第(2)款所规定的职权和职能的个人或团体;有关上述个人或团体的证明应视情况由该个人或团体签发。

第 54 条　对诚信行为的保护

对于依照本法或根据本法制定的规则或条例,作出或意图作出诚信行为的中央政府或邦政府或他们的公务人员,或者国家生物多样性总局或邦生物多样性管理局的成员、公务人员或雇员,不得适用诉讼、执行或其他法律程序。

第 55 条　刑罚

(1)任何人违反、企图违反或教唆他人违反本法第 3 条、第 4 条或第 6 条的规定,应处以五年以下监禁,或一百万卢比以下罚金;如果造成的损失超过了一百万卢比,应处以与损失数额相当的罚金,或并处监禁和罚金。

(2)任何人违反、企图违反或教唆他人违反本法第7条的规定或根据第24条第(2)款作出的命令,应处以三年以下监禁,或五十万卢比以下罚金,或并处监禁和罚金。

第56条　违反中央政府、邦政府,国家生物多样性总局或邦生物多样性管理局的指令或命令的刑罚

任何人违反中央政府、邦政府、国家生物多样性总局或邦生物多样性管理局的任何指令或命令,本法对此没有专门规定处罚的,应处以十万卢比以下罚金;如果是第二次犯或多次犯,应处以二十万卢比以下罚金;如果是连续犯,在违法行为继续期间可以每天加收罚金,总数不超二十万卢比。

第57条　公司违法

(1)如果任何公司实施了本法规定的违法或犯罪行为,则在违法或犯罪发生时主管或负责公司商业活动的人,应视为实施了违法或犯罪行为,应被一并起诉并接受相应处罚。

如果上述主管或负责人能够证明该违法或犯罪行为是在他不知情的情况下实施的,或证明他已尽到阻止该行为发生的全部合理注意义务,则他无须受到本条规定的处罚。

(2)尽管第(1)款另有规定,如果公司实施了本法所规定的违法或犯罪行为并能够证明该违法或犯罪行为是在公司董事、经理、秘书或其他高级管理人员同意或默许或疏忽的情况下实施的,则该董事、经理、秘书或其他高级管理人员应同样视为实施了违法或犯罪行为,应被一并起诉并接受相应处罚。

说明:在本条中:

(a)“公司”指任何法人团体,包括合伙企业或个人公司;和

(b)“董事”在合伙企业中,指合伙人。

第 58 条　罪行的可受理和不可保释

本法规定的罪行可被受理,但不可保释。

第 59 条　法规的效力及其他法律规定

本法的规定应作为对有关森林或野生动物的任何其他现行法律的补充,而非与它们冲突。

第 60 条　中央政府向邦政府发出指令的职权

中央政府可以就在本邦执行本法或根据本法制定的任何规则和条例,向邦政府发出指令。

第 61 条　罪行的受理

法院要受理本法规定的罪行,须由下列主体提起诉讼:

(a)中央政府,或被授权代表中央政府的任何部门或公务人员;

(b)惠益主张者,其必须按照规定的方式至少提前三十日就该罪行和起诉意图通知中央政府或上述获得授权的部门或公务人员。

第 62 条　中央政府制定规则的职权

(1)中央政府可为实现本法目的,通过在《政府公报》上公告的方式制定规则。

(2)在不违背前述职权一般原则的情况下,规则可就下列特别事项作出规定,即:

(a)第 9 条规定的主席的任职期限和任职条件;

(b)第 10 条规定的主席的职权和职责;

(c)第 12 条第(1)款规定的在会议上进行商业交易的程序;

(d)第 19 条第(1)款规定的从事特定活动的申请表和费用缴付;

(e)第 19 条第(2)款规定的申请表和申请方式;

(f)第20条第(2)款规定的转让生物资源或知识的申请表和申请方式;

(g)第28条规定的国家生物多样性总局年度报告的形式、每一财政年度的时间,将经审计的账目副本和审计报告一同提交给中央政府的日期;

(h)第29条第(1)款规定的年度账目说明的形式;

(i)第50条规定的提出申诉的时间和形式,以及处理申诉的程序和裁判的程序;

(j)第50条第(6)款第(h)项规定的能让国家生物多样性总局与民事法院行使相同职权的事项;

(k)第61条第(b)项规定的发出通知的方式;

(l)其他由规则规定或可以规定的事项。

(3)根据本条制定的各项规则及根据本法制定的各项条例,应在制定后尽快提交议会各院;在会议期间(无论仅一次还是分为多次会议,总期限为30天),且在该(多)次会议期限届满之前,各院均同意对该规则或条例进行修改,或均认为不应制定该规则或条例,则该规则或条例只能以修订后的版本生效,或根本不生效;不过,任何修订或废除都不得损害在此之前根据该规则或条例所实施的行为的合法性。

第63条　邦政府制定规则的职权

(1)邦政府可为实现本法目的,通过在《政府公报》上公告的方式制定规则。

(2)在不违背前述职权一般原则的情况下,规则可就下列特别事项作出规定,即:

(a)国家生物多样性总局依据第23条第(c)项履行的其他职能;

(b)第 24 条第(1)款规定的事先通知的形式;

(c)第 33 条规定的年度报告的形式和每一财政年度内的提交时间;

(d)第 34 条规定的保存和审计邦生物多样性管理局账目的方式,以及经审计的账目副本和审计报告的提交时间;

(e)第 37 条规定的管理和保护国家遗传资源地;

(f)第 44 条第(1)款规定的地方生物多样性基金的管理和监督方式以及基金的宗旨;

(g)第 45 条规定的年度报告的形式以及在每一财政年度内的提交时间;

(h)第 46 条规定的保存和审计地方生物多样性基金账目的方式,以及经审计的账目副本和审计报告的提交时间;

(i)其他由规则规定或可以规定的事项。

(3)邦政府根据本条制定的各项规则,应在制定后尽快提交各邦立法机关。如果立法机关由上下两院组成,应分别提交给两个议院;如果立法机关由一个议院组成,应提交该议院。

第 64 条　在中央政府事先批准的情况下,国家生物多样性总局为实现本法的目的,可通过在《政府公报》上公告的方式制定条例。

第 65 条　排除困难的职权

(1)如果在执行本法规定时出现任何困难,中央政府可以通过颁布符合本法规定的命令来排除困难:

但在本法生效两年后,不得颁布此类命令。

(2)根据本条颁布的各项命令,应在颁布后尽快提交议会各院。

附件三　印度《生物多样性条例》

环境和森林部

通　　告

新德里,2004 年 4 月 15 日

为行使 2002 年《生物多样性法案》第 62 条所赋予的权力,取代 2003 年的《国家生物多样性总局条例》(该条例规定了总局主席和其他成员的薪资、津贴以及任职条件),中央政府特制定以下规则(这些规则对取代之前已做或省略的事不溯及既往),即:

第 1 条　名称和生效

(1)本条例可称为 2004 年《生物多样性条例》。

(2)本条例于 2004 年 4 月 15 日生效。

第 2 条　定义

在本条例中,除非上下文另有规定;

(a)"法案"指 2002 年《生物多样性法案》(2003 年第 18 号法案);

(b)“总局”指根据法案第 8 条第(1)款成立的国家生物多样性总局；

(c)“生物多样性管理委员会”指地方机构根据法案第 41 条第(1)款设立的生物多样性管理委员会；

(d)“主席”指国家生物多样性总局的主席，或在某些情况下指邦生物多样性管理局的主席；

(e)“费用”指附表中规定的各项费用；

(f)“表格”指本条例所附的各种表格；

(g)“成员”指国家生物多样性总局或邦生物多样性管理局的成员，在某些情况下包含主席；

(h)“条”指法案中的条文；

(i)“秘书”指总局的全职秘书；

(j)在本条例中使用但未被定义，而在法案中被定义的措辞和表达，应取其在法案中的含义。

第 3 条　主席的选拔和任命方式

(1)总局主席由中央政府任命。

(2)根据第(1)款任命主席，应通过委派或从中央政府外选拔的方式。在通过委派方式任命主席时，申请人的级别不得低于印度政府副部长级。

第 4 条　主席的任期

(1)总局主席的任期为三年，可连选连任。

(2)六十五岁以上，或其任期在此前届满的主席不得继续任职。

(3)主席要辞职，应至少提前一个月以书面形式通知中央政府。

第 5 条　主席的薪资和津贴

(1)主席有权获得每月 26,000 卢比的固定薪资。退休后被任命为主席的，其薪资应根据中央政府发布的适用于该类主体的命令确定。

(2)主席有权获得津贴、假期、退休金、公积金、住房等其他待遇，这些由中央政府随时决定。

第 6 条　非正式成员的任期和津贴

(1)总局每名非正式成员的任期自其任命在《政府公告》公告之日起算，不超过三年。

(2)出席总局会议的每名非正式成员，有权享受中央政府委员会和理事会非正式成员出席该委员会或理事会的会议时应享受的津贴、交通费、生活补贴及其他津贴。

第 7 条　非正式成员职位空缺的填补

(1)总局的非正式成员可随时向中央政府提出书面形式的辞职，此时该成员在总局的职位空缺。

(2)总局的非正式成员职位临时空缺，须任命新的成员进行填补，新成员只可在其所替代的成员的剩余任期内任职。

第 8 条　总局成员的免职

未经中央政府任命的印度政府部长级以上官员合理且适当地质询，且未给该成员合理的听证机会，不得以法案第 11 条规定的理由免去总局任何成员的职位。

第 9 条　总局秘书

(1)总局须任命一名秘书。

(2)秘书的任职期限及任职条件由总局根据条例规定。

(3)秘书须负责协调及召集总局会议、保存总局的会议记录和负责总局指定的其他事宜。

第 10 条　总局会议

(1)总局应在其总部或主席确定的地点召开会议，通常一年内至少四次,每三个月举行一次。

(2)根据总局五名以上成员的书面请求或中央政府的指令,主席应召开总局特别会议。

(3)在召开普通会议十五日前,召开特别会议三日前,应将召开会议的目的、时间和地点通知各位成员。

(4)每次会议应由主席主持,主席缺席时,则由出席会议的成员从他们中推选一名主持。

(5)必要时,总局在会议上所做的决定应由出席并参与表决的成员以简单多数通过,主席或主席缺席时主持会议的成员有权发起二次投票或投出决定票。

(6)每名成员只能投一票。

(7)总局每次会议的法定人数为五人。

(8)若未给予其他成员十日的通知期,任何成员无权在会议上提出讨论事项,除非主席酌情准许。

(9)会议通知,或以挂号信方式将通知寄往各成员最后的居住地或营业地,或以总局秘书认为合适的其他方式发出。

第 11 条　总局组建专家委员会及其权利

(1)总局可以组建其认为数量合适的委员会,委员会或全部由总局成员组成、或全部由外部人员组成、或部分由总局成员部分由外部人员组成。

(2)非总局成员的委员会成员有权因参加会议而获得总局认为合适的费用及津贴。

第 12 条　总局的一般职能

总局可履行以下职能,即:

(i)制定调整法案第 3 条、第 4 条、第 6 条所规定活动的程序及方针;

(ii)就有关生物多样性的保护、对其组分的可持续利用，以及公平公正地分享因利用生物资源及相关知识所产生的惠益的事项向中央政府提出建议；

(iii)协调邦生物多样性管理局的活动；

(iv)为邦生物多样性管理局提供技术援助和指导；

(v)委托研究、发起调查和研究；

(vi)聘请顾问，于不超过 3 年的特定期间内向总局提供技术援助，以使总局有效实现其职能；若超过 3 年后继续聘请顾问是必要且适当的，总局须就此聘请征得中央政府的事前同意；

(vii)收集、汇编和出版有关生物多样性保护、对其组分的可持续利用，以及公平公正地分享因利用生物资源及相关知识所产生的惠益的学术和统计数据、手册、守则或指南；

(viii)通过大众媒体，启动一个有关生物多样性保护、对其组分的可持续利用以及公平公正地分享因利用生物资源及相关知识所产生的惠益的综合性项目；

(ix)安排并组织培训从事或可能从事生物多样性保护和对其组分进行可持续利用项目的人员；

(x)编制总局的年度预算，包括其收入以及中央政府拨款，除非中央政府的拨款应按照中央政府批准的预算规则运作；

(xi)为使总局有效地履行职能，可向中央政府建议创设职位；但未经中央政府事前同意，不得创设任何永久的、临时的，或其他性质的职位；

(xii)对总局官员和普通公务员的招募办法作出批准；

(xiii)采取措施，通过生物多样性登记和电子数据库建立生物资源和相关传统知识的数据库和信息档案系统，以确保有效的管理、发展和可持续利用；

(xiv)向邦生物多样性管理局和生物多样性管理委员会发出书面形式的指令,以有效实施该法案;

(xv)向中央政府报告总局的运作情况和该法案的实施情况;

(xvi)随时建议、修改,并收取第6条第(1)款规定的惠益分享费;或随时更改第19条第(2)项规定的生物资源特许费;

(xvii)为实现特定目的,向邦生物多样性管理局和生物多样性管理委员会提供经济援助和补助;

(xviii)为实施法案对各区域进行现场检查;

(xix)采取包括任命法律专家等必要措施,来反对印度外的任何国家对非法从印度获得的生物资源和相关知识授予知识产权;

(xx)履行中央政府随时委派或指定的其他职能。

第13条　主席的职权和职责

(1)主席应全面负责总局的日常活动。

(2)根据第10条的规定,主席有权对总局官员及普通工作人员进行日常监督,并对总局事务的操作和管理发出必要指令。

(3)主席应掌管总局的所有机密文件和档案,并对保管的安全性负责。

(4)总局发布的所有命令和指示应由主席或主席为此授权的其他官员签字。

(5)主席或为此目的授权的总局官员,可核准并支付经批准的预算中的所有款项。

(6)主席享有对所有评估作出行政和技术批准的职权。

(7)主席应召集和主持总局的所有会议,并确保总局作出的所有决定能以适当的方式被执行。

(8)主席还可行使其他职权或履行其他职责,这些权利和职责是由总局或中央政府随时委派的。

第 14 条　获取生物资源和相关传统知识的程序

(1)任何人,为研究或商业利用而寻求总局对遗传资源和相关传统知识的获取批准,应按照表格 1 的要求提出申请。

(2)根据第(1)款提交的每一项申请,都应当以支票或者总局指定的汇票形式缴纳 1 万卢比的费用。

(3)总局应当在与相关地方机构协商以及从申请者和其他来源获得补充信息后,从其接到申请之日起的 6 个月内,尽快对该项申请作出处理决定。

(4)如果总局认为申请符合要求,可以在符合必要条款和条件的情况下,批准获取生物资源和相关传统知识。

(5)获取批准应是由总局授权的官员与申请者签署的书面协议。

(6)第(5)款所述的协议的形式应由国家总局规定,且协议应包括下列内容:

(i)待批准申请的目标和目的;

(ii)对生物资源与传统知识的描述及附随信息;

(iii)生物资源的预期用途(用以研究、育种、商业利用等);

(iv)申请知识产权的条件;

(v)货币惠益及其他附带惠益的数额,必要时应提交一份签订新协议的承诺,特别是在生物材料用于研究项目,以及其后可能改变用途的情况下;

(vi)未经总局批准,不得将所获得的遗传资源和传统知识转让给第三方;

(vii)遵守国家总局对申请者拟获取生物资源的数量和质量规范;

(viii)保证将所获取的生物材料的参考样本保存在《生物多样

性法》第39条指定的保存场所；

(ix)定期向国家总局提交研究和其他方面的进展报告；

(x)承诺遵守法案、本条例以及其他相关生效法律的规定；

(xi)承诺采取措施保护和持续利用所获取的生物资源；

(xii)承诺将收集活动对环境的影响降至最低；

(xiii)协议的有效期、终止协议的通知、个别条款的独立可执行性、惠益分享条款中的义务在协议终止后依然有效、阻却责任事由(自然灾害)、仲裁、保密条款等法律条款。

(7)获取条件可以规定保存和保护被批准获取的生物资源的具体措施；

(8)总局如果认为申请不满足要求,可以书面拒绝,并说明理由；

(9)除非给予申请者合理的听证机会,否则不得拒绝任何申请；

(10)总局应通过印刷或电子媒体等措施来广泛公布其授予的批准,并定期监督批准条件是否得到遵守。

第15条　获取或批准的撤销

(1)总局可以基于申诉或职权,根据本条例第15条撤销获取批准,也可以依据下列情况撤销书面协议：

(i)有合理的理由相信,被授予批准的主体违反了法案的规定或批准条件；

(ii)被授予批准的主体未能遵守协议中的条款；

(iii)未能遵守获取的条件；

(iv)有损公共利益,或基于保护环境和保存生物多样性的需要。

(2)总局应将其发出的撤销命令的副本发送给有关的邦生物

多样性管理局和生物多样性管理委员会，以禁止继续获取、评估可能造成的损害和采取修复损害措施。

第16条　限制有关获取生物资源的活动

若总局认为必要并适当，应采取措施限制或禁止欲以下列理由获取生物遗传资源的申请：

(i)申请获取濒危物种；

(ii)申请获取的是特有且稀有的物种；

(iii)申请进行的获取活动可能对当地居民的生活造成负面影响；

(iv)申请进行的获取活动可能造成难以控制和消除的负面环境影响；

(v)申请进行的获取活动可能导致基因侵蚀或影响生态系统的功能；

(vi)遗传资源的用途违反国家利益及印度加入的其他国际条约。

第17条　申请转让研究成果的程序

(1)任何人为经济目的将在印度获得的生物资源相关的研究成果转让给外国公民、公司或非印度居民，应按照表格Ⅱ向总局提出申请。

(2)根据第(1)款提交的每一份申请都应当以银行汇票或者支票的形式向国家总局缴纳5千卢比的费用。

(3)总局应当尽可能在其接到申请之日起的3个月内，对该项申请作出处理决定。

(4)总局如果认为申请符合要求，可以在符合不同情况的必要条款和条件下，批准转让研究成果。

(5)转让的批准书应是由总局的被授权官员与申请者正式签

署的书面协议。该书面协议的形式由国家总局决定。

(6)国家总局如果认为申请不符合要求,可以书面拒绝,并说明理由;除非给予申请者合理的听证机会,否则不得拒绝任何申请。

第18条　申请知识产权保护之前寻求事前同意的程序

(1)任何人,想用在印度获得的生物材料及知识进行的研究申请专利或其他知识产权时,应按照表格Ⅲ的要求提出申请。

(2)根据第(1)款提交的每一份申请都应当缴纳500卢比的费用。

(3)总局应当在对该申请进行合理评价并获得补充信息后,根据有关事实,尽可能在其接到申请之日起的3个月内,对该项申请作出处理决定。

(4)总局如果认为申请者已经满足了各项必要要求,可以根据不同情况下的必要条款和条件,批准专利或其他知识产权的申请。

(5)批准书应是由总局授权的官员与申请者正式签署的书面协议。该书面协议的形式由总局决定。

(6)总局如果认为申请不符合要求,可以在记录下原因后拒绝该申请;在下达拒绝决定之前,应给予申请者合理的听证机会。

第19条　根据法案第20条第2款向第三方转让的程序

(1)被批准获取生物资源及相关知识的人,意图向任何其他个人或组织转让所获取的生物资源或知识时,应按照表格Ⅳ的要求提出申请。

(2)根据第(1)款提交的每一份申请都应当以银行汇票或者支票形式向总局缴纳1万卢比的费用。

(3)总局应当在对该申请进行合理评价、并获得补充信息后,尽可能自其接到申请之日起的6个月内,对该项申请作出处理决定。

(4)总局如果认为申请者已经满足了各项必要要求,可以根据不同情况下的必要条款和条件,批准其向第三方转让。

(5)根据第(4)款作出的批准书应是由国家总局授权的官员与申请者正式签署的书面协议,该书面协议的形式由总局决定。

(6)总局如果认为申请不满足要求,可以书面拒绝,并说明理由;除非给予申请者合理的听证机会,否则不得拒绝任何申请。

第20条　公平分享惠益的标准(法案第21条)

(1)总局应通过在《政府公告》上发布通知的方式制定方针和说明惠益分享方案。

(2)该方针应规定货币和其他惠益,如特许费、企业合资、技术转让、产品开发、教育与意识提高活动、机构能力建设和风险资本基金等。

(3)惠益分享方案应在个案基础上确定。

(4)在批准任何人获取和转让研究成果、申请专利和知识产权、向第三方转让所获得的生物资源和相关知识时,总局可以施加条款和条件,以确保公平分享因利用获取的生物材料和相关知识而产生的惠益。

(5)惠益的数额应由申请批准的人和总局,与当地机构和惠益主张者协商后共同约定,可以根据获取的确定参数、利用范围、可持续性、影响和预期成果水平,还包括确保生物多样性的保存和可持续利用的措施等因素来决定。

(6)总局应根据每项个案的具体情况来确定短期、中期和长期惠益的时限。

(7)总局应要求惠益能确保生物多样性的保护和可持续利用。

(8)当从特定个人、团体或组织获得生物资源或知识时,总局应采取措施确保约定的数额通过该地区行政组织直接支付给他们。如果此类个人、团体或组织无法确认，则货币惠益应存入国家生物多样性基金。

(9)已确定惠益数额的5%应视情况留给总局或管理局，用以支付行政和服务费用。

(10)总局应监督根据第(4)款所确定的惠益按照规定方式流动。

第21条　国家生物多样性基金的应用

(1)国家生物多样性基金应由主席或总局为此授权的官员管理。

(2)国家生物多样性基金应有两个独立账户，其中一个接收中央政府的拨款，另一个接收总局收到的费用，包括许可费、特许费和其他费用。

第22条　生物多样性管理委员会的设立

(1)每个地方机构应在其管辖范围内设立生物多样性管理委员会(BMC)。

(2)根据第(1)款设立的生物多样性管理委员会应由1名主席和6名以下地方机构提名的成员组成，其中妇女的比例应不少于三分之一，指定阶层或部族的成员应不少于18%。

(3)应在由地方机构主席主持的会议上，从委员会成员中选举出生物多样性管理委员会主席，票数相同时地方机构的主席应投决定票。

(4)生物多样性管理委员会主席的任期为三年。

(5)地方立法会、立法委员会和议会成员可被特邀参加委员会的会议。

(6)生物多样性管理委员会的主要职能是：与当地人协商编制生物多样性登记册。该登记册应包含的综合信息有：当地生物资源的可利用性和知识、其药用或任何其他用途、任何与之相关的其他传统知识。

(7)生物多样性管理委员会的其他职能是:就总局或邦生物多样性管理局提交其批准的事项提出建议,以及掌握利用生物资源的专家和实践者的数据。

(8)总局应采取措施来确定生物多样性登记册的形式,特别是其应包含的内容和电子数据库的形式。

(9)总局和邦生物多样性管理局应就编制生物多样性登记册,向生物多样性管理委员会提供指导和技术支持。

(10)生物多样性登记册应由生物多样性管理委员会保存和证明。

(11)生物多样性管理委员会应保存一份登记册,以提供关于批准获取生物资源和传统知识、收取的费用、产生的惠益及其分享方式的详细情况。

第 23 条　对法案第 50 条的争端解决的申诉

(1)如果总局和邦生物多样性管理局或各邦生物多样性管理局之间就任何命令或指令的实施、或任何政策决策的问题产生争端,任一受害方(总局或邦管理局)可以根据第 50 条以第 5 号表格的形式将争端提交代表中央政府的印度政府环境与森林部长处理。

(2)如果各邦生物多样性管理局之间产生争端,受害方将争端提交中央政府的,后者应将争端转交总局处理。

(3)申诉备忘录应述明案件的事实、申诉所依据的理由,申诉的内容及主张。

(4)申诉备忘录应附有申诉方因此而受侵害的命令、指示或政策决定的认证副本,并由申诉方的授权代表签字。

(5)申诉备忘录一式四份,应在有关命令、指令或政策决定作出之日起 30 日内亲自或通过挂号信送达;若中央政府认为申诉迟延送达具有合理充分的理由,则允许其在上述30日期限届满后、在有关命令、指令或政策决定作出之日起45日内送达订明,并随附书面的迟延理由。

(6)申诉的听证通知应以表格Ⅵ的形式以回执挂号信的方式送达。

(7)中央政府应在听取申诉方及其他当事人的意见后,处理该项申诉。

(8)在处理申诉时,可以根据情况调整、变更或取消存在争议的命令,指示或政策。

(9)在裁决争端时,总局应以自然公正原则为指导,并尽可能在实践中遵循中央政府根据本规定应遵循的相同程序。

第24条　法案第61条中的通知方式

(1)要发送法案第61条第(b)项的通知,应采取下列方式:

(i)该通知应按照表格Ⅶ填写。

(ii)发送通知的人可将其送交:

(a)国家生物多样性总局主席(当被指控的罪行发生在联邦领土内);

(b)邦生物多样性管理局主席(当被指控的罪行发生在各邦领土内)。

(2)第(1)款所指的通知,应以回执挂号信的方式寄送。

(3)第61条第(b)项所述的30日期限,应自第(1)款所述的总局收到该通知之日起算。

[No. J22018/57/2002CSC(BC)]

部长:德什·迪帕克·弗尔玛(Desh Deepak Verma)

附件四　巴西《第13，123号法案》

LAW No. 13,123,dated May 20,2015

巴西国会通过了本法案,由共和国总统签署后正式成为法律。

本法案的目的:(1)调整《联邦宪法》第225条第1款第2项和第4款以及1998年3月16日第2519号法令公布的《生物多样性公约》第1条、第8条(j)、第10条(c)、第15条、第16条第3项和第4项的规定;(2)提供获取遗传资源、保护和获取相关传统知识的途径,以及为保护和可持续利用生物多样性提供惠益分享途径;(3)撤销2001年8月23日公布的第2186-16号《临时法案》;(4)其他目的。

第一章　一般规定

第1条　本法规定了以下方面的财富、权利和义务：

1. 获取该国的遗传资源，即人们可共同使用的财富。包括在原地发现的，或保存在移地但是在国家领土、大陆架、领海或专属经济区等原地发现的驯化种群和自发种群。

2. 与遗传资源相关的传统知识。涉及生物多样性保护、国家遗传资源的完善及对遗传资源组分的利用。

3. 获取保护和利用生物多样性的技术和技术转让。

4. 对遗传资源或相关传统知识所产生的成品或繁殖材料进行经济开发。

5. 公平公正地分享因对遗传资源或相关传统知识所产生的成品或繁殖材料进行经济开发而产生的惠益。

6. 为获取遗传资源向国外运输动物、植物、微生物或任何其他物种的活体和死体（含物种整体或者其中的一部分）。

7. 由国会批准并公布的有关遗传资源或相关传统知识的国际条约的实施。

获取遗传资源及相关传统知识要求：不损害与所获取的遗传资源或相关传统知识或获取地相关的任何有形或者无形财产权利。

获取大陆架遗传资源应遵守 1993 年 1 月 4 日颁布的第 8616 号法令。

第 2 条 除了 1998 年 3 月 16 日第 2519 号法令的《生物多样性公约》（CBD）所规定的概念和定义外，为实现本法目的还定义了下列术语：

1. 遗传资源（genetic heritage）——来自植物、动物、微生物或任何其他物种的遗传信息，包括这些生物体的代谢物；

2. 相关传统知识（associated traditional knowledge）——土著、

传统社区、传统农户了解的信息或实践经验——有关财产或与遗传资源的直接或间接用途；

3. 来源不明的相关传统知识（associated traditional knowledge from unidentifiable origin）——无法将相关的传统知识的来源与至少一个土著、传统社区和传统农户联系起来；

4. 传统社区（traditional community）——一个承认自己具有文化差异的群体，拥有独立的社会组织，其文化、社会、宗教、继承和经济的永续性必须以占有并使用领土和自然资源为条件，且利用源于传统并通过传统来传承的知识、创新和实践；

5. 相关传统知识的提供者（associated traditional knowledge provider）——持有并提供相关传统知识的土著、传统社区或传统农户；

6. 事前知情同意（prior informed consent）——事前被土著或传统社区根据用途、习俗和传统或社区协议授予的正式同意；

7. 社区协议（community protocol）——土著、传统社区和传统农户根据用途、习俗和传统，以及符合本法案的相关传统知识和惠益分享机制来制定的程序规范；

8. 获取遗传资源（access to genetic heritage）——对遗传资源样本进行的研究或技术开发；

9. 获取相关传统知识（access to associated traditional knowledge）——对与遗传资源相关的传统知识进行的研究或技术开发。这使得遗传资源的获取成为可能或更加便利，包括二手来源的获取方式，例如：街头市场、出版物、清单、电影、科学文章、登记册和相关传统知识的记录以及系统化的其他形式；

10. 研究（research）——对遗传资源或相关传统知识进行的实验或理论活动。目的是通过创建和检验假说这一系统化过程来构

建新知识,描述和解释所观察的现象及事实的基本原理;

11. 技术开发(technological development)——以现有程序为基础的有关遗传资源或相关传统知识的系统性工作。这些程序是通过研究实践经验而得出的,目的是为经济开发而开发新材料、产品或装置,或者改进或开发新工艺;

12. 遗传资源和相关传统知识的获取及运输登记(registry of access or shipment of genetic heritage or associated traditional knowledge)——遗传资源或相关传统知识的获取或运输活动的强制性声明文件;

13. 运输(shipment)——将拟获取的遗传资源样本转移到国外的机构,同时样本的责任也转移到接收的机构;

14. 获取或运输的授权(authorization for access or shipment)——在特定条件下许可获取遗传资源或相关传统知识及运输遗传资源的行政行为;

15. 使用者(user)——获取遗传资源或相关传统知识,或者经济性开发遗传资源或相关传统知识产生的成品或繁殖材料的自然人或法人;

16. 成品(finished product)——该产品来自获取的遗传资源或相关传统知识,且无须任何额外处理,其中遗传资源或传统知识的组分是产品增值的关键要素,这种产品可供最终消费者(自然人或法人)使用;

17. 中间产品(intermediate product)——该产品在生产链中作为投入、辅助剂或原材料,用于开发另一种中间产品或成品;

18. 产品增值的关键要素(key elements of value adding to the product)——该要素在成品中起决定其功能性特征或其营销吸引力的作用;

19. 产品通知(product notification)——经济性开发源自遗传资源或相关传统知识的成品或繁殖材料之前所需的声明文件。使用者在文件中需声明符合本法案的要求并指明惠益分享的方式,若该方式可行,将确立在惠益分享协议中;

20. 惠益分享协议(benefit-sharing agreement)——表明各部分、对象和惠益分享条款的法律文件;

21. 部门协议(sectoral agreement)——由公共当局和使用者签署的合同,内容是关于公平公正地分享因对遗传资源或来源不明的相关传统知识进行经济开发而产生的惠益;

22. 获取合规证书(certificate of access compliance)——责任机构作出的行政行为,以声明对遗传资源或相关传统知识的获取符合本法要求;

23. 材料转移协议(material transfer agreement)——由发件人和收件人签署的关于将已获取的或可能获取的遗传资源样本运输到国外的文件,该文件表明是否获得了相关传统知识,并根据本法规定确定了惠益分享的承诺;

24. 农业活动(agricultural activities)——食品、饮料、纤维、能源和人工林的生产、加工和商业化活动;

25. 原地条件(in situ conditions)——遗传资源存在的生态系统和自然栖息地环境条件;以及驯化或栽培种群,自发种群能自然发展出独特属性的环境条件;

26. 驯化或栽培种群(domesticated or cultivated species)——进化过程受人类影响以满足人类需要的种群;

27. 移地条件(ex situ conditions)——遗传资源保存在其天然栖息地之外的环境条件;

28. 自发种群(spontaneous population)——引入国家领土的物

种种群，能够在巴西生态系统和栖息地中自然地自我繁衍，包括驯化种群；

29. 繁殖材料（reproductive material）——来自有性或无性繁殖的任何属、种或作物的动植物繁殖材料；

30. 样本发送（sending of samples）——向国外服务机构发送含有遗传资源的样本，作为研究或技术开发的一部分，样本的责任依旧由巴西的使用者承担；

31. 传统农户（traditional farmer）——使用当地传统物种，或地方物种，或适应当地的物种，或陆地物种，并维持和保存该物种遗传多样性的自然人，包括家庭农户；

32. 当地传统物种或地方物种（local traditional variety or landrace）——这类物种处于原地条件下或在移地条件下保存，包括一组已知的属于最低分类级别的植物，其遗传多样性被土著、传统社区或传统农户开发或改变，包括自然选择和在当地环境下的人为选择，与商业注册品种无实质相似；

33. 适应当地的物种或混合物种（locally adapted breed or creole breed）——这类物种处于原地条件或在移地条件下保存，包括一组动物，其遗传多样性被开发或改变到特定的生态位，并通过自然选择或由土著、传统社区或传统农户选择而产生；

按本法目的，从国家领土、国家水域、专属经济区或大陆架基质中分离出的微生物也被认为是国家领土内的遗传资源的一部分。

第3条 以对成品或繁殖材料对进行研究或技术开发或经济开发为目的获取本国遗传资源或相关传统知识，只能通过登记、授权或通知实现，并符合本法案及其条例所规定的监督、限制和惠益分享要求。

根据2011年12月8日第140号补充法第7条第23项的规定,联邦政府有责任管理、控制和检查首章所规定的活动。

第4条　本法不适用于人类遗传资源。

第5条　获取遗传资源和相关传统知识不得有害环境、文化繁衍、人类健康,不得用以开发生化武器。

第二章　权能和制度属性

第6条　遗传资源管理委员会(The Genetic Heritage Management Council,CGen)是在环境部内设立的一个审议、规范、咨询和上诉委员会,负责协调遗传资源和相关传统知识的获取及惠益分享政策的制定和实施,它由依本法案对不同行为具有管辖权的联邦公共行政机关的不同实体和机构的代表组成,该委员会成员由不超过60%的联邦公共行政机构的不同实体和机构的代表,以及不低于40%的社会成员代表组成,确保要有以下参与主体:

1. 商业主体;
2. 学术主体;
3. 土著、传统社区和传统农户。

CGen的责任还包括:

1. 建立:

a)技术规则;

b)细化和遵守惠益分享协议的准则和标准;

c)设立存储遗传资源和相关传统知识信息的数据库的标准。

2. 与联邦机构合作或通过与其他机构的协议监督以下活动:

a)获取和运输含有遗传资源的样本;

b)获取相关的传统知识。

3. 研究决定：

a）第 13 条第 3 款第 2 项所述的授权；

b）对保存包含遗传资源的移地采集的样本的国家机构进行认证；

c）对负责建立和维护第 9 项所述的数据库的国家机构进行认证。

4. 根据本法第 4 章，证明获取遗传资源或相关传统知识的遵守情况。

5. 根据本法第 16 条，记录收到成品或繁殖材料的通知以及利益分享协议的报告。

6. 促进本法案中所涉主题的辩论和公众咨询。

7. 以监管形式，作为对认可机构的决定，以及执行本法案的行为提出上诉的更高机构。

8. 为向国家惠益分享基金（FNRB）分配基金建立准则——FNRB 规定在本法第 30 条，目的是分享惠益。

9. 建立和维护与下列相关的数据库：

a）获取遗传资源或相关传统知识以及运输的登记册；

b）获取遗传资源或相关传统知识以及运输的授权；

c）材料转移协议和法律文件；

d）经认可的机构保存的在移地收集的遗传资源样本；

e）成品及繁殖材料的通知；

f）惠益分享协议；

g）获取合规证书。

10. 通知负责保护获取传统知识登记册上的土著和传统社区的权利的联邦政府机构。

11. 否决。

12. 依法批准。

第2款－决定CGen的组成和运作的规则。

第3款－CGen将成立专题和部门会议室,由政府和以商界学界为代表的社会成员平等参与,且有来自土著、传统社区和传统农户的代表为全会决定提供支持。

第7条 联邦公共行政部门将以监管的形式向CGen提供必要的信息,以追踪因获取遗传资源或相关传统知识而产生的活动,包括有关经济开发的信息。

第三章 相关传统知识

第8条 本法案保护土著、传统社区和传统农户的相关传统知识免受非法使用和开发。

第1款－政府承认土著、传统社区和传统农户在有关保护和可持续利用与该国遗传资源相关的他们自己的传统知识的这一国家级事项上,有权参与决策过程。

第2款－本法所述的与遗传资源有关的传统知识是巴西文化遗产的一部分,并可根据CGen或具体立法的规定被存储在数据库中。

第3款－相关传统知识可以通过下列形式承认:

Ⅰ－科学出版物;

Ⅱ－登记册或数据库;

Ⅲ－文化清单。

第4款－土著、传统社区和传统农户为自己的利益并基于其使用、习俗和传统而交换和传播遗传资源和相关传统知识,可免除本法规定的义务。

第9条 能否从确定来源获取相关传统知识取决于能否获得

事前知情同意。

第 1 款 – 事前知情同意的证据可由土著、传统社区和传统农户依照规定在下列文件中自行选择：

Ⅰ – 签署的事前同意；

Ⅱ – 注册的视听同意；

Ⅲ – 官方理事机构的声明；

Ⅳ – 社区协议规定的条款。

第 2 款 – 获取来源不明的相关传统知识不需要事前知情同意。

第 3 款 – 获取当地传统物种或地方物种的遗传资源，或获取用于农业活动的适应当地的物种或混合物种，包括获取源自上述物种的来源不明的相关传统知识，不需要发现、开发、持有或保存该物种的土著、传统社区或传统农户的事前同意。

第 10 条 创造、发展、持有或维持相关传统知识的土著、传统社区和传统农户的以下权利受到保障：

1 – 承认任何形式的公布、使用、利用和传播都是他们对遗传资源的发展和保护做出的贡献；

2 – 在所有公布、使用、开发和披露活动中确认获取相关传统知识的来源；

3 – 根据本法，直接或间接地使第三方从对相关传统知识的经济开发中获得惠益；

4 – 依照规定参与有关获取相关传统知识和因此而产生的惠益分享等问题的决策过程；

5 – 自由使用或销售含有遗传资源或相关传统知识的产品，根据 1997 年 4 月 25 日颁布的第 9.456 号法令以及 2003 年 8 月 5 日颁布的第 10.711 号法令；

6 – 保护、管理、储存、生产、交换、开发和改进含有遗传资源或相关传统知识的繁殖材料；

第1款 – 就本法而言，即使只有一个土著或传统社区拥有该资源，任何与遗传资源有关的传统知识都将被视为集体所有；

第2款 – 遗传资源被保存在公立国家机构的移地收集品中，与之相关的信息可由土著、传统社区和传统农户依照规定获取。

第四章　获取、运输和经济性使用

第11条　以下活动须遵守本法的要求：

Ⅰ – 获取遗传资源或相关传统知识；

Ⅱ – 向国外运送遗传资源样本；

Ⅲ – 本法案生效后，对因获取遗传资源或相关传统知识而产生的成品或繁殖材料已进行的经济开发。

第1款 – 不允许外国自然人获取遗传资源或相关传统知识；

第2款 – 根据CGen的规定，向国外运输遗传资源样本取决于材料转移协议的签署。

第12条　以下活动必须登记：

1 – 国家法人或自然人，在国内公开地或秘密地获取遗传资源或相关传统知识；

2 – 与国家科学和技术研究机构相关的国外法人，公开或秘密地获取遗传资源或相关传统知识；

3 – 国家法人或自然人，在国外公开地或秘密地获取遗传资源或相关传统知识；

4 – 如本条第2项和第3项所述，以获取为目的向国外运送遗传资源样本；

5 – 由国家法人公开地或秘密地将含有遗传资源的样本送出

国外，作为研究或技术开发服务的一部分。

第 1 款 – 本条所述的登记的运作将依照规定加以确定。

第 2 款 – 运输、申请知识产权、中间产品的商业化、在科学或通信媒体上公布部分或最终结果、对因获取而产生的成品以及繁殖材料进行通知之前必须登记。

第 3 款 – 除可能危害研究、技术或科学发展活动、第三方的商业活动的信息外，第(6)(1)(Ⅸ)条所述数据库中包含的信息均应当公开。在这些情况下，这些信息可以在使用者同意后被提供。

第 13 条 以下活动可能需要联邦政府依照规定酌情授权同意：

1 – 获取国家重要安全领域内的遗传资源或相关传统知识，必须在国防委员会正式同意后；

2 – 获取国家水域、大陆架和专属经济区内的遗传资源或相关传统知识，必须在海事当局给予正式同意后。

第 1 款 – 获取以及运输可以要求联合或单独授权同意。

第 2 款 – 向国外运送遗传资源样本的授权同意，将被运送样品或材料的责任转移给了接收者。

第 14 条 原地条件下发现的遗传资源样本的移地保存最好在国家领土内进行。

第 15 条 依据规定，向国外运送遗传资源样本的授权同意或登记取决于其预期用途。

第 16 条 对因获取遗传资源或相关传统知识而产生成品或繁殖材料进行经济开发的要求如下：

1 – 向 CGen 通知成品或繁殖材料的信息；

2 – 提交惠益分享协议，但第 17(5)条和第 25(4)条规定的除外。

第1款－在通知因获取遗传资源或相关传统知识而产生的成品或繁殖材料时,应说明惠益分享的方式,这种方式可以是货币或非货币。

第2款－如本法第五章所述,自收到成品或繁殖材料通知之日起的365天内应提交惠益分享协议,但涉及获取相关的确定来源的传统知识除外。

第五章 惠益分享

第17条 即使是在国外制造,对因获取在原地条件发现的物种的遗传资源或获取相关传统知识而产生的成品或繁殖材料进行经济开发所产生的惠益将以公平公正的方式分享。就成品而言,遗传资源或相关的传统知识组分必须是根据该法案能使产品增值的关键要素之一。

第1款－无论是谁之前实施过获取行为,只有成品制造者或繁殖材料生产者才有分享惠益的义务。

第2款－中间产品的制造商和在生产链中获取遗传资源或相关传统知识这一过程的开发者将免除分享惠益的义务。

第3款－当单个成品或繁殖材料的获取来源不同时,不累计计算惠益分享。

第4款－许可、转让或允许使用因第三方获取遗传资源或相关传统知识所产生的成品、过程或生殖材料有关的知识产权,都被视为经济开发从而免除惠益分享义务。

第5款－根据规定,以下各项免除惠益分享义务:

1－2006年12月14日第123号补充法规定的微型企业、小型企业、微型个体企业家;

2－传统农户及其合作社,年总收入不高于2006年12月14

日第 123 号补充法第 3(2)条规定的上限；

第 6 款 – 在第 5 款规定的相关传统知识获取的情况下，知识拥有者可以根据第 33 条获得惠益。

第 7 款 – 如果成品或繁殖材料并非在巴西生产，则在巴西及就此目的与其签署了协议的国家领土内的外国生产商的进口商、子公司、联营公司、附属公司、合作伙伴或商业代表，将与成品或繁殖材料的制造商共同承担惠益分享责任。

第 8 款 – 如果在适当时间内没有必要信息来确定惠益分享的计算基数，如第 7 款所述，联邦政府将根据现有的最佳信息，在考虑本法案或部门协议中确定的百分比以及确保公平听证的权利后，对其进行评断。

第 9 款 – 联邦政府将根据法令并基于 MERCOSUL 共同命名法(MCN)确定惠益分享的分类清单。

第 18 条　对以农业活动为目的而获取遗传资源或相关传统知识而产生的产品进行经济开发而产生的惠益，将基于繁殖材料商业化来分享，即使进行获取或经济开发的是本条第 7 款或本法第 17 条规定由个人或法人子公司、联营公司、附属公司、合约方、外包方或合作伙伴。

第 1 款 – 本条所列的惠益分享必须由位于繁殖材料生产链最末端的人进行。位于生产链中间端的人无需分享惠益。

第 2 款 – 在对为农业活动而获取遗传资源或相关传统知识而产生的繁殖材料进行经济开发，以及专门生产不涉及农业活动的成品的情况下，只有对成品进行经济开发要求惠益分享。

第 3 款 – 对因获取人为引入国家领土内的物种的遗传资源而产生的成品和繁殖材料进行经济开发，即使该物种是被驯化的，也无须分享惠益，但下列情况除外：

1－那些在巴西获得大量财产的开发自发种群的人；

2－当地传统物种或地方物种，或者适应当地的物种或混合物种。

第19条　对因获取遗传资源或相关传统知识而产生的成品或繁殖材料进行经济开发所产生的惠益分享，可按下列方式进行：

1－货币形式；

2－非货币形式，主要包括：

a）保护或可持续利用生物多样性的项目，或者保护和维护土著、传统社区或传统农户的知识、创新或实践项目，当原始位置不能确定时，最好在物种被发现的原地或样本获得地；

b）技术转让；

c）在公共领域提供产品，不受知识产权或技术限制的保护；

d）免费许可产品；

e）主题关于遗传资源或相关传统知识的保护和可持续利用的人力资源能力建设；

f）在社会计划中免费分发产品。

第1款－在获取遗传资源的情况下，使用者可以自行决定选择本条规定的一种惠益分享方式。

第2款－行政部门的一项法案将规制在获取遗传资源的情况下非货币惠益分享的形式。

第3款－与技术转让相关的非货币惠益还可以通过以下方式分享：

1－参与研究和技术开发；

2－信息交流；

3－国家科学技术研究机构与国外研究机构之间公开地或秘密地进行人力资源、材料或技术交流；

4 – 用于研究和技术开发的基础设施整合；

5 – 建立以技术为基础的合资企业。

除按第 21 条确定的部门协议将惠益分享额最多减少到 0.1%，货币的惠益分享额应占全年净收入的 1%，年度净收入指对遗传资源所产生的成品或繁殖材料进行经济开发的所得。

第 20 条 货币利益分享额应占对获得的遗传资源所产生的成品或繁殖材料进行经济开发所得的年度净收入的 1%，但根据第 21 条的规定，需依照部门协议将利益分享额最多减少到年度净收入 0.1% 的情况除外。

第 21 条 为提高受益部门的竞争力，联邦政府可应有关方面的要求并依照规定制定部门协议，以此来将利益分享额最多减少到年度净收入的 0.1%，年度净收入来自对来源不明的遗传资源或相关传统知识所产生的成品或繁殖材料进行经济开发的所得。

为协助制定部门协议，可以依照规定听取维护土著和传统社区权利的官方政府办事处的意见。

第 22 条 第 19（Ⅱ）（a）（e）（f）条规定的非货币惠益分享，应相当于货币惠益分享额的 75%，按照 CGen 设定的标准进行。

CGen 可以确定使用者必须符合的结果或有效性标准或参数，以替换在本条中确定的非货币惠益分享的成本参数。

第 23 条 当因获取来源不明的相关传统知识而产生成品或繁殖材料时，使用此类知识所产生的惠益应按第 19（Ⅰ）条确定的方式分享，其金额如该法案第 20 条和第 21 条所述。

第 24 条 对因获取来源不明的相关传统知识而产生的成品或繁殖材料进行经济开发所产生的惠益，应通过惠益分享协议与相关传统知识的提供者分享。

第1款－各方应以公平公正的方式对惠益分享进行谈判，以达到合同条款中商定的明确、忠诚和透明的参数，来表明短期、中期和长期惠益的条件、义务、类型和期限。

第2款－与同一相关传统知识的共有人的惠益分享将通过国家惠益分享基金（FNRB）以货币的形式进行。

第3款－作为第2款确定的惠益分享，使用者在国家惠益分享基金中存入的金额将相当于本法第20条规定的金额或部门协议确定的金额的一半。

第4款－第3款所述的惠益分享独立于同一相关传统知识的共有人获得的数量。

第5款－所有情况下均推定存在同一相关传统知识的其他共有人。

第25条　惠益分享协议必须明确指出和说明的部分，为：

Ⅰ－在对来源不明的遗传资源或相关传统知识产生的成品或繁殖材料进行经济开发的情况下：

由环境部代表的联邦政府；

对来源不明的遗传资源或相关传统知识产生的成品或繁殖材料进行经济性开发的人；和

Ⅱ－在对确定来源的相关传统知识产生的成品或繁殖材料进行经济开发的情况下：

a）相关传统知识的提供者；

b）对相关传统知识产生的成品或繁殖材料进行经济性开发的人。

第1款－除了惠益分享协议之外，使用者在经济性开发确定来源的相关传统知识所产生的成品或繁殖材料时，必须在国家惠益分享基金（FNRB）中存入第24条第（3）款规定的金额。

第2款－根据规定，对来源不明的遗传资源或相关传统知识所产生的成品或繁殖材料进行经济开发，可以与联邦政府签署部门协议以实现惠益分享。

第3款－分享利用获取相关传统知识所产生的成品或繁殖材料所产生的惠益时，使用者将免除与遗传资源有关的惠益分享。

第4款－本条标题下段落Ⅰ中提到的货币惠益分享，可依照规定由用户自行决定直接存入国家惠益分享基金，而无须惠益分享协议。

第26条 在不损害今后可能制定的条款的前提下，惠益分享中涉及以下内容的条款是强制性的：

1－反对经济开发的产品；

2－时间范围；

3－惠益分享的方式；

4－各部分的权利和义务；

5－知识产权；

6－终止；

7－处罚；

8－巴西的管辖权。

第六章 行政处罚

第27条 违反本法规定的任何作为或不作为，都被视为针对遗传资源或相关传统知识的行政违法行为。

第1款－在不影响刑事和民事处罚的情况下，行政违法行为将受到以下处罚：

1－警告；

2－罚款；

3 – 没收以下东西：

a)含有遗传资源的样本；

b)用于获取或处理遗传资源或获取的相关传统知识的工具；

c)利用获取的遗传资源或相关传统知识所产生的产品；或

d)根据相关传统知识的信息开发的产品；

4 – 临时中止制造和销售因获取遗传资源或相关传统知识而产生的成品或繁殖材料，直至违法者完成本法第38条所规定的程序；

5 – 暂停与违规行为有关的特定活动；

6 – 部分或全部禁止建立企业或其活动；

7 – 暂停本法案中规定的证书或授权；或

8 – 取消本法案中规定的证书或授权。

第2款 – 主管当局确定行政处罚时应考虑以下标准：

1 – 违法的严重程度；

2 – 违法者关于遗传资源立法和相关传统知识的违法记录；

3 – 再次违法；和

4 – 选择申请罚款时，违法者的财产状况。

第3款 – 第1款规定的处罚可以累加适用。

第4款 – CGen将确定第1款(3)所列样品，产品和仪器的目的地。

第5款 – 第1款(2)所述的罚款将由主管当局依每次违规进行仲裁，并在以下范围内变化：

1 – 当违法行为是由自然人所为实施时，金额从 $ 1,000.00 (one thousand Brazilian reais)到 $ 100,000.00；

2 – 当违法行为是由法人或由其援助实施时，金额从 $ 10,000.00 到 $ 10,000,000,000。

第 6 款 – 若代理人在最终行政决定后五年内再次犯下第二次违法行为,且该代理人因先前的违法行为而被定罪,则为再次违法。

第 7 款 – 该条例应规定本法所述处罚的行政程序,确保享有适当法律程序的权利。

第 28 条 如果在获取或经济开发时已经违反本法和其条例的规定,联邦主管机构应当监督、拦截和扣押含有获取的遗传资源的样品,以及因获取遗传资源或相关传统知识而产生的产品或繁殖材料。

第 29 条 (已否决)

第七章 国家惠益分享基金和国家惠益分享方案

第 30 条 该法在环境部下设立了国家惠益分享基金(FNRB),目的是加强遗传资源和相关传统知识及促进其可持续利用。

第 31 条 行政部门应根据规定界定 FNRB 管理委员会的组成、组织和运作。

存放于 FNRB 并用于土著、传统社区和传统农户的货币资源,将依照规定在他们的参与下被管理。

第 32 条 FNRB 资源主要包括:

1 – 年度预算法中规定的拨款及其额外贷款;

2 – 捐款;

3 – 因本法规定的行政罚款而收取的资金;

4 – 专为基金目的而订立的合同,协议或契约所产生的外部财政资源;

5 – 遗传资源或相关传统知识的使用者对国家惠益分享计划

的贡献;

6 – 惠益分享产生的资金;

7 – 其他资源。

第1款 – 存放在FNRB中的货币资源来自经济开发获取相关传统知识所产生的成品或繁殖材料,这些货币资源将专门分配给传统知识持有人。

第2款 – 存放在FNRB中的货币资源来自经济开发从移地收集品中获取的遗传资源所产生的成品或繁殖材料,这些货币资源将依照规定部分分配给这些收集品。

第3款 – 国家惠益分享基金可与大多数州、自治市和联邦区制定合作文件。

第33条　本法案确立了国家惠益分享方案(PNRB),目的是促进:

1 – 生物多样性保护;

2 – 遗传资源样本移地收集的恢复、创建和维护;

3 – 遗传资源或相关传统知识的使用和保护的人力资源勘探和能力建设;

4 – 相关传统知识的保护、使用和加强;

5 – 可持续利用和保护生物多样性活动以及惠益分享活动的实施和发展;

6 – 对与遗传资源和相关传统知识有关的研究和技术开发的支持;

7 – 对遗传资源,包括具有潜在用途的遗传资源进行调查和清点,考虑现有种群的现状和变化,并在可行时评估对这些种群的威胁;

8 – 对土著、传统社区和传统农户为可持续管理和保护遗传资

源所做努力的支持;

9 – 对野生植物的保护;

10 – 为改善遗传资源的可持续利用,以及开发有效和可持续的移地及原地保护系统而开发和转让适当技术;

11 – 监测和维护遗传资源收集的可行性、变化程度和遗传完整性;

12 – 采取减少或尽可能消除对遗传资源的威胁的措施;

13 – 开发和维护能促进遗传资源可持续利用的种植制度;

14 – 制订和实施土著和传统社区的可持续发展计划;

15 – 依照规定决定获取遗传资源和相关传统知识的进一步行动。

第 34 条 PNRB 将由 FNRB 实施。

第八章 关于调整和规范程序的暂行条款

第 35 条 在本法生效之日,尚待批准的关于获取或运输遗传资源或相关传统知识的授权或规范申请,如果可行,应由使用者在获取或运输时以登记或授权的形式重新拟定申请。

第 36 条 使用者应在 CGen 提供登记系统之日起一年内,重新拟定第 35 条所规定的授权或规范申请。

第 37 条 使用者应在 CGen 提供登记系统之日起一年内,2000 年 6 月 30 日之后,依照第 2. 186 – 16 号临时措施以及本法案的规定调整以下活动:

1 – 获取遗传资源或相关的传统知识;

2 – 对因获取遗传资源或相关传统知识而产生的成品或繁殖材料进行经济开发。

出于本条目的而遵守第 44 条,如果可行,使用者应采取以下一项或多项措施：

1－获取遗传资源或相关传统知识进行登记；

2－依照本法案对成品或繁殖材料的经济开发进行通知；

3－根据第五章分享本法生效之日所进行的经济开发所产生的惠益，已经依照第2.186－16号临时措施分享的除外。

第38条　使用者应在CGen提供登记系统之日起一年内，2000年6月30日之后和本法生效之前这一期间，不需遵守第2.186－16号临时措施但需依照本法规定规制下列活动：

1－获取遗传资源或相关的传统知识；

2－获取和经济性开发来自2001年8月23日颁布的第2.186－16号临时措施所规定的因获取遗传资源或相关传统知识所产生的产品或程序；

3－向国外运输遗传资源样本；或

4－披露、传输或转发作为传统知识的一部分或构成相关传统知识的数据或信息。

第1款－本条所列的规制程序取决于承诺条款的签署。

第2款－如果获取遗传资源或相关传统知识的唯一目的是进行科学研究，则使用者将免除签署承诺条款的义务，并且可通过登记或申请授权来规制其活动，具体要求视情况而定。

第3款－第2款所述的登记和事前授权，废除了2001年8月23日颁布的第2.186－16号临时措施规定的强制性行政处罚，并且在2005年6月7日颁布的第5.459号法令的第15条和第20条中作了具体规定，前提是该违法行为发生于本法生效前。

第4款－为了使国家工业产权局（INPI）要求的专利申请规范化，在第2.186－16号临时措施生效期间，申请人应提交本条中规定的收到的登记册或授权书。

第 39 条 承诺条款由使用者和代表联邦政府的环境部长共同签署。

环境部长可以下放前文所规定的权力。

第 40 条 承诺条款应酌情规定下列内容：

1 – 获取或运输遗传资源或相关传统知识的登记或授权；

2 – 2001 年 8 月 23 日颁布的第 2. 186 – 16 号临时措施中所述的因获取遗传资源或相关传统知识而产生的产品或程序的通知；

3 – 以本法第五章规定的形式，分享在产品营销期间所获得的惠益，该产品来自获取 2000 年 6 月 30 日之后开发的遗传资源或相关传统知识，营销期间最多为签署承诺条款前的 5 年减去 CGen 暂停规制获取和运输活动程序的时间段，这些活动不需要遵守第 2. 186 – 16 号临时措施。

第 41 条 在以下情况下，应暂停签署承诺条款：

1 – 要适用规定在 2001 年 8 月 23 日颁布的第 2. 186 – 16 号临时措施中，且在 2005 年 6 月 7 日颁布的第 5. 459 号法令第 16 ~ 19 条和第 21 ~ 24 条中具体化的行政处罚，前提是违法行为发生在本法案生效之前；

2 – 处罚的强制性是基于 2001 年 8 月 23 日的第 2. 186 – 16 号临时措施和 2005 年 6 月 7 日第 5. 459 号法令第 16 ~ 19 条和第 21 ~ 24 条规定。

第 1 款 – 本条所述的承诺条款是一项不受法律规制的执行文件。

第 2 款 – 承诺期间暂停计算时效时间。

第 3 款 – 如环境部发布的技术建议所示，如果承诺条款中的义务得到了充分履行：

1 – 2005 年 6 月 7 日第 5. 459 号法令第 16 条、第 17 条、第 18

条、第21条、第22条、第23条和第24条所述的行政处罚将不适用；

2 – 根据2005年6月7日第5.459号法令第16条和第18条适用的行政处罚将不再具有强制性；

3 – 根据2005年6月7日第5.459号法令第19条、第21条、第22条、第23条和第24条规定的罚款额，按通货膨胀调整后，其价值将减少90%。

第4款 – 在本法生效之前启动规范化程序的使用者，可依照2001年8月23日的第2.186 – 16号临时措施的条款，对惠益分享自由裁量。

第5款 – 第41条第(3)款第(Ⅲ)项所规定的资金结余，将由监督机构应使用者要求转换为一种义务，该义务是以本法第19条(Ⅱ)项规定的非货币形式之一分享惠益。

第6款 – 在下列情况中，前文所规定的处罚将立即具有强制性：

1 – 违法者违反了承诺条款中规定的义务；或

2 – 在承诺期内，实施了本法案规定的其他违法行为。

第7款 – 为了体现再次违法的特点，违法行为不随着罚款强制性的消灭而消灭。

第42条　为了解决行政或司法纠纷，对于2000年6月29日之前进行的获取活动，本法案所规定的调整和规范规则可以由当事方自行决定。

在诉讼案件中，如果本法案规定的调整和规范规则被遵守，联邦政府有权：

1 – 签署协议或要求法院和解；

2 – 撤诉。

第43条　保持CGen与遗传资源或相关传统知识的获取或运输活动有关的行为和决定有效，这些行为和决定在本法生效之前产生了已受规范程序规制的上市产品或程序。

第 1 款 – CGen 应依照本法的规定,对已根据第 2.186 – 16 号临时措施发布的授权进行登记。

第 2 款 – 在本法案生效之前,由 CGen 批准的惠益分享协议应在其中规定的期限内有效。

第 44 条 联邦政府是债权人时有关遗传资源或相关传统知识的民事赔偿被免除。

第 45 条 本章规定的规范程序的申请,允许主管机构恢复对因获取和装运活动产生的工业产权待决申请的审查。

第九章 最终条款

第 46 条 联邦参议院制定并由国民议会批准的国际协定中规定的与遗传资源或相关传统知识有关的活动,在根据此类国际协定履行时必须符合其中规定的条件。

本协定生效之前,《名古屋议定书》中规定的惠益分享不适用于为农业活动而对人为引入巴西的物种的繁殖材料进行经济开发。

第 47 条 主管机构是否授予与获取遗传资源或相关传统知识所产生的成品或繁殖材料有关的知识产权,取决于本法规定的注册或授权程序的完成情况。

第 48 条 2001 年 9 月 6 日颁布的第 2.229 – 43 号临时措施第 58 条规定的行政部门设立的委托技术职能,按以下数量逐级减少:

1 – 33 FCT – 12;和

2 – 53 FCT – 11。

下列被委托的高级咨询和管理的职能将创立并分配给将担任

CGen执行秘书的单位：

1－1 DAS－5；

2－3 DAS－4；和

3－6 DAS－3。

第49条　本法自其正式公布之日起180天后生效。

第50条　撤销2001年8月23日颁布的第2.186－16号临时措施。

巴西利亚,2015年5月20日;独立的第194年及共和国的第127年。

DILMA ROUSSEFF

Jose Eduardo Cardozo

Joaquim Vieira Ferreira Levy

Katia Abreu

Armando Monteiro

Nelson Barbosa

Tereza Campello

João Luiz Silva Ferreira

Aldo Rebelo

Francisco Gaetani

Patrus Ananias

Miguel Rossetto

Nilma Lino Gomes

附件五　各国遗传资源披露义务相关规定

国别	相关 法律、法规	具体规定(英文)	具体规定(中文)
巴西	《暂行条例》(Provisional Act No. 2, 186 – 16, dated August 23,2001)	31. Granting of industrial property rights by the competent bodies over the process or product obtained from samples of genetic heritage components is subject to compliance with this Provisional Act. The person or institution applying for the property rights must inform the origin of the genetic material and the genetic knowledge and the associated traditional knowledge, as appropriate. 30(1). The administrative violations shall be punished as provided for in the complementary legislation of this Provisional Act, with the following sanctions:	31. 职能部门就遗传成分而获得的方法或产品授予工业产权应遵守本暂行条例的规定。申请产权的个人或机构必须酌情声明遗传材料和遗传知识和相关传统知识的来源。 30(1). 依照本暂行条例的补充规定,对行政违法行为依法给予处分:

续表

国别	相关 法律、法规	具体规定（英文）	具体规定（中文）
		Ⅰ – Warning; Ⅱ – Fine; Ⅲ – Seizure of samples of the genetic heritage components and the instruments used in the collection or processing or the products obtained as a result of information on associated traditional knowledge; Ⅳ – Seizure of all products derived from a sample of a genetic heritage component or of associated traditional knowledge; Ⅴ – Suspension of the sale of the product derived from the sample of the genetic heritage component or of the associated traditional knowledge and its seizure; Ⅵ – Embargo of the activity; Ⅶ – Partial or total closure of the business, activity or undertaking; Ⅷ – Suspension of the register, patent, license or authorization; Ⅸ – Canceling of the register, patent, license or authorization; Ⅹ – Loss or reduction of fiscal incentives and benefits granted by the government; Ⅺ – Loss or suspension of the right to receive financing from an official financing agency; Ⅻ – Intervention in the establishment;	Ⅰ – 警告； Ⅱ – 罚金； Ⅲ – 扣押包含遗传组份的样本、收集或加工过程中使用的工具或因相关传统知识信息而获得的产品； Ⅳ – 扣押来自于遗传组份或相关传统知识样本的所有产品； Ⅴ – 暂停销售来自于遗传组份或相关传统知识样本的所有产品及其扣押； Ⅵ – 禁止相关活动； Ⅶ – 部分或全部关闭业务、活动或企业； Ⅷ – 暂停注册、专利、许可或授权； Ⅸ – 取消注册、专利、许可或授权； Ⅹ – 政府给予的财政激励和福利的损失或减少； Ⅺ – 丧失或暂停从官方资助机构获得资助的权利； Ⅻ – 介入设立；

续表

国别	相关法律、法规	具体规定(英文)	具体规定(中文)
		XIII – Prohibition of entering into contracts with the Public Administration for a period of up to five years.	XIII – 5 年之内禁止与公共管理部门签订合同。
埃及	《知识产权法》(Law No. 82/2002 for the Protection of Intellectual Property Rights)	13. Where the invention involves biological, plant or animal product, or traditional medicinal, agricultural, industrial or handicraft knowledge, cultural or environmental heritage, the inventor should have acquired the sources in a legitimate manner. 14. The Patent Office may, as stipulated in the Regulations, require the applicant to make any amendments or complements which it shall deem necessary to comply with the provisions of Article 13. If the applicant fails to comply within three months of notification, he shall be considered as having withdrawn his application.	13. 若发明涉及生物或动植物产品、传统医药、农业、工业或工艺品知识、文化或环境遗产，发明人应以合法方式获取资源。 14. 专利局可依照条例规定，在认为必要时要求申请人做出任何修改或补充以满足第 13 条的规定。如果申请人在收到通知后三个月内仍未满足要求，视为其撤回申请。
	《知识产权法实施条例》(Executive Regulations of Law 82/2002)	3. 3. Where the application relates to an invention or utility model involving plant or animal biological material, traditional medicinal, agricultural, industrial or handicraft knowledge, or cultural or environmental heritage, it shall be accompanied by documentation proving that the inventor has accessed the source from which the material was obtained in a legitimate manner, according to the legislation applicable in the Arab Republic of Egypt.	3. 3. 若发明或实用新型申请涉及植物或动物生物材料、传统医药、农业、工业或工艺品知识、文化或环境遗产，应同时提交文件证明发明人根据阿拉伯埃及共和国的法律进入来源，通过合法的方式获取材料。

续表

国别	相关法律、法规	具体规定(英文)	具体规定(中文)
印度	《专利法》(Patent Act)	10.4.(ii) if the applicant mentions a biological material in the specification which may not be described in such a way as to satisfy clauses (a) and (b), and if such material is not available to the public, the application shall be completed by depositing the material to an international depository authority under the Budapest Treaty and by fulfilling the following conditions, namely: (D) disclose the source and geographical origin of the biological material in the specification, when used in an invention.	10.4.(ii)如果申请人在说明书中提及的生物材料不能以满足条款(a)和(b)的方式予以描述,并且如果此类材料不能被公众获得,申请应根据布达佩斯条约向国际存管机构寄存材料以完善,并履行下列要求,即: (D)如果在发明中使用,公开说明书中生物材料的来源和地理来源。
	《生物多样性法》(The Biological Diversity Act)	25. Opposition to the patent. (1) Where an application for a patent has been published but a patent has not been granted, any person may, in writing, represent by way of opposition to the Controller against the grant of patent on the ground— (j) that the complete specification does not disclose or wrongly mentions the source or geographical origin of biological material used for the invention; (2) At any time after the grant of patent but before the expiry of a period of one year from the date of publication of grant of a patent,	25.对专利的异议:(1)如果专利申请已经公开但尚未授予专利权,任何人可以基于以下理由以书面形式向主管机关提出对专利权授权的异议: (j)完整的说明书未公开或错误记载发明使用的生物材料的来源或地理来源; (2)自专利授权后,但在专利授权公开之日起一年内的任何

续表

国别	相关法律、法规	具体规定(英文)	具体规定(中文)
		any person interested may give notice of opposition to the Controller in the prescribed manner on any of the following grounds,namely: (j) that the completespecification does not disclose or wrongly mentions the source and geographical origin of biological material used for the invention. 64. Revocation of patents. — (1) Subject to the provisions contained in this Act,a patent,whether granted before or after the commencement of this Act,may,be revoked on a petition of any person interested or of the Central Government by the Appellate Board or on a counter-claim in a suit for infringement of the patent by the High Court on any of the following grounds,that is to say— (p) that the complete specification does not disclose or wrongly mentions the source. 6. (1) No person shall apply for any intellectual property right,by whatever name called,in or outside India for any invention based on any research or information on a biological resource obtained from India without obtaining the previous approval of the National Biodiversity Authority before making such application.	时间,任何利害关系人可以基于以下理由,以规定方式向主管部门发出异议通知,即: (j)完整的说明书未公开或错误记载发明使用的生物材料的来源或地理来源。 64. 撤销专利:(1)根据本法的规定,无论在本法生效之前或之后授予,一项专利可以经任何利害关系人请求或中央政府的请求,基于以下理由,由复审委员会或由高等法院在专利侵权诉讼中提起的反诉而撤销,即:(p)完整的说明书未公开或错误记载来源。 6.(1)无论以何种名义、是否在印度境内,依赖于在印度获得的生物资源研究或信息未在申请前获得国家局的事先同意,任何人不能申请知识产权。

续表

国别	相关 法律、法规	具体规定(英文)	具体规定(中文)
		Provided that if a person applies for a patent, permission of the National Biodiversity Authority may be obtained after the acceptance of the patent but before the seating of tile patent by the patent authority concerned: Provided further that the National Biodiversity Authority shall dispose of the application for permission made to it within a period of ninety days from the date of receipt thereof.	申请专利时,专利申请由相关专利机构受理后、授权之前,可以获得国家生物多样性管理局的许可;国家局应在收到申请之日起的 90 天内处理该申请。
		(2) The National Biodiversity Authority may, while granting the approval under this section, impose benefit sharing fee or royalty or both or impose conditions including the sharing of financial benefits arising out of the commercial utilization of such rights.	(2)国家生物多样性管理局依本条授予许可时,可以决定惠益分享费或许可使用费,以及两者或决定包含因这些权利的商业化利用而获得的经济利益的分享条件。
		(3) The provisions of this section shall not apply to any person making an application for any right under any law relating to protection of plant varieties enacted by Parliament.	(3)本节规定不应适用于任何人依照国会制定的植物品种保护相关的任何法律产生的任何权利提出的申请。
		(4) Where any right is granted under law referred to in sub-section (3), the concerned authority granting such right shall endorse a copy of such document granting the right to the National Biodiversity Authority.	(4)如果根据第 3 款所指的法律授予了任何权利,授予此项权利的相关机构应向国家生物多样性管理局提交一份授权文件副本。

续表

国别	相关法律、法规	具体规定(英文)	具体规定(中文)
菲律宾	《共和国第10055号法案实施细则与条例》(Implementing Rules and Regulations of Republic Act No. 10055) 《生物勘探守则》(DENR-DA-PCSD-NCIP 2005)	12.3(c). Disclosure of potential IPRs and/or all biodiversity and genetic resource, traditional knowledge, and indigenous knowledge, systems and practices shall be governed by the following rules: i. The RDI shall provide the GFA with a written disclosure on the following: (1) any biodiversity, genetic resources or materials, associated traditional knowledge, and indigenous knowledge, systems and practices utilized in or which formed as basis in the development of the subject matter contained in the IPR application; (2) the primary source of any biodiversity, genetic resources or materials, associated traditional knowledge, and indigenous knowledge, systems and practices utilized in or which formed as basis in the subject matter contained in the IPR application; or (3) the secondary source, if no information about the primary source is available. ii. The disclosure requirement under this section shall apply when the subject matter contained in a national or international IPR application is directly based on any biodiversity, genetic resources or	12.3(c).潜在知识产权和/或所有生物多样性和遗传资源、传统知识以及土著知识、体系和实践的公开,应遵守下列规定: i. RDI应向GFA提供针对以下事项的书面公开:(1)知识产权申请所包含客体的开发过程中利用或基于的任何生物多样性、遗传资源或材料、相关的传统知识以及土著知识、体系和实践;(2)知识产权申请所包含客体的开发过程中利用或基于的任何生物多样性、遗传资源或材料、相关的传统知识以及土著知识、体系和实践的一级来源;(3)二级来源,如果没有已知的一级来源信息。 ii. 本节下的披露要求应适用于国家或国际知识产权申请所包含的客体直接基于知识产

续表

国别	相关法律、法规	具体规定(英文)	具体规定(中文)
		materials, traditional knowledge, and indigenous knowledge, systems and practices to which the RDI has had access to prior to the filing of the IPR application. The subject matter contained in the IPR application must depend on the specific properties of, or must be consciously derived from, such biodiversity and genetic resource or materials, traditional knowledge, and indigenous knowledge, systems and practices.	权申请提交前 RDI 已经获取的任何生物多样性、遗传资源或材料、传统知识以及土著知识、体系和实践。知识产权申请所包含的客体必须依赖于这样的生物多样性、遗传资源或材料、传统知识以及土著知识、体系和实践的特定特性,或必须有意识地源自这样的生物多样性和遗传资源或材料、传统知识以及土著知识、体系和实践。
		iii. Where the RDI, for reasons beyond its control, does not have the necessary information to fulfill the disclosure requirement pertaining to any biodiversity, genetic resources or materials, traditional knowledge, and indigenous knowledge, systems and practices, such as, for instance, where a plant stored in a gene bank was collected decades ago and no information about its source exists, the RDI shall submit an affidavit from its researcher/s that the latter do not have the necessary information or that the source is unknown, and state the reasons thereof. The GFA shall review the affidavit to determine	iii. 如果 RDI 基于其不可控的原因而不具备足够信息履行涉及任何生物多样性、遗传资源或材料、传统知识以及土著知识、体系和实践的披露要求,例如,如果储存在基因银行的植物是多年前收集的且没有关于其来源的信息,RDI 应提交其研究人员关于其没有必要

续表

国别	相关 法律、法规	具体规定(英文)	具体规定(中文)
		if this will constitute compliance with the disclosure requirement under this rule.	信息或来源未知的宣誓书,并且说明理由。GFA 应审查宣誓书以决定其是否满足本规则下的披露义务。
		iv. The GFA that provided the research funds shall be responsible for ensuring that the RDI provides accurate disclosure and complies with the requirements of this Section.	iv. 提供研究基金的 GFA 应负责确保 RDI 披露正确并满足本节的要求。
		v. A national or international IPR application filed by the RDI before the appropriate IP office shall include in the abstract and/or description of said application the same disclosure on biodiversity, genetic resources or materials, associated traditional knowledge, and indigenous knowledge, systems and practices utilized in or which formed as basis in the development of the subject matter contained in the said application, notwithstanding that such disclosure may not be required for the grant or issuance of certificate of IPR registration.	v. RDI 提交到相应知识产权部门的国家或国际知识产权申请应在所述申请摘要和/或说明书中披露同样的关于所述申请所包含客体的开发过程中利用或基于的任何生物多样性、遗传资源或材料、相关传统知识以及土著知识、体系和实践,尽管这样的披露不是知识产权登记证书的授予和颁发所要求的。
		26. 1 The implementing agencies may seek the assistance of the DFA and DOST in monitoring inventions and commercialization undertaken	26. 1 执行机构可以寻求外交部和科技部的协助,监测发明及

续表

国别	相关 法律、法规	具体规定(英文)	具体规定(中文)
		in foreign countries. These Departments shall be notified in writing by the implementing agencies about BUs with foreign entities. The DFA, through its Embassies and Missions abroad, is encouraged to report to the implementing agencies any breach of the BU. In particular, the DFA is encouraged to make representations with concerned foreign authorities particularly on the following aspects: (a) Prevention of biological resources from entering countries without a BU; (b) Requiring disclosure of country of origin (CO) and presentation of BU in patent applications; (c) Facilitation of enforcement of claims against collectors or commercializing entities.	在国外进行的商业化。执行机构应书面告知这些部门与外国实体的《生物勘探承诺》。鼓励外交部通过驻外使馆和使团向执行机构报告任何对《生物勘探承诺》的违反。尤其是,鼓励外交部与有关外国当局进行交涉,特别关于以下几方面: (a)阻止生物资源进入没有《生物勘探承诺》的国家; (b)要求在专利申请中披露来源国并展示《生物勘探承诺》。 (c)促进针对收集者或商业化实体的债权实施。
南非	《专利修正法案》(The Patents Amendment Act No. 20 of 2005)	30(3A). Every applicant who lodges an application for a patent accompanied by a complete specification shall, before acceptance of the application, lodge with the registrar a statement in the prescribed manner stating whether or not the invention for which protection is claimed is based on or derive from an indigenous biological resource, genetic resource, or traditional knowledge or use.	30(3A). 提出包含完整说明书的专利申请的申请人必须在申请被接受之前,以规定方式向注册机构提交陈述说明主张保护的发明是否基于或源于本土生物资源、遗传资源或传统知识或用途。

续表

国别	相关法律、法规	具体规定(英文)	具体规定(中文)
		30(3B). The registrar shall call upon the applicant to furnish proof in the prescribed manner as to his or her title or authority to make use of the indigenous biological resource, genetic resource, or of the traditional knowledge or use if an applicant lodges a statement that acknowledges that the invention for which protection is claimed is based on or derived from an indigenous biological resource, genetic resource, or traditional knowledge or use. 61(1)(g). that the prescribed declaration lodged in respect of the application for the patent or the statement lodged in terms of section 30(3A) contains a false statement or representation which is material and which the patent knew or ought reasonably to have known to be false at the time when the [declaration] statement or representation was made.	30(3B).注册机构应要求申请人以规定方式提供其使用本土生物资源、遗传资源或传统知识或用途的权利或授权的证明,如果申请人提交声明承认主张保护的发明基于或源于本土生物资源、遗传资源或传统知识或用途。 61(1)(g).就专利申请或根据第30(3A)条提交的声明包含基础性的虚假陈述或申述,并且在陈述或申述做出时,显然知道或应当知道其是虚假的。
安第斯国家共同体	《建立共同体知识产权制度》(Establishing the Common Industrial Property Regime)	26. The application for a patent shall be filed with the competent national office and shall contain the following: (h) where applicable, a copy of the access contract where the products or processes for which a patent is sought have been obtained or developed from genetic resources or products derived therefrom of which any of the member countries is the country of origin;	26.专利申请应向国家主管机关提出,并且应包含以下内容: (h)在适用的情况下,获取协议副本,如果专利请求保护的产品或方法源自针对作为来源国的任何成员国的遗传资源或其衍生产品的获取或开发;

续表

国别	相关法律、法规	具体规定（英文）	具体规定（中文）
		(i) where applicable, a copy of the document accrediting the licensing or the authorization of the use of the traditional knowledge of the indigenous Afro-American or local communities of member countries where the products or processes for which protection is sought have been obtained or developed from such knowledge of which any of the member countries is the country of origin, in accordance with the provisions of Decision 391 and such of its amendments and implementing regulations as are in force;	(i)在适用的情况下，关于使用成员国中非裔—美国土著或当地社区的传统知识的授权文件或批准书副本，如果请求保护的产品或方法是依据391决定和其有效的修正案和实施条例的规定，基于作为来源国的任何成员国的此类知识所获得或开发的；
		(j) where applicable, the certificate of deposit of biological material.	(j)在适用的情况下，生物材料保藏证书。
		39. If it emerges from the examination as to form that the application does not meet the conditions specified in Articles 26 and 27, the competent national office shall inform the applicant accordingly, so that he may meet those conditions within a period of two months following the date of notification. That period may be extended once by an equal amount at a request of a party without any loss of priority. If, on the expiry of the period specified, the applicant has not met the conditions mentioned, the application shall be considered abandoned and its priority shall be lost. The competent national office shall	39. 如果通过审查发现申请不满足第26条、第27条规定的条件，国家主管机关应通知相关申请人，以使得申请人可以在收到通知后的两个月内满足条件。经一方当事人请求，该期限可延长一次，并且不丧失优先权。如果规定的期限届满，申请人未满足所述条件，

续表

国别	相关法律、法规	具体规定(英文)	具体规定(中文)
		nevertheless respect the confidentiality of the application.	应视为放弃申请,并且丧失优先权。尽管如此,国家主管机关应尊重申请的保密性。
		75. The competent national authority shall decree the absolute invalidity of a patent at any time, either ex officio or at the request of any person, where: (g) where applicable, a copy of the access contract has not been filed where the products or processes to which the patent application relates have been produced or developed with genetic resources or derived products of which any of the member countries is the country of origin.	75. 国家主管机关应随时依职权或根据任何人的请求判定专利绝对无效,如果: (g)在适用的情况下,未提交获取协议副本,如果专利申请涉及的产品或方法利用作为来源国的任何成员国的遗传资源或衍生产品而生产或开发。
欧盟	《关于生物技术发明法律保护的欧盟指令》(The EU Directive on the Legal Protection of Biotechnological Inventions)	27. Whereas if an invention is based on biological material of plant or animal origin or if it uses such material, the patent application should, where appropriate, include information on the geographical origin of such material, if known; whereas this is without prejudice to the processing of patent applications or the validity of rights arising from granted patents.	27. 如果发明基于植物或动物来源的生物材料或使用了该材料,专利申请应酌情包含关于该材料的地理来源信息,如果已知;然而这不影响专利申请的处理或已授权专利的权利有效性。

续表

国别	相关法律、法规	具体规定（英文）	具体规定（中文）
瑞典	《专利条例》（patents regulations）（SFS 2004：162）	5a. If an invention concerns biological material of plant or animal origin or if it uses such material, the patent application shall include information on the geographical origin of such material, if this is known. If the origin is not known, this shall be indicated. Lack of information on the geographical origin or on the knowledge of the applicant regarding the origin is without prejudice to the processing of the patent application or the validity of the rights arising from a patent granted.	5a. 如果发明涉及植物或动物来源的生物材料或使用了该材料，专利申请应包含关于该材料的地理来源信息，如果已知。如果不知道来源，应予以声明。地理来源或与申请相关的知识来源的信息的缺失不影响专利申请的处理或已授权专利的权利有效性。
瑞士	《专利法》（Swiss Patent Law, Bundesgesetzüber Erfindungspatente）	49. The patent application must contain information on the source: a. of the genetic resource to which the inventor or the patent applicant had access, provided the invention is directly based on this resource; b. of traditional knowledge of indigenous or local communities of genetic resources to which the inventor or the patent applicant had access, provided the invention is directly based on this knowledge. If the source is unknown to the inventor or the patent applicant, the patent applicant must confirm this in writing.	49. 专利申请必须包含来源信息： a. 关于发明人或专利申请人已获取的遗传资源，当发明直接基于该资源做出； b. 关于发明人或专利申请人已获取的遗传资源相关的土著或当地社区的传统知识，当发明直接基于该知识做出。 如果发明人或专利申请人不知道来源，专利申请必须以书面形式载明。

续表

国别	相关法律、法规	具体规定(英文)	具体规定(中文)
		81a. 1. Any person who wilfully provides false information under Article 49a is liable to a fine of up to 100,000 francs. 2. The court may order the publication of the judgment. 138. Within 30 months of the filing or priority date, the applicant must: b. provide information on the source (Art. 49a).	81a. 1. 任何人故意做出第 49a 条下的虚假陈述,应承担最高 100,000 瑞士法郎的罚金。 2. 法官可以命令公布判决。 138. 自申请日或优先权日起 30 个月内,申请人必须: b. 提供来源信息(49a)。
意大利	《第 78 号法令》(Italian Law No. 78 of 22.02.2006)	5. 2. The source of the biological material either of animal or of vegetal derivation, on which an invention is based, is stated at the filing date of the patent application, with reference of the Country of origin, to enable both the verification of the compliance with the legislation regarding import and export of such type of material, and the organism from which the biological material was isolated. 5. 3. when the biological material, that is the object of the invention or is used to carry out the invention, is of human origin, then the patent application must enclose an express prior informed consent by the person from whom it was drawn. 5. 4. a patent application on an invention having as the object or using a biological material that contains a genetically modified microorganism or organism must be accompanied by a declaration warranting that	5. 2. 在专利申请的提交日声明发明所基于的动物或植物来源的生物材料的来源,参考来源国,以验证关于进出口该类材料以及分离出生物材料的有机体的立法得到遵守。 5. 3. 当作为发明的目标或用于实施发明的生物材料是人源时,专利申请必须包含生物材料所来自的人明示的事先知情同意。 5. 4. 作为目标或使用包含基因改造微生物或有机体的生物材料的发明专利申请必须附

续表

国别	相关 法律、法规	具体规定(英文)	具体规定(中文)
		all obligations deriving from national and community provisions concerning such modifications.	有声明,保证此类改造相关的国家和社区规定的所有义务得到尊重。
挪威	《专利法》(The Norwegian Patents Act) 《民事刑法典》(Civil Penal Code)	8b. If an invention concerns or uses biological material or traditional knowledge, the patent application shall include information on the country from which the inventor collected or received the material or the knowledge (the providing country). If it follows from the national law in the providing country that access to biological material or use of traditional knowledge shall be subject to prior consent, the application shall state whether such consent has been obtained. If the providing country is not the same as the country of origin of the biological material or the traditional knowledge, the application shall also state the country of origin. For biological material, the country of origin means the country from which the material was collected from its natural environment and, for traditional knowledge, the country in which the knowledge was developed. If the national law in the country of origin requires that access to biological material or the use of traditional knowledge shall be subject to prior consent, the application shall state whether such consent has been obtained. If the information set out in this subsection is not known, the applicant shall state that.	8b. 如果发明涉及生物材料或传统知识,专利申请应包含发明人收集知识的国家信息(提供国)。如果提供国的法律要求获取应经过事先同意,那么申请应说明是否已获得。 生物材料或传统知识的提供国与来源国不同的,申请应说明来源国。原对于生物材料,来源国指从其自然环境中收集材料的国家,对于传统知识,指知识在其中发展的国家。如果来源国的国家法要求应经事先同意,申请应说明是否已获得。如果不知道本节规定的信息,申请应予以声明。

续表

国别	相关法律、法规	具体规定(英文)	具体规定(中文)
		For biological material, the duty to disclose information under the first and second paragraphs applies even where the inventor has altered the structure of the received material. The duty to disclose information does not apply to biological material derived from the human body. If access to biological material has been provided in pursuance of Article 12.2 and Article 12.3 of the International Treaty of 3 November 2001 on Plant Genetic Resources for Food and Agriculture, a copy of the standard material transfer agreement (MTA) stipulated in Article 12.4 of the Treaty shall be enclosed with the patent application instead of the information stipulated in the first and second paragraphs.	对于生物材料,第1段和第2段下的信息披露义务同样适用于发明人已改变接收材料的结构的情况。信息披露义务不适用于源自人体的生物材料。如果已经根据2001年11月3日《粮食和农业遗传资源国际公约》第12.2条和第12.4条的规定获取了生物材料,专利申请应提供该公约第12.4条规定的材料移转协议(MTA)副本,取代第一段和第二段规定的信息。
		Breach of the duty to disclose information is subject to penalty in accordance with the General Civil Penal Code § 166. The duty to disclose information is without prejudice to the processing of patent applications or the validity of rights arising from granted patents.	违反披露信息义务的,依据《民事刑法典》第166条予以处罚。信息披露义务不影响专利申请的处理或已授权专利的权利有效性。
		8c. If an invention concerns or uses biological material from the human body, the patent application shall include information on whether the person from whom the material has been derived has given his/her consent to the use of the biological material, in	8c. 如果发明涉及或使用源自人体的生物材料,依据2003年2月21日第12号关于生物银行的法案,专利申请应包含

续表

国别	相关 法律、法规	具体规定（英文）	具体规定（中文）
		accordance with the law of 21st February 2003 No. 12 about bio banks. 166. Any person who gives false testimony in court or before a notary public or in any statement presented to the court by him as a party to or legal representative in a case, or who orally or in writing gives false testimony to any public authority in a case in which he is obliged to give such testimony, or where the testimony is intended to serve as proof, shall be liable to fines or imprisonment for a term not exceeding two years. The same penalty shall apply to any person who causes testimony known to him to be false to be given by another person in any of the above-mentioned cases, or who aids and abets thereto.	生物材料所来自的人是否对生物材料的使用给出他/她的知情同意的信息。 166. 任何人在有义务作证且其证词将作为证据的情况下，在法庭上或公证人前或任何声明中作为案件当事人或法定代表人提交虚假证言，或以口头或书面形式向案件中的任何公共机构提供虚假证词的，判处两年以下监禁或处以罚金。 在上述情况中，对于任何帮助和教唆其提供虚假证言的人给予相同处罚。
比利时	《专利法》(Belgian Patents Act)	15. 1(6). the patent application shall contain: a declaration of geographical origin of the biological material of plant or animal origin on the basis of which the invention has been developed, if known. The King can determine the applicable conditions and implementing regulations.	15. 1(6). 专利申请应包含：发明开发基于的植物或动物来源的生物材料的地理来源声明，如果已知。国王可以决定适用的情况和实施细则。

续表

国别	相关法律、法规	具体规定(英文)	具体规定(中文)
丹麦	《专利法实施细则》(The Implementing Regulations for the Danish Patent Law)	3(4). If an invention relates to or uses a biological material originating from plants or animals the patent application must comprise information about the geographical origin of the material if the patent applicant has knowledge thereof. If the applicant does not have such knowledge of the geographical origin of the material this must be disclosed in the patent application. Lack of information concerning the geographical origin or the lack of knowledge about this does not have any effect on the prosecution of the application or the validity of any of the rights attached to the issued patent.	3(4). 如果发明涉及或使用植物或动物来源的生物材料,专利申请应包含申请人知道的材料地理来源信息。如果申请人不知道材料地理来源,应在专利申请书中公开。缺乏地理来源信息或与此相关的知识不对专利申请的审查或已授权专利的有效性产生任何影响。
德国	《专利法》(Patentgesetz)	34a. If an invention is based on biological material of plant or animal origin or if it uses such material, the patent application should, were appropriate, include information on the geographical origin of such material, if known. This is without prejudice to the processing of patent applications or the validity of rights arising from granted patents.	34a. 如果发明基于动物或植物来源的生物材料或使用该材料,专利申请应酌情包含关于该材料的地理来源信息,如果已知;然而这不影响专利申请的处理或已授权专利的权利有效性。